本书配套资源

📚 读者学习资源

1. 自学内容
2. 应用写作涉及的各类文件
3. 更多范文

读者扫描右侧二维码，即可获取上述资源。

一书一码，相关资源仅供一人使用。

应用写作(第四版)
请刮开后扫描获取本书资源
本码2030年12月31日前有效

📚 教师教学资源

本书配有教学课件、教学方案、结业试题，如任课老师需要，可扫描右边二维码，关注北京大学出版社微信公众号"北大出版社创新大学堂"(zyjy-pku)索取。

- 课件申请
- 样书申请
- 教学服务
- 编读往来

21世纪高等院校规划教材　普通高等教育
公 共 课 系 列　"十四五"规划教材

应用写作

（第四版）

黄高才　余兰兰　编著

北京大学出版社
PEKING UNIVERSITY PRESS

内 容 简 介

本书在内容取舍方面坚持切近学生实际、满足学生现实需要、注重学生写作技能培养的原则，凡是学生在校学习、参与社会实践和毕业后求职需要用到的应用文种，本书均有详尽的介绍。在知识性方面，本书不求讲深，但求讲透，力求知识点清晰，使学生真正学有所得，写作能力得到很好的培养。在行文方面，本书借鉴和吸收我国应用写作的优良传统，强调应用写作的情感渗透和文学色彩，力求做到实用性、技能性与趣味性并重，使教师教得愉快、学生学得轻松，最大限度地提高教学质量。

本书既可作为普通高等学校、成人高校相关专业的教材，也可作为机关、团体和企事业单位工作人员的案头必备之书。

为了方便教师教学，编者特意编写了与本书配套的电子教案，内容包括教学设计、教学参考资料、经典例文赏读和多媒体课件等，需要的教师可与出版社联系。

图书在版编目(CIP)数据

应用写作/黄高才，余兰兰编著. --4 版. --北京：北京大学出版社，2025.7. --(21 世纪高等院校规划教材). --ISBN 978-7-301-36333-1

Ⅰ. H152.3

中国国家版本馆 CIP 数据核字第 2025P3T114 号

书　　　名	应用写作（第四版） YINGYONG XIEZUO（DI-SI BAN）
著作责任者	黄高才　余兰兰　编著
策划编辑	李 玥
责任编辑	李 玥
标准书号	ISBN 978-7-301-36333-1
出版发行	北京大学出版社
地　　　址	北京市海淀区成府路 205 号　100871
网　　　址	http://www.pup.cn　新浪微博：@北京大学出版社
电子邮箱	编辑部 zyjy@pup.cn　总编室 zpup@pup.cn
电　　　话	邮购部 010-62752015　发行部 010-62750672　编辑部 010-62704142
印　刷　者	河北滦县鑫华书刊印刷厂
经　销　者	新华书店
	787 毫米×1092 毫米　16 开本　15.75 印张　448 千字 2012 年 8 月第 1 版　2017 年 8 月第 2 版　2022 年 7 月第 3 版 2025 年 7 月第 4 版　2025 年 7 月第 1 次印刷　总第 32 次印刷
定　　　价	49.00 元

未经许可，不得以任何方式复制或抄袭本书之部分或全部内容。
版权所有，侵权必究
举报电话：010-62752024　电子邮箱：fd@pup.cn
图书如有印装质量问题，请与出版部联系，电话：010-62756370

前　言

应用写作既是一门公共基础课,又是一门技能培养课。之所以说它是一门公共基础课,是因为应用文是整个社会生活的桥梁和纽带。一个人,不论他从事什么工作,都要用到应用文,都必须具备一定的应用写作知识和应用写作能力。说它是一门技能培养课,是因为这门课最根本的教学目标是培养学生的应用写作能力。

本书第一版于2012年8月出版,第二版于2017年8月出版,第三版于2022年7月出版,前三版累计发行十余万册,深得广大一线教师的一致好评。为了使本书更好地满足普通高等学校应用写作教学的需要,作者广泛听取了使用过本书的一线教师的意见和建议,对本书进行了第三次修订。此次修订不仅更新了一些例文,而且采用了"一书一码"技术,将自学内容、更多有代表性的写作范例以及写作时需要了解的法律条文等放入二维码中(读者可使用手机扫描文前二维码获取),使得全书的内容更加丰富和实用。与此同时,本书进一步突出了以下几个特点。

一、应用性与人文性并重

从上古卜辞算起,应用写作在我国已有几千年的历史。在这漫长的历史发展过程中,涌现出了大量的千古不朽之作,使中国文苑呈现出姹紫嫣红的景象。不仅如此,实用性与人文性并重的应用写作传统彰显了应用文美的特质和独有的魅力。然而,自20世纪80年代我国各类高校普遍开设应用写作课以来,应用写作教学和研究走进了一种误区,最突出的问题是片面强调实用性与格式的规范性,忽视了人文性,致使本来形式灵活、内涵丰富,极其生动、有趣的应用写作教学活动变得呆滞、拘谨、索然无味,其直接后果是教师教无激情、学生学无兴趣,教学效果事倍功半。

本书在编写过程中,尽可能地继承和发扬了我国古代应用写作的优良传统,大胆地吸收和借鉴古人应用写作的成功经验,强调应用写作的情理性和应用文的感情渗透,同时要求应用文的语言要生动和形象,让应用写作真正"活"起来,使应用文血肉丰满、文质兼美。

二、突出实用性

目前,我国各个行业要用到的应用文加起来有六七百种,其中常用的就有三百多种。任何一个人一生中都不可能把这么多的文种全都用到,我们也不可能把所有的文种都教给学生。况且,很多学校的应用写作课只有几十个课时,讲的内容过多,势必会蜻蜓点水,不利于学生应用写作能力的提高。因此,本书在内容的取舍方面着眼于学生的现实需要,突出实用性。凡是学生在校期间学习、生活、从事社会实践和毕业后求职要用到的文种,尽可能地收入本书;凡是学生走上社会后才要用到的各类文种,留给学生以后接受"再教育"和以后根据需要进行自学。

三、 知识与技能并重

应用写作课的教学重点应该在于教给学生应用写作的基础知识,传授给学生正确的学习方法,培养学生最基本的应用写作能力。正是出于这样的考虑,编者在编写本书的过程中,力求知识与技能并重。在知识性方面,本书不求讲深,但求讲透,力求知识点清晰,使学生真正学有所得,为学生应用写作能力的形成奠定基础;在注重技能培养方面,本书的内容侧重于写作指导,重视例文的示范性,"实战训练"切合学生的实际,可操作性强。

四、 可读性与趣味性

重视文采和情感渗透是我国应用写作的优良传统,许多在今天被我们当作文学作品来欣赏的文章,实则皆为当时的实用文书,如李斯的《谏逐客书》、李密的《陈情表》、诸葛亮的《出师表》等。从古至今,人们都有一个共识:任何思想都需要用文字来记载,需要借助于一定的文采来彰显。在本书的编写过程中,编者吸收和借鉴了我国传统应用写作的宝贵经验,在语言平实、准确的基础上,赋予其浓厚的文学色彩,力求使一直以来显得呆板、拘谨的应用写作课变得生动、有趣,为应用写作教学注入生机和活力。与此同时,本书中编入了大量的应用写作美文。使用本书实施教学,教师教有激情,学生学有兴趣,可以大大提高应用写作教学质量。

五、 独一无二的 "亮点"

与目前市场上流行的同类教材相比,本书具有三大亮点:一是本书首次系统、详尽地讲述了社会生活中使用频率很高的各种应用文书的写作知识;二是在训练设计方面突破了很多"难题",将每一个文种的训练扎实落地,便于教师教学操作;三是本书各部分内容相互照应,很好地体现了写作能力形成的一般规律。

本书既可作为普通高等学校、成人高校相关专业的教材,也可作为机关、团体和企事业单位工作人员的案头必备之书。

在本书的修订过程中,何立明教授给予了很大的帮助,在此表示感谢。由于编者水平所限,本书难免有疏漏之处,诚望各位读者在使用本书的过程中能够将意见和建议及时地反馈给我们,以便我们再次修订本书时参考。欢迎各位读者为本书的修订推荐更多的应用美文。有关本书的意见、建议和例文请发送至电子邮箱:gchuang1962@163.com

编者
2025 年 4 月

目 录

第一章 通论 ·· (1)
  第一节 应用文的特点和社会作用 ································ (2)
  第二节 应用文的构成要素 ·· (4)
  第三节 应用文的写作要求 ·· (11)
  第四节 怎样培养应用写作能力 ···································· (14)

第二章 公文 ·· (17)
  第一节 公文概述 ·· (18)
  第二节 决议 ·· (20)
  第三节 决定 ·· (23)
  第四节 命令(令) ·· (27)
  第五节 公报 ·· (30)
  第六节 公告 ·· (32)
  第七节 通告 ·· (36)
  第八节 意见 ·· (42)
  第九节 通知 ·· (46)
  第十节 通报 ·· (52)
  第十一节 报告 ·· (56)
  第十二节 请示 ·· (63)
  第十三节 批复 ·· (68)
  第十四节 议案 ·· (73)
  第十五节 函 ·· (76)
  第十六节 纪要 ·· (80)

第三章 规章制度应用文 ·· (85)
  第一节 规章制度应用文概述 ······································· (86)
  第二节 准则 ·· (87)
  第三节 守则 ·· (93)
  第四节 须知 ·· (96)
  第五节 制度 ·· (99)
  第六节 章程 ·· (102)
  第七节 公约 ·· (106)

第八节　职责 …………………………………………………………（110）
　　第九节　规范 …………………………………………………………（114）
　*第十节　规则 …………………………………………………………（118）
　*第十一节　规程 ………………………………………………………（118）
第四章　事务应用文 …………………………………………………………（119）
　　第一节　事务应用文概述 ……………………………………………（120）
　　第二节　计划 …………………………………………………………（121）
　　第三节　总结 …………………………………………………………（130）
　　第四节　会议记录 ……………………………………………………（135）
　　第五节　先进事迹材料 ………………………………………………（138）
　　第六节　声明 …………………………………………………………（142）
　*第七节　简报 …………………………………………………………（146）
　*第八节　调查报告 ……………………………………………………（146）
　*第九节　城市形象宣传语 ……………………………………………（146）
第五章　日常应用文 …………………………………………………………（147）
　　第一节　日常应用文概述 ……………………………………………（148）
　　第二节　感谢信 ………………………………………………………（149）
　　第三节　申请书 ………………………………………………………（151）
　　第四节　倡议书 ………………………………………………………（154）
　　第五节　演讲稿 ………………………………………………………（158）
　　第六节　启事 …………………………………………………………（162）
　　第七节　海报 …………………………………………………………（164）
　　第八节　一般书信 ……………………………………………………（166）
　*第九节　建议书 ………………………………………………………（170）
　*第十节　承诺书 ………………………………………………………（170）
第六章　职场应用文 …………………………………………………………（171）
　　第一节　职场应用文概述 ……………………………………………（172）
　　第二节　个人简历 ……………………………………………………（173）
　　第三节　求职信 ………………………………………………………（176）
　　第四节　辞职信 ………………………………………………………（181）
　　第五节　竞聘词 ………………………………………………………（184）
　　第六节　自传 …………………………………………………………（186）
　　第七节　述职报告 ……………………………………………………（191）
　*第八节　劳动合同 ……………………………………………………（196）
　*第九节　小传 …………………………………………………………（196）
第七章　经济应用文 …………………………………………………………（197）
　　第一节　经济应用文概述 ……………………………………………（198）
　　第二节　经济合同 ……………………………………………………（200）
　　第三节　协议 …………………………………………………………（205）

第四节　广告文案 …………………………………………………………（210）
　＊第五节　意向书 ……………………………………………………………（214）
　＊第六节　产品说明书 ………………………………………………………（214）
第八章　实习与毕业考核应用文 …………………………………………………（215）
　　第一节　实习报告 …………………………………………………………（216）
　　第二节　自我鉴定 …………………………………………………………（218）
　　第三节　毕业论文 …………………………………………………………（221）
　　第四节　毕业设计报告 ……………………………………………………（234）
参考文献 ………………………………………………………………………………（239）

【说明】标有＊标志的内容为自学内容，本部分内容已放入文前一书一码中，请读者扫描二维码后进行学习。

第一章 通 论

应用文是指各级机关、团体、企事业单位和公民个人在处理公私事务、解决具体问题时使用的实用文体，具有惯用格式。

从已经发掘、发现的史料可知，应用写作在我国已有几千年的历史。在这一漫长的历史发展过程中，文种不断丰富，表现形式推陈出新，至清代已经形成了内涵十分丰富、积淀相当深厚的应用文体系。清代学者刘熙载在《艺概·文概》中说："辞命体，推之即可为一切应用之文。应用文有上行、有平行、有下行。重其辞乃所以重其实也。"他在书中对应用文的分类和特点进行了系统的总结。今天，应用写作已经发展成为一门内容丰富、脉络清晰、体系完备的应用学科，在社会生活的各个方面发挥着极其重要的作用。

第一节 应用文的特点和社会作用

> 应用文的"应用"二字既准确地概括了这类文体的基本性质,又点明了这类文体的作用。这类文体一般都是应需而写,以解决实际问题为写作目的。它既是各级机关、团体、企事业单位开展工作、互通情况必须依赖的媒介形式,也是公民个人处理各种事务、解决问题的常用文体。

一、文章的基本分类

中国文章学研究的历史在世界上是最长的,距今已有2500多年。《尚书·尧典》中说:"诗言志,歌永言,声依永,律和声。"其中,"诗言志"的观点可以说是中国古代文学理论的萌芽。春秋战国时期,文章学理论开始产生。例如,《庄子·天下篇》中说:"诗以道志。"《荀子·儒效》篇中说:"诗言是其志也。"

经过2000多年的自然发展和人们的专门研究,文章学理论逐渐成熟,到20世纪初形成更为系统的科学体系。经过反复的比较和验证,到20世纪80年代,有了一个人们高度认同、相对科学的分类结果,即将文章分为文学体裁、基本文体和实用文体。在这个分类结果的基础上,后来又产生了一个新的观点,即将文章分为文学体裁、基本文体和应用文体,这一分法界定更加清楚,是迄今为止最为科学的分类方法。具体地讲,文学体裁的本质特点是着力于形象塑造和意境描绘,允许虚构、夸张和典型化处理等;基本文体的本质特点是写真事、说真话、抒真情等,通常不允许虚构和歪曲事实,但允许一定程度的艺术加工;应用文体的本质特点是一般有约定的格式和特定的内容要素。

二、应用文的特点

前面我们所提到的应用文的本质特点只是应用文特点的一小部分。那么,怎样全面、正确地认识应用文的特点呢?那就必须将其与文学作品进行比较,找出其与文学作品的不同点,这是研究应用文最基本,也是最科学的方法。

(一)从写作目的来看

文学创作的目的是满足人们的精神需求,给人以审美享受的同时,净化灵魂、激励斗志、坚定信念。应用文是为了解决实际问题而写的,其作用是传递信息、沟通思想、理顺关系、协调工作等。文学作品是人类精神世界的写照;应用文是现实生活的反映,直接用于生活和工作是应用文区别于文学作品最根本的地方,所以说实用性是应用文最大的特点。

(二)从思想内容和表现手法两个方面来看

文学作品和应用文都注重内容的真实性,但二者的"真实"是不同的:文学作品的真实是一种艺术的真实,或者说是一种依赖于作者的主观意念而存在的真实,文学作品所写的人和事与现实生活中的真人真事相对处于"似与不似"之间;应用文的真实是生活真实,其中所写的人和事通常基于现实生活中的真实情况。不论是日常文书,还是事务文书,不仅要求人物、事件、时间、地点等要素是完全真实、准确无误的,而且其中涉及的数据都必须是准确无误的。就表现手法来看,在文学作品的创作过程中,作者可以对生活素材进行"典型"化处理,赋予其主观上的感情色彩;在应用文的写作过程中,作者必须尊重客观事实,不允许掺杂自己的主观情感,更不允许夸张和虚构。客观性是应用文区别于文学作品的又一重要特点。

（三）从材料取舍和读者对象来看

在文学创作的过程中,作者可以按照自己的主观意愿对材料进行取舍和艺术加工;而在应用文的写作过程中,作者必须尊重客观事实,必须"就事论事",在材料的使用上别无选择。文学作品在产生之前,其读者对象是不确定的,写给谁看,作者有时也不清楚;而应用文则不同,它的读者对象十分明确,写给谁看,作者心中一清二楚。内容的既定性和读者对象的确定性是应用文的又一特点。

（四）从写作动机方面来看

文学创作活动完全受作者的思想所支配,写还是不写、什么时候写、写什么、写成什么体裁、确立一个什么样的主题、选用什么材料,完全由作者的主观意愿来决定;应用写作则不同,写什么内容、写成什么样式、什么时候写,这些都由客观存在的情况和需要解决的问题来决定。"应需而写"是应用写作的最大特点,这一特点决定了应用文具有针对性的特点。

（五）从时效性方面来看

文学作品的审美性和感染力往往具有持久性,如唐诗、宋词和中国古典四大名著,至今仍具有很高的艺术价值;应用文则不同,时过境迁,其中绝大部分的实用价值都大幅度降低。从写作的角度讲,文学创作不受时空的限制,选题确定了,可以马上动笔,也可以一个月或一年后再写;应用写作则不同,问题已摆在眼前或即将发生,必须尽快处理或解决时,为解决问题而写的应用文必须尽快完成,否则就要误事。时效性也是应用文区别于文学作品的一大特点。

三、应用文的作用

文学作品是社会生活的审美反映,其创作目的是促使人们热爱生活,对生活满怀信心。应用写作的意义与文学创作是不同的,其写作目的是处理实际事务、解决具体问题。应用文作为记录、传递、存储信息的载体,因文种的不同而作用各异。归纳起来讲,应用文主要有沟通交流作用、凭证作用、规范和指导作用、晓谕和知照作用。

（一）沟通交流作用

社会是一个极其复杂的共同体,群体与群体、群体与个体、个体与个体之间有着各种联系和交往,应用文书在这些联系和交往活动中起了一种纽带与桥梁的作用。

应用文的沟通作用主要体现在信息传达和关系协调上。上下级机关之间主要是上传下达,同级的单位和互不隶属的单位之间主要是互通情况,群众之间主要是传递信息、互相交流。

(二)凭证作用

应用文的凭证作用主要体现在它是联系工作和开展公务活动的书面凭证,起着立此存照的作用。比如,学校对有违纪行为的学生进行处分,必须有一个依据。这个依据是什么呢?这个依据是关于学生管理的规定。

应用文之所以具有一种凭证作用,是因为:第一,它存储了重要的社会信息,在发挥了现实的效用后,还有一种历史资料的作用。比如,召开一次会议,议定了许多事项,如果仅仅留存在有关与会人员的记忆之中,那是靠不住的。过不了多久,人们大脑中有关会议的记忆变得模糊起来,一些事项似乎是这么议定的,但又查无实据。这样一来,人们在处理事务时缺少了凭据,工作就不好开展了。如果把会议议定的事项以会议纪要的形式记录下来,就可以作为一种处理日常工作事务的依据。第二,应用文一旦形成,就变成了一种凭据,就具有了一种有据可查的属性。它不同于口头交流。口头上说的事,时过境迁,你说是一,他说是二,谁也说不清楚。日常生活中不乏因"口头协议"而导致纠纷的例子。

(三)规范和指导作用

用来制定政策、发布法规、指导工作的应用文,在特定范围内对机关、组织以及个人的行为起着规范和指导作用。

应用文的规范性具有两个含义:一是其固定的格式规范了写作行为和处理程序;二是其内容规范了人们的行为,如公约、规定等。

应用文的指导作用主要体现在公文的应用方面,可以从上下级机关两个方面来理解:上级机关制发的公文大多是用于指导、督促下级机关更好地开展工作的;下级机关依照上级机关有关文件精神开展工作,就是应用文指导作用的具体体现。

(四)晓谕和知照作用

国家每一项法令、法规的发布对于各级机关、团体、企事业单位及公民个人都具有晓谕的作用;各级机关的通知、通告,都具有知照的作用。应用文的晓谕作用主要体现在政策宣导和思想动员上,而知照作用则侧重于信息传达。

第二节 应用文的构成要素

任何一类文章都是由内容和形式两个部分构成的。就应用文而言,其内容要素主要是主旨和材料,形式要素主要是结构和语言。

一、应用文的主旨

《现代汉语词典》(第7版)对"主旨"一词的解释是:主要的意义、用意或目的。这一解释包含两层意思:一是写进文章中的材料本身所蕴含的主要思想意义,二是作者写作的目的和意图。材料本身所蕴含的思想意义是客观的,作者写作的目的和意图是主观的,主旨是客观与主观的统一。没有客观材料这一思想载体,作者的意图就无法表现;没有作者明确的写作目的和意图,蕴含在材料中的思想意义也就不能被发掘和表现出来。主旨由材料本身的思想意义与作者的写作目的构成,体现为作者对客观事物的认识、评价以及由此产生的观点和主张。

（一）应用文的主旨与文学作品的主题的异同

《现代汉语词典》(第7版)对"主题"一词的解释是：① 文学、艺术作品中所表现的中心思想,是作品思想内容的核心;② 泛指谈话、文件、会议等的主要内容;③ 主标题。从这一解释来看,"主题"和"主旨"的含义是有差别的,二者作为概念来讲时,其外延是不重合的,这是其一。其二,"主题"原本是就文学、艺术作品而言的,"主旨"是就实用文体来讲的,二者的使用对象不同。其三,文学作品的主题和应用文的主旨有着"质"的不同,这一不同主要表现为以下几点。

首先,文学作品的主题可以多层次设置,常常蕴含在作品的深处。如陆游的《钗头凤·红酥手》不仅表达了作者对唐琬的深爱、思念与牵挂之情,而且表现了他对封建礼教的愤恨,以及在母亲逼迫下的无奈等,其主题是多层次且蕴含在字里行间的。但应用文的主旨通常不可多层次设置,且应避免含蓄、隐晦。

其次,文学作品的作者在主题的确定与选择方面具有较大的自主权。作品写什么、怎样写、表现什么主题、怎样表现,这些都是由作者的思想、感情、世界观决定的。应用文写作的主旨取决于需要解决的现实问题,作者的选择空间有限。

最后,文学作品是借助艺术形象来传达作者的审美意识、思想观念的,这一特点决定了作者在创作过程中暗示和象征手法的运用。呈现在读者面前的文学艺术形象,是一种能唤起读者生活经验、调动其情绪反应、引起联想和想象、富有象征性和暗示性的审美对象,这就必然造成主题在一定程度上的不确定性或模糊性。这样一来,读者在对文学作品的主题进行具体概括的时候,很难提炼出一个确定不变、众人都能接受的主题。例如,鲁迅曾经谈到人们对《红楼梦》理解的分歧："单是命意,就因读者的眼光而有种种：经学家看见《易》,道学家看见淫,才子看见缠绵,革命家看见排满,流言家看见宫闱秘事……"而应用文的主旨不仅应当明确,而且必须突出,使读者容易准确地把握。

此外,文学作品的主题是通过文学作品的各个构成要素表现出来的作者的观点、倾向、思想和情感,其中情感处于主导地位;应用文的主旨是作者就需要处理和解决的问题所发表的意见、建议、主张或所表明的态度等,其核心是解决问题的思路和方法。

（二）应用文的主旨确定的基本要求

简单来说,应用文的写作实际上是作者向明确的受文对象传达一种信息或者表达某种意思,具体表现为要受文对象知晓什么、做什么、怎么做或向受文对象提供某种依据等,意思的表达首先要真实。因为只有意思的表达是真实的,才会有益于事务的处理和问题的解决;意思的表达不真实,不仅达不到写作的目的,而且常常会事与愿违。因此,意思表达的真实是应用文写作的一个基本原则。在这一原则之下,应用文的主旨的确立与表现还必须达到以下几点要求：

1. 正确

所谓正确,包括两层含义：一是要符合国家的政策,遵守法律法规;二是要符合客观实际,反映事物的真实面貌和本质规律。应用文很重要的一个作用是维系社会各阶层、各方面的关系,促进社会和谐,因而其主旨的确立必须符合社会公共准则。这一要求首先体现为符合国家的政策,遵守法律法规。其次,作者的看法、想法以及所设想的解决问题的办法等,都必须符合客观实际,具有可行性。只有这样,文章才有价值。写应用文最忌讳纸上谈兵,不切实际、假大空的东西是没有任何意义的。

2. 明确

应用文的主旨必须明确、突出,作者的态度要鲜明,使受文对象准确把握作者的写作意图,明确自己的工作职责、工作方向和工作方法等。从另一个角度讲,应用文是用于指导工作的,在一定程度上发挥着协调步调、统一行动的作用,这就要求所有的受文对象对文章主旨的理解是相同的。而要达到这一目标,主旨的明确性是至为关键的。

3. 显露

应用文为解决实际问题而写,其作用的发挥、价值的体现首先取决于受文对象对主旨的准确把握。这就要求应用文的主旨通常应直陈文中、显露于外,避免含蓄和隐晦。具体地讲,就是作者的意图和主张是什么,要让受文对象一看就明白。

4. 单一

应用文的主旨通常应单一明确,以确保受文对象的理解一致。一篇应用文只能有一个基本思想,重点要突出。如果应用文所传达出的信息呈现多向性,其主旨具有多重性,那就会使受文对象无法准确把握、无所适从,这样作者的写作目的就无法实现,文章就失去了价值。

5. 深刻

所谓深刻,是指应用文确立的主旨能够反映生活的本质和规律,能够揭示事物所蕴含的最有价值的思想意义,能够提出使问题得以顺利解决的有益的见解。说得具体一点,就是有较强的针对性和现实意义。这就要求作者除了把握事物的本质和规律外,还要掌握不同文种的特点和写作要求。如工作总结重在对自身实践的理性认识,措施、做法、经验、问题,都是写作重点;请求批准的请示重在理由合理而充分,要求恰如其分;情况报告重在揭示事物的本质、规律,显示发展趋势和新的动向;而会议纪要的着重点则在于指导思想正确,任务要求明确,政策措施有力、可行。这些对于主旨深化、明确、突出都是十分必要的。

二、应用文的材料

应用文的材料是指作者为了达到一定的写作目的所收集、整理和运用到文章中表现主旨的事实、数据和理论根据。材料是构成应用文诸要素中最坚实、最丰富、最具活力的一个因素,主旨的确立要依靠它,应用文的感染力和说服力也来自它。因此,材料的收集、整理、选择、加工及使用是写作的一个关键环节,在很大程度上决定着写作的成败。

(一)材料的分类

不同类型的材料在应用文中具有不同的表达作用和表现效果。依据不同的分类标准,材料可以分为以下几种类型:

1. 按照材料的性质,可分为感性材料和理性材料

感性材料是指作者通过视觉、听觉等感官手段从现实生活中获得的材料,是客观现实中具体存在的事物——人、事、景、物等是感性材料;理性材料是指人们对客观事物理性认识的结果——公理、原理、法则、定律等是理性材料。感性材料(如具体事例)可以增强应用文的生动性和感染力,理性材料(如数据、理论)可以增强应用文的说服力。

2. 按照材料的获取途径,可分为直接材料和间接材料

直接材料是指作者运用各种感知手段或技术手段,直接从现实生活中获得的材料。它是作者写作各种文章最可靠、最基本的材料。应用文要以直接材料作为文章的主要材料。直接材料获取的主要途径是观察、感受、采访和调查。间接材料是指作者从现实生活以外的其他渠道间接获得的材料。如从阅读文件、图书、报刊或其他资料获得的材料,从观看影视剧、听广播或听他人讲述等途径获得的材料。各类文章的写作都常常借助于间接材料,以补充直接材料的不足。

3. 按照材料的存在时间,可分为现实材料和历史材料

现实材料是指存在于当前现实生活中的一切写作材料。现实材料是读者最熟悉、最容易理解的。历史材料是指生活中发生既久或在历史上早已发生而存留下来的史实、文物、作品、文献、资料等。由于应用文常常要论事说理,因而经常要用到历史材料。

4. 按照材料的内容,可分为正面材料和反面材料

正面材料是指作者从正面的角度选取的用来表明自己观点、意见或建议的材料。反面材料是指作者从反面的角度选取的,用来批驳或否定对方的观点,反衬作者思想观点的材料。选用反面材料,对错误观点进行批驳,对丑恶现象予以否定,是为了树立起作者正确的观点。正反两个方面的材料对比使用,能使作者的观点更加鲜明,给读者留下深刻印象,从而加强文章的说服力与感染力。

以上只是几种最常见的材料分类方法。事实上,关于材料的分类方法远不止这些。

(二)应用文的材料应具备的特性

主旨是应用文的灵魂,材料是应用文的血肉,材料的选择和使用是为表现主旨服务的。相对于文学作品主题的不确定性和具有想象再造性来讲,应用文的主旨必须单一、明确、显露,使受文对象容易准确地把握,这就要求写进应用文中的材料必须具有以下几个方面的特性:

1. 表意的直接性

为了增强作品的审美性,文学作品总是给读者留有充分的想象余地,其材料的表意也常常是间接的。如臧克家的《老马》这首诗:"总得叫大车装个够,它横竖不说一句话,背上的压力往肉里扣,它把头沉重地垂下!这刻不知道下刻的命,它有泪只往心里咽,眼里飘来一道鞭影,它抬头望望前面。"这首诗中的形象是一个具有象征意义的事物,所描绘的情境依赖于读者的想象而存在。在这里,材料的表意是间接的,其主题必须借助于读者的联想才能显现出来。

应用文写作以"解决问题"为目的,把实用性放在第一位,材料通常具有表意的直接性。

所谓表意的直接性,就是所用的理性材料能直接表明作者的观点,所用的感性材料能够很好地反映客观情况。换句话说,就是在材料与观点相统一的基础上,所用的材料能够坚实地支持观点、表现主旨。

2. 确凿性

所谓确凿,是指写进文章中的材料不但是客观存在的、真实的,而且是没有经过艺术加工的、准确的,能反映出事物的本来面目。对材料的这一要求,是由应用文与文学作品的不同特点决定的。

文学作品来自生活,又要高于生活,这就要求作者在创作的过程中对材料进行艺术化的处理,因而写进文学作品中的材料大多是经过加工处理的,多多少少带有虚构的成分。

应用文写作与文学创作有着严格的区别,必须尊重客观事实,尤其是写进文章中的材料绝对不能有任何虚假的成分,也不能添枝加叶,否则,文章反映的问题就会失实,从而出现新的问题。因此,写进应用文中的材料既要求是真实的,又要求是准确的。

3. 典型性

虽然现实生活中可用的材料是极其丰富的,但不同的材料在具体文章中的表现作用是千差万别的。就其思想意蕴来讲,有的材料鲜明,有的材料隐晦;就其对现实的反映来讲,有的材料显现出的是真相,有的材料表现出的是假象;就其所表现出的问题来讲,有的材料揭示的是事物发展的必然规律,有的材料表现出的是一种偶然现象;有的材料代表主流,有的材料代表支流……在应用文的写作中,作者只能选取那些充分地显示事物的本质和规律的材料——典型材料。典型材料具有本质的真实,能代表主流,体现必然性,因而能以一当十。

4. 新颖性

应用文是为解决现实问题、改进工作或协调关系而写的,通常立足于当前,着眼于未来。这就要求作者所使用的材料必须是生动、鲜活、富有生命力的。因为只有使用新颖的材料,才能很好地反映出事物发展的新动态、新情况,揭示出当前需要解决的新问题,在此基础上才能产生出符合实际、切实可行的解决问题的新思路。

从另一个角度讲,事物是不断地发展变化的,如果今天的情况已与昨天的情况不同,我们仍然根据昨天的情况来制定工作方案,势必就会出问题,有时还会出大问题。比如说发布汛情通报,两小时前的情况和此刻的情况就可能有很大的不同,如果不能将此刻出现的最新情况及时告知各有关方面,就可能出问题。同样,情况不断变化,作者的思想观念、工作思路等也要随之发生变化,这一点也是新颖性的一个方面。

三、应用文的结构

相对于基本文体和文学体裁而言,应用文的结构比较简单。这主要源于两个方面的原因:一是应用文的内容要素比较明确,先写什么,后写什么,一般已约定俗成;二是很多文种有约定俗成或明确规定的格式。

虽然应用文的结构相对比较简单,但写作时也必须注意两个问题:一是有利于每一个内容要素清晰地显露出来,让人看得清楚明白;二是合情合理,合乎逻辑,便于有条不紊地把事情说清楚。

在这里,要特别强调的是,应用文的格式要求并不影响其生动性,更不影响其情理渗透。

四、应用文的语言

语言是表达思想、构成文章的基础。一切文章，从内容到形式，都要靠语言来支撑，没有语言，就没有文章。任何思想，只有用准确的语言表达出来才能成为现实的思想，才能在人与人之间进行交流。

相对于文学语言来讲，应用文的语言具有平实、准确、简洁和得体四个基本特点。

（一）平实

所谓平实，是指平易、质朴、实在。平实，强调文风朴实，通俗易懂；强调直接说事，客观论理；强调语言的自然，不施粉饰，不露斧凿之痕。

平易就是意思表达清楚、通俗、易懂。因为文章是写给人看的，让人一看就懂的语言才能使人产生亲切感，才能让人倍加喜爱，让人有精神上的愉悦。与此同时，只有读者看懂了，把作者的写作意图领会了，并且接受了作者的观点，用应用文中的思想指导自己的行为，文章的实际应用价值才能充分地发挥出来。如果读者看完文章后不知所云，领会不了作者的写作意图，其行为与作者的意愿相悖，应用文就失去了价值。

质朴是指应用文的语言必须自然、朴素，没有经过粉饰，不含任何虚假的成分，也没有夸大和溢美之词。那些华而不实的词句在应用文中是绝对不能用的。质朴的语言具有一种"清水出芙蓉，天然去雕饰"之美，运用质朴的语言来写应用文，不仅能够写得真切，而且可以写得生动。老舍先生说过："文字不怕朴实，朴实也会生动，也会有色彩。"

实在是指应用文的语言表意直接，不绕圈子；每句话都落在实处——或说事，或论理，没有废话；说事客观、具体，不给读者留太多的想象空间，以免其误解作者的意图。

【比较】

（1）文学语言强调审美性，讲究表意的含蓄美，潜台词十分丰富，给读者留有极大的想象空间。如鲁迅先生的《祝福》——当祥林嫂被婆家人抢走后，介绍人卫老婆子与鲁四老爷有这样一段对话——

"阿呀阿呀，我真上当。……我哪里料得到是瞒着她的婆婆的呢。对不起，四老爷，四太太。总是我老发昏不小心，对不起主顾，幸而府上是向来宽洪大量，不肯和小人计较的。这回我一定荐一个好的来折罪……"

"然而……"四叔说。

这里，鲁四老爷只说了半句话，"然而……"后面的潜台词是什么呢？很明显，这就是：你说要另荐一个好的女佣来顶替祥林嫂，可是像祥林嫂这种"只是顺着眼""不开一句口""整天的做""又有力，简直抵得过一个男子"的廉价好劳力，恐怕不容易找到了。这是鲁四老爷在"然而"后面欲说而未说的话。

（2）文学语言讲究表达的形象性，一般不直说。比如，春天到了，在实用性的文章中就直接写"春天来了"，但是在文学作品中却这么写——"春色满园关不住，一枝红杏出墙来""春风又绿江南岸"……这样写，让读者在阅读时浮想联翩。

（3）文学语言讲究文采，作者大量使用各种修辞手法和表现技法，在一定程度上加大了读者理解语言的难度。

通过以上比较，我们可以体会到平实是应用文语言最大的一个特点。

（二）准确

所谓准确，是指意思表达真实、明确和恰如其分，没有含混不清的地方，没有言过其实的地方，没有褒贬失当的地方。语言的准确表现在内容上主要体现为所写事实清楚、确凿，所用数字准确无误；表现在词句的运用方面，主要体现为以下几点：

（1）严格区分词义的大小和轻重，词语的选用要恰当。汉语词汇丰富，同义词、近义词很多，它们的意义大多只有细微的差别，如果不严加区分，很容易造成表意不准确的问题。

（2）注意词义的修饰、限定，防止产生歧义。一词多义是汉语的一大特点，为了确保作者意思表达的正确性，最大限度地减少读者的误解或曲解，在遣词造句方面，要注意定语、状语和补语的使用，以使句子中心词的意思更加明确、具体，避免产生歧义。

（3）注意关联词语的使用和句式的选择，以使句间关系紧密，语气贯通。

（4）注意语言逻辑关系，防止概念不清或判断失当。正确的语言逻辑关系，不仅可以使语言条理清晰，而且能够反映出事物的内部规律，将事物的概念表述得清清楚楚，使读者的判断准确无误。

【比较】

文学作品强调语言的表现力，追求"言有尽而意无穷"的表现效果，这样一来，语言的表意有时就带有模糊性和不确定的成分。与此同时，"诗化"的语言还具有一种跳跃性，词句本身存在着不确定性和空白的部分，需要读者借助于自己的思维去补充和完善。

（三）简洁

简洁就是简练、干净，就是以最少的文字表达尽量多的内容。说通俗一些，简练就是没有废话，没有辞藻堆砌，没有不必要的词句重复，言简而意赅。遣词造句，要让人一看就知道讲的是什么，明白该如何去做；没有枝蔓，不晦涩难懂。

应用文的写作以传递信息为主，信息传递要迅速、准确，行文就要简洁。具体来讲，应用文语言的简洁主要在于两点：一是文字简练，即用最少的文字表达尽量多的内容；二是坚决杜绝套话、空话、废话，将可有可无的内容删去。

【比较】

文学创作与应用写作的最大区别在于：应用写作注重于客观事实，文学创作长于表现人的精神世界。有时为了表现人的心境，作者会采用烘托、渲染等艺术手法，使语言显得十分的啰唆。如鲁迅《社戏》中的一段文字——

我深愧浅陋而且粗疏，脸上一热，同时脑里也制出了决不再问的定章，于是看小旦唱，看花旦唱，看老生唱，看不知什么角色唱，看一大班人乱打，看两三个人互打，从九点多到十点，从十点到十一点，从十一点到十一点半，从十一点半到十二点，——然而叫天竟还没有来。

这一段文字显得十分"啰唆"。在通常情况下，人们是不会这样"啰唆"地说话的；如果用"凝练"这把剪子去修剪，最多只要"看各种角色演唱，从九点直到十二点"这两句话。但是，在《社戏》中，却非得像鲁迅这样写不可。因为作者是写自己慕谭叫天之名去看戏的，不但谭叫天迟迟未出，而且剧场十分拥挤、混乱，早已感到索然无味、烦躁不安。在这种心理状态下看戏，只有两件事可做：一是数着一个个角色出场，并希望他们赶快退场；二是数着一点点逝去的时间，希望谭叫天尽快出场。正因为这样，作者才运用繁笔，连写了六个"看"字，又连写了四个时间变化,以便形象地描绘出当时索然无味、烦躁不安的心理状态。

(四)得体

应用文是为解决实际问题而写的,其语言受明确的写作目的、特定的读者对象、一定的使用场合等条件的制约,因此一定要得体。应用文语言的得体包括以下几点:

(1)要符合作者的地位和身份。即叙事论理、遣词造句一定要注意作者的身份,要能正确体现出作者和受文对象之间的特定关系。如下级机关对上级机关的请示,可以用"请研究、批复"的话,但不能用"务必同意"之类的词句。

(2)要注意特定的场合。如贺喜时不说丧气话,严肃的场合不说俏皮话等。

(3)要注意让对方乐于接受、易于接受。要区别对象,采用对方乐于接受、易于接受的言语,一般人忌讳的话尽量少说或不说。此外,还要适合对方的文化程度、专业水平等,使对方易于理解、易于接受。例如,对文化程度不高的人,尽量多用平易通俗的词语,不要使用生僻的字词,不要过多地使用专业术语。

(4)语言色彩要符合特定的行文目的及文章内容的性质。如颁布政令的要庄重严肃,通报错误的要义正词严,申请、请示的要平和委婉,等等。

(5)要正确使用应用文的习惯语,切实弄清它们的含义和用法。如信函中的称谓、问候和致敬语等。

(6)要符合应用文的语体要求,具体地讲就是语言的运用要注意符合不同文体的要求。

写作应用文,说什么、不说什么,怎样说、何时说等,都要认真考虑。语言得体有利于处理事务、沟通关系,从而更好地达到应用文写作的目的。

以上只是应用文语言最基本的几个特点,或者说是对应用文语言最基本的要求。在实际应用中,仅仅满足于这些基本要求是不够的,还应该讲究语言的鲜活、优美和生动等。在这一方面,古代的应用文为我们树立了榜样,如李密的《陈情表》、诸葛亮的《出师表》和司马光的《训俭示康》等都是应用文语言运用的典范。

第三节 应用文的写作要求

> 应用写作是为了处理各项事务、解决实际问题而进行的写作实践活动,其行为目标明确,写作针对性强,文章内容具体,写作过程中思维的指向性和路径的有序性都比较强。应用文要想写得情理交融、文质兼美,是需要下一些工夫的。

一、应用写作的基本要求

文学创作的目的是为人们提供精神食粮、表达作者的思想感情,应用写作的目的是解决现实存在的问题,二者的写作目的不同,要求自然各异。一篇好的应用文,应该达到以下几个要求:

（一）客观说事

应用文在解决具体问题过程中的作用主要表现在两个方面：一是为解决问题提供依据，二是为解决问题提供思路。这就要求说事要客观，力求真实地反映情况，一就是一，二就是二，不能添枝加叶，更不能夸张和虚构；要尊重事实，不能臆断，不能凭空想象和联想，也不能过多地掺杂个人的感情色彩。这是应用写作与文学创作最大的区别——文学创作通常离不开想象和联想，允许个人的感情渗透其中。

在客观反映问题的同时，还需对问题进行深刻、透彻的分析，以找到解决问题的最佳思路。与此同时，应用文中关于问题的分析要有理有据，让人信服。

（二）主旨明确

人们阅读文学作品大多是为了消遣和愉悦身心，而阅读应用文则主要是为了工作、生活或学习。阅读文学作品，能否领会作者的创作意图或概括文章的主题并不重要，重要的是获得强烈的美感；而阅读应用文，必须准确把握作者的意图，准确捕捉文章中的重要信息，正确理解文章的中心思想。换一个角度讲，阅读应用文首先要弄清楚作者要我们做什么和应该怎么做等问题。这就为应用文写作提出了一个要求——要求作者必须把事说清楚，让人一看就明白作者的意图，就知道应该做什么和做到什么程度等。把事说清楚最终体现为主旨明确。

主旨明确在应用文中主要体现为三点：一是主题单一，即一篇应用文一般只有一个主旨，作者的意图明确。二是观点鲜明，表达清晰。应该做什么，不应该做什么；应该怎么做，不应该怎么做，说得清清楚楚。三是有针对性，即文章所提的意见、办法和措施等，是针对什么人、什么问题而提出来的，交代得十分清楚。

（三）条理清晰

应用文要把事情交代清楚，作者的意图和道理需条理清晰地表达。条理清晰在应用文写作中有以下三个含义：

一是观点和材料互相依存，内在联系十分紧密。换句话说，观点能很好地统领材料，材料能很好地说明观点。只有观点能很好地统领材料，应用文说事才能显得有条不紊。

二是事理关系十分清晰。应用文说事最大的特点是有理有据，如一些重大的决定、决议和指示等常常用较多的文字说明因由、依据；调查报告和工作总结则要分析事情成败的原因等。

三是文章结构的层次十分清晰。应用文重在说事，要把事说清楚，给人以十分清晰的印象，就必须采用条分缕析的方法，表现在文章结构的安排上就是层次十分清晰。

（四）格式规范

应用文的格式是约定俗成、相对固定的。应用文的格式规范，不仅便于处理事务、提高工作效率，而且便于整理、归档。与此同时，还有一种形式上的美感。比如，一份民事诉讼状如果格式是规范的，原告、被告一目了然，诉讼事项清清楚楚，受理人很快就会理出处理的头绪来。如果形式不规范，受理人可能需要费很大的功夫才能弄清楚谁告谁。因此，应用文的写作要求格式规范。

规范是相对的，应用文写作在格式规范的基础上允许有一定的灵活性，提倡在稳定的基础上有所创新,以使应用文的格式适应时代变化和社会发展的需要,增强其表现力与生命力。与此同时,应用文格式的相对稳定并不影响体现个人的写作风格。

(五)语言简洁、浅显、生动

简洁是对一切文章写作的一个基本要求,表现在应用写作方面更为突出。简洁是用最简练的文字准确陈述事由、解说事理,清楚地表达自己对问题的看法、主张以及解决问题的办法。简洁,通俗地讲,就是不啰唆,去粉饰,言简而意明,文约而事丰。

文章是写给人看的,只有读者理解,作者的写作目的才能达到。尤其是应用文,其受文对象的文化层次参差不齐,更应该讲究语言的浅显。不论是讲述深刻的道理,还是表达复杂的思想,都要说得深入浅出,易于理解。

在简洁、浅显的基础上讲求生动是对应用文语言更高的要求。生动就是语言鲜活、形象、优美,富于感染力。生动的语言可以增强文章的艺术感染力,激发读者的阅读兴趣,使文章的作用最大化。

二、中国古代应用写作的优良传统

我国古人写作应用文不仅注重说事,而且特别注重情理渗透,力求做到晓之以理、动之以情,为后人留下了大量的典范之作,很多在今天被我们当作文学作品来欣赏的名篇佳作其实在其产生的时候都是典型的应用文。如论理透彻的《谏逐客书》就是李斯写给秦王的"建议书";发自肺腑、情透纸背的《出师表》是诸葛亮写给后主刘禅的"建议书";字字蘸泪、使人动容的《陈情表》是李密写给晋武帝的"辞职信"。司马光的《训俭示康》、林觉民的《与妻书》都是应用文,都具有感人肺腑的力量。这些文章不仅情理交融,而且富于文采,言辞十分优美。

更值得关注的是,在我国古代,不只是一般的应用文讲究文采、注重情理渗透,即使是皇帝的诏令也特别讲究文采、注重情理渗透。如唐太宗的《百字敕》:"耕夫役役,多无隔宿之粮;蚕妇波波,少有御寒之衣。日食三餐,当思农夫之苦;身穿一缕,每念织女之劳。寸丝千命,匙饭百鞭。无功受禄,寝食难安。交有德之朋,绝无益之友;取本分之财,戒无名之酒。常怀克己之心,闭却是非之口。若以朕之斯言,富贵功名长久。"这篇短文情理交融,语言优美,具有很强的思想感染力。

与中国传统的应用写作相比,今天的应用写作实践、教学和研究等在某些方面存在误区,如片面强调实用性与格式的规范性,忽视了人文性,致使本来形式灵活、内涵丰富,极其生动、有趣的应用写作教学活动变得呆滞、拘谨、索然无味,其直接后果是影响了应用文社会效益的发挥。

当前,要走出应用写作的误区,必须从这几个方面入手:一是要继承和发扬我国古代应用写作的优良传统,大胆地吸收和借鉴古人应用写作的成功经验;二是要突破以往应用写作的"程式",使应用文从内容到形式都生动起来,让人们喜欢读写应用文;三是要注重应用写作的情理性,尤其是要注重应用文中的感情渗透;四是要加强应用文语言的生动性和形象性,让应用文真正"活"起来。

应用写作（第四版）

第四节 怎样培养应用写作能力

> 我们每一个人，不论是在工作中还是在生活中，随时都可能用到应用写作知识和应用写作能力——自己创业，要和别人签订经济合同，要阅读市场调查报告或经济活动分析报告；给别人打工，要签订劳动合同；权益受到侵害时，要通过不同的途径和方式来维护自己的合法权益，这时可能要写建议书、投诉信等。因此，我们每一个人都应该具备基本的应用写作能力。那么，怎样培养自己的应用写作能力呢？

一、加强语言组织与运用能力的训练

语言组织与运用能力是构成应用写作能力的核心内容，只有具备了语言组织与运用能力，论事说理、表达思想才成为可能。因此，培养应用写作能力首先要加强语言组织与运用能力的训练。语言组织与运用能力的训练主要包括遣词造句能力与语段组织能力两个方面。

（一）遣词造句能力

遣词造句是准确表达思想的关键，语言组织与应用能力的训练，首先是遣词造句能力的训练。遣词造句能力的有效训练一般要经历以下四个阶段：

1. 词汇的积累阶段

有了丰富的词汇积累，在实际写作中就会信手拈来，把文章写得生动活泼。积累应用文词汇需进行针对性阅读：一是阅读功能文本，如行政法规、合同范本、市场调研报告等，学习大量专业术语；二是归纳高频语体，总结公文惯用表述，如"特此函达""依法追究"等，避免文学化表达。这里需要强调的是，采用集中、强背的方法积累词汇是不可取的，这样容易造成语体混淆，建议通过"词群分类法"积累：按文体建立专属词库（如合同高频词"缔约方""不可抗力"），辅以上下文语境进行练习。

2. 语感强化阶段

能不能恰到好处地使用词语造句，不仅取决于对词义的准确理解和把握，更重要的是取决于语言感受力。只有语感强，积累的词语才能运用自如。强化语感最有效的方法是选取一些语言规范的应用文，然后反复地诵读。诵读时，要注意节奏、语气等，力求完美再现文章所表现的思想和情感。

3. 选词炼句阶段

这一阶段的训练主要包括词语的自然使用和结合各种修辞手法的活用两项内容，这两项内容可以结合在一起训练。选词炼句训练应贴近实际场景。例如，进行精简冗余表达训练，即将长句改写为简明条款，如将"天气原因导致延迟，双方同意不追究责任"改为"不可抗

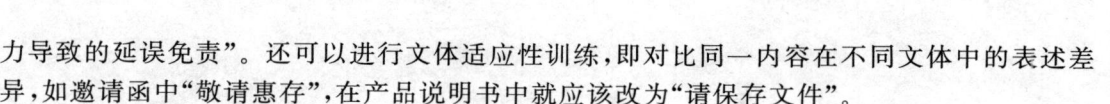

力导致的延误免责"。还可以进行文体适应性训练,即对比同一内容在不同文体中的表述差异,如邀请函中"敬请惠存",在产品说明书中就应该改为"请保存文件"。

4. 欣赏借鉴阶段

欣赏借鉴阶段是提高遣词造句能力的重要一环。在这一环节,可以品读一些经典的现代规范文本,如《毛泽东选集》中的政论、WTO法律文本;同时,还要避免古文语体陷阱,如公文中禁用文言虚词(之、乎、者、也),确保语言通俗易懂。

(二)语段组织能力

语言组织与运用能力的另一项重要内容是语段组织能力。语段组织能力是指围绕既定主题,通过逻辑顺序将句子连缀成语义连贯、逻辑严谨的段落的能力。语段组织的关键是将围绕一个中心的一组句子按照一定的逻辑顺序,连缀成前后句衔接自然、语义自然承接、语气顺畅的一段话。语段组织能力的形成主要取决于语感,具备了较强的语感,就能够在瞬间判断句与句之间的衔接是否自然,语气是否贯通,语义是否连贯。

培养语感最有效的方法是选择那些语言十分规范的文章反复诵读、自然成诵。在强化语感的基础上,还需掌握必要的语法、逻辑和修辞知识,这样可以通过对句段的语法与逻辑的分析发现问题,把语段组织得更加规范,通过必要的修辞手法的运用,将语段组织得更加优美。

二、加强思想修养与思维能力训练

文章主要是用来表达思想的,作者的思想是否丰富、思想境界是否高尚都直接影响着文章的思想内容。因此,要想写好应用文,就必须加强思想方面的修养,不断丰富自己的思想,提升自己的思想境界。具体应该怎么做呢?一是多读中国诸子百家的经典著作,如《论语》《孟子》《老子》《庄子》等;二是多读史学与哲学著作,如《史记》《资治通鉴》《唯物辩证法》等;三是多读中外的经典寓言和哲理散文等。这类作品读多了,作者的思想就会大大丰富,讲道理的能力自然也就增强了。

不论是设计文章的结构,安排文章的内容层次,还是对文中要使用的材料的统筹,都依赖于作者的思维能力。与此同时,论事说理的旁征博引也要求作者思维敏捷。因此,要真正提高写作能力就必须加强思维能力的训练。怎么训练呢?最有效的办法是多阅读文学作品,尤其是多阅读一些诗词、神话、寓言之类能够启发想象与展开联想的作品。想象与联想能力强了,灵感闪现的频率高了,写作能力自然就强了。

三、加强人文知识的学习和积累

写作能力是一种人文素养,需要作者具备丰富的人文知识,其中包括中国文化、文学、美学、史学、语言、修辞、逻辑等多方面的知识。具备了丰富的人文知识,思想丰富,视野开阔,认识问题与分析问题的能力强,思维敏捷,写起文章来就会文思泉涌,轻松自如。例如,具备了语法和修辞知识,语言运用进入理性的状态,表达能力自然会大大增强。

第二章 公　文

　　公文是党政机关、企事业单位、社会团体依据法定职权，在履行职能、处理公务活动中形成的具有法定效力和规范体式的文书。公文的使用在我国已有3000多年的历史。现存最早的中国古代公文总集是汇集了商周时代一些重要史料的《尚书》，它证明了公文这类应用文体在我国产生的时间至少可以上推到3000多年以前。

　　3000多年来，公文在调节各种社会关系、维系社会和谐有序发展等方面发挥了十分重要的作用。当今时代，社会生活的内容多样，各种政治与经济关系复杂，公文的调节与维系作用显得更加重要。

第一节 公文概述

现代公文又称作公务文书,是党政机关、企事业单位、社会团体在处理公务时使用的具有法定效力和规范体式的一类应用文。它是传达政令,指导、布置和商洽工作,请示和答复问题,报告和交流情况,联系公务,记载工作活动的重要工具。

一、公文的特点

相对于一般应用文来讲,公文具有四个基本属性:一是公文形成的主体是党和国家机关及其他社会组织,二是公文形成的条件是行使职权和实施管理,三是公文是具有法定效力与规范格式的文书,四是公文是党和国家机关及其他社会组织处理政务、办理事务的重要工具。正是这样的几个基本属性,决定了公文具有以下几个特点:

(一)法定的作者

公文的作者必须是依法成立并能以自己的名义行使职权及承担责任的组织和个人,如党和国家的各级机关、各类组织,国家领导人,机关首长等。撰写公文不是个人行为,即使以个人名义发布公文时,发布人所代表的也是某一级机关或组织。换句话说,以领导人名义发布的公文,其真正的作者是领导人所代表的机关或组织。

(二)法定的权威性

具有法定地位的机关、组织,都有自己的组织系统、领导与被领导关系和职权范围,它们在行使法定职权和实施有效管理的公务活动中所制作的公文,在其管辖范围内具有法定的权威性。在发文机关职权范围内,公文对受文对象具有法定约束力,相关单位应依据职能配合执行。

(三)现实执行效用

任何公文都是针对现实存在的问题和为解决现实问题而撰写和制发的,在一定的时间内撰写完成和传达,并在一定的时间内发挥作用。换句话说,公文所具有的特定效用是有一定的时间性的,即在一定的时限内对受文对象具有不同程度的强制约束力。一份公文执行办理完毕,其现行效用随之消失。现行效用消失后,公文即成为档案文献。

(四)法定的处理程序

公文的制发和办理必须经过规定的程序。如公文的制发,必须经过交拟、拟稿、审核、签发、复核等程序。经过机关领导人签发的文稿才能缮印、用印和传递。任何人不得违反上述程序擅自处理。

（五）规范的体式

具有法定的规范体式是公文区别于其他文字材料的显著标志。国家标准《党政机关公文格式》(GB/T 9704—2012)规定了党政机关公文通用的纸张要求、排版和印制装订要求、公文格式各要素的编排规则，并给出了公文的式样。该标准适用于各级党政机关制发的公文。其他机关和单位的公文可以参照执行。

二、公文的作用

公文是传达、贯彻党和国家的各项方针政策，表达法定作者的意图，处理日常事务，联系工作等的重要工具。其作用主要表现在以下几个方面：

（一）指挥、指导和管理作用

党政机关、企事业单位、群众团体，都在特定的范围内具有组织、指挥、管理和指导的职权，为了行使其职权和处理各种事务，就要制发公文来确定方针政策，进行工作部署，以及对一些重要事项提出意见、措施和办法，而这些公文对于下级机关来讲，都具有指挥、指导作用。如在党政公文中，命令（令）、决定、决议、指示、批复等文种，就属于指挥、指导性的下行公文。与此同时，各机关、单位通过制发公文来依法传达决策，组织、协调和管理各方面的工作，履行管理职能。

（二）联系与沟通的作用

通过公文，各机关、单位之间互相联系、交流信息、沟通情况，使上情下达、下情上传，同级单位之间情报互通。这样，对上级机关来讲，可以提高决策的针对性和措施的有效性；对下级机关和同级单位来讲，有利于明确当前的工作内容和工作重点，确保工作和谐有序地开展。如下行文中的公告、通告、公报、通知、通报等，上行文中的报告、请示等，还有作为平行文的函，都有交流信息的基本功能。

（三）凭证和依据作用

公文还具有明显的凭证和依据作用。上级机关发布的下行文，是下级机关开展工作的依据；下级机关上报的公文，是上级机关决策的依据；一个机关自己制作的公文，是其履行职能、开展工作的真实记录和凭证。

（四）教育和宣传的作用

公文是传达、贯彻党和国家的方针政策的重要工具，具有宣传和教育的作用。其中，相当一部分公文可以直接向干部和群众宣传党和国家的方针政策，宣传先进单位和先进个人的事迹和经验，报道各条战线所取得的成就，发挥着统一思想，振奋精神，宣传、教育和鼓动的作用。

三、公文的基本格式

国家标准《党政机关公文格式》(GB/T 9704—2012)对现行公文的格式作了明确的规定。这里我们就不赘述了。

第二节 决 议

【话题与案例】

为了吸收更多的优秀青年加入党组织,某省党委扩大会议对省教育厅党委提交的《关于品学兼优大学生入党问题的几点意见》进行了认真的审议,最后经过表决作出决议:一是对品学兼优且获得校级(含)以上优秀共青团员、三好学生、道德模范等荣誉称号的在校大学生,经征得本人同意后,由各校党委直接纳入入党积极分子培养;二是全省教育系统各级党组织和全体党员要善于发现并积极鼓励和推荐品学兼优的大学生加入党组织。这一决议要成文下发全省教育系统各级党委和全体党员贯彻执行,应该怎么写?

【基础知识】

决议是指党政机关、企事业单位、社会团体等就重要事项,经会议讨论通过集体决策之后,要求贯彻执行时所用的一种重要的公文。《党政机关公文处理工作条例》第八条关于"决议"的适用情形的表述是:适用于会议讨论通过的重大决策事项。由这一表述可知:决议这一文种是党政机关、企事业单位、社会团体等就有关重大事项进行会议讨论并通过集体决策之后需要对外公布或以文件形式下发要求贯彻执行时所使用的文种。

一、决议的特点

(一)决策性

决议是针对重大问题和事项作出的决策,一经形成,将对党或政府的工作及社会生活产生重大影响。例如,《第十四届全国人民代表大会第二次会议关于政府工作报告的决议》对于2024年全国的政治和经济工作都具有重大的指导意义。

(二)权威性

决议是经过党或国家领导机关会议讨论通过才能生效并由党或国家领导机关发布的,是党或国家领导机关意志的反映。决议的内容通常涉及重要决策事项,一经公布,相关单位必须坚决执行,认真落实,不得违背,体现了决议的权威性。

(三)严格的程序性

决议必须经会议讨论并表决通过,具有严格的程序性。例如,《全国人民代表大会常务委员会关于批准2023年中央决算的决议》就是经过"第十四届全国人民代表大会常务委员会第十次会议"审查通过的。

(四)指导性

决议表述的观点和对事项的评价都具有指导意义。

二、决议的分类

根据内容指向,决议可分为批准制度文件的程序性决议、部署重大政策的决策性决议和总结历史经验的结论性决议。

（一）批准制度文件的程序性决议

程序性决议主要用于审议和批准某种议案、法规或重要报告。这类决议的特点是内容相对简要，主要表达对某一文件或事项的肯定或否定意见，履行法律程序，指导有关部门遵照办理。

（二）部署重大政策的决策性决议

决策性决议主要用于对重要事项作出决策和部署。它通常涉及重大政策的制定和实施，具有明确的指导性和权威性。这类决议要求下级机关贯彻执行，其内容往往涉及战略性和长期性的部署。

（三）总结历史经验的结论性决议

结论性决议主要用于对重大历史事件或经验教训进行总结和阐述。这类决议通过对历史经验的梳理，为未来的发展提供指导和借鉴。例如，《中共中央关于党的百年奋斗重大成就和历史经验的决议》全面总结了党的百年奋斗历程和历史经验，为新时代中国特色社会主义建设事业的发展提供了重要指引。

三、决议与决定的区别

（一）产生形式

决议必须产生于会议，是会议集体讨论并通过法定程序表决形成的决策性文件。例如，联合国机构的决议是其意见或意愿的正式表达，通常需要经过会议讨论和表决。

决定既可以是会议集体讨论并通过法定程序表决的结果，也可以由上级领导机关直接作出。例如，联合国机构的决定通常涉及程序性问题，如选举、任命等。

（二）适用范围

决议通常用于重大、全局性的决策事项，具有较高的原则性和指导性。例如，党的全国代表大会通过的决议，涉及党和国家的重大方针政策。

决定既可以用于重大、全局性的决策，也可以用于局部、具体的事项。例如，某单位关于表彰先进个人的决定，属于局部性事项。

（三）通过程序

决议必须经过法定程序，如会议讨论、表决等，具有严格的程序性。例如，公司股东会的决议需要按照多数决原则形成，对全体成员具有法律约束力。

决定不一定需要严格的法定程序，通常通过集体讨论作出或由上级机关直接作出即可。

【写作指导与范例】

决议由首部和正文两个部分组成。

一、首部

首部包括标题和成文日期两个部分。

（1）标题。决议的标题有两种形式：一种是由发文机关（或会议名称）、事由和文种构成;另一种是由事由和文种构成。

(2) 成文日期。决议的成文日期即决议正式通过的日期,通常放在标题下,注明会议名称和通过的日期,或仅写通过的日期。

二、正文

正文由决议缘由、决议事项和结语三个部分组成。

(1) 决议缘由:一般简要说明会议审议事项的情况,陈述决议的原因、根据、背景、目的或意义。这一部分在比较简短的决议中有时候不单列,如《中国共产党第十九次全国代表大会关于十八届中央纪律检查委员会工作报告的决议》。

(2) 决议事项:写明会议通过的事项,或会议对有关文件、事项作出的评价、决定,或对有关工作作出的部署安排和要求、措施。如《中国共产党第十九次全国代表大会关于十八届中央纪律检查委员会工作报告的决议》第一层简要说明了会议审查、批准的事项,第二层是对决议所涉及的十八届中央纪律检查委员会的工作的肯定性评价,第三层是对中央和地方各级纪律检查委员会今后工作的要求。

(3) 结语:一般紧扣决议事项有针对性地提出希望、号召和执行要求。部分决议可以省略结语。

【范例2-1】

中国共产党第十九次全国代表大会
关于十八届中央纪律检查委员会工作报告的决议

(2017年10月24日中国共产党第十九次全国代表大会通过)

中国共产党第十九次全国代表大会审查、批准十八届中央纪律检查委员会工作报告。大会充分肯定了十八届中央纪律检查委员会的工作。

大会认为,党的十八大以来,在以习近平同志为核心的党中央坚强领导下,中央纪律检查委员会和各级纪律检查委员会牢固树立政治意识、大局意识、核心意识、看齐意识,坚定中国特色社会主义道路自信、理论自信、制度自信、文化自信,自觉同党中央保持高度一致,尊崇党章,忠实履职,推动全面从严治党不断向纵深发展,反腐败斗争形成压倒性态势并巩固发展,坚定维护了党中央权威和集中统一领导,厚植党执政的政治基础,建设一支忠诚干净担当的纪检监察队伍,向党和人民交上了优异答卷。

大会要求,高举中国特色社会主义伟大旗帜,以马克思列宁主义、毛泽东思想、邓小平理论、"三个代表"重要思想、科学发展观、习近平新时代中国特色社会主义思想为指导,全面落实党的十九大作出的战略部署,统筹推进"五位一体"总体布局和协调推进"四个全面"战略布局,增强"四个意识",坚定"四个自信",不忘初心、牢记使命,紧紧围绕党的领导、党的建设、全面从严治党、党风廉政建设和反腐败斗争,推动党内政治生态实现根本好转,履行党章赋予的监督执纪问责职责,为决胜全面建成小康社会、夺取新时代中国特色社会主义伟大胜利提供坚强保证,为实现中华民族伟大复兴的中国梦不懈奋斗。

【提示】范例2-1这则决议采用了典型的三段式结构:首段审查批准,次段评价工作,末段部署任务,逻辑严密、层次清晰。这则决议的决议事项部分不仅简要说明了会议审查、批准的事项,对决议所涉及的十八届中央纪律检查委员会的工作作了肯定性评价,而且对中央和地方各级纪律检查委员会今后的工作提出了明确的要求。

【实战训练】

本节【话题与案例】中所涉及的决议属于工作性的决议,这类决议开篇一般要交代决议作出的根据、背景、目的等,接着交代决议事项,最后强调贯彻决议的意义,提出贯彻决议的要求。请你以《中共××省委关于加快吸收品学兼优大学生加入党组织的决议》为题拟写这一决议,字数为500字左右。

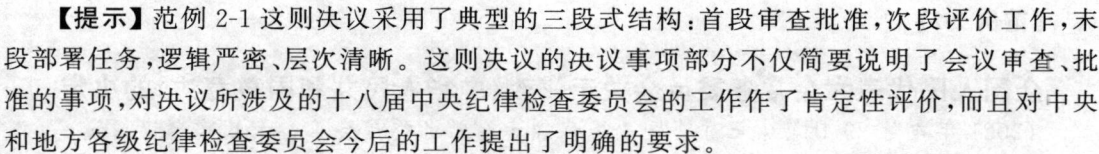

【话题与案例】

近一个时期以来,某学院校园内张贴的各种文告大量存在文种使用混乱、格式不规范、语法和逻辑错误较多等问题,这一情况不仅影响了校园文化的健康,对同学们学习和使用应用文造成误导,而且直接影响了学院的形象。有鉴于此,院长办公会议决定:从下一个学期开始,面向所有大一入学新生开设应用写作课,其他各年级学生在毕业前补开应用写作课,因此,各系务必做好教学计划的调整和安排,以确保课程的顺利开设。除了面向全体学生开设应用写作课外,此次会议还决定,凡今后校园内张贴的各种文告,实行系、部质量负责制——每件文稿发布前,系、部要有专人负责对文稿进行审核,确保文种使用规范,语言规范,行文格式正确。请你就以上决定拟写一份文件下发给各系,这份文件该怎么写呢?

【基础知识与范例】

决定是指党政机关、企事业单位、社会团体等对重要事项或重大行动作出决策或安排,并要求相关部门贯彻执行或知晓的一种公文。《党政机关公文处理工作条例》关于"决定"这一文种的表述是:适用于对重要事项作出决策和部署、奖惩有关单位和人员、变更或者撤销下级机关不适当的决定事项。

决定的分类

根据具体用途和内容的不同,决定一般有以下两类:

(一)指挥性决定

指挥性决定也称部署性决定。这类决定是针对某方面的工作、某一类问题或某项重大行动作出的安排,如《全国人民代表大会常务委员会关于修改〈中华人民共和国教育法〉的决定》。这类决定具有指示、计划的性质和法规性、权威性、指导性的特点,要求有关方面必须认真贯彻执行。

【范例 2-2】

全国人民代表大会常务委员会关于修改《中华人民共和国教育法》的决定
(2021年4月29日第十三届全国人民代表大会常务委员会第二十八次会议通过)

第十三届全国人民代表大会常务委员会第二十八次会议决定对《中华人民共和国教育法》作如下修改：

一、将第三条修改为："国家坚持中国共产党的领导，坚持以马克思列宁主义、毛泽东思想、邓小平理论、'三个代表'重要思想、科学发展观、习近平新时代中国特色社会主义思想为指导，遵循宪法确定的基本原则，发展社会主义的教育事业。"

二、将第四条第一款修改为："教育是社会主义现代化建设的基础，对提高人民综合素质、促进人的全面发展、增强中华民族创新创造活力、实现中华民族伟大复兴具有决定性意义，国家保障教育事业优先发展。"

三、将第五条修改为："教育必须为社会主义现代化建设服务、为人民服务，必须与生产劳动和社会实践相结合，培养德智体美劳全面发展的社会主义建设者和接班人。"

四、将第七条修改为："教育应当继承和弘扬中华优秀传统文化、革命文化、社会主义先进文化，吸收人类文明发展的一切优秀成果。"

五、将第七十七条修改为："在招收学生工作中滥用职权、玩忽职守、徇私舞弊的，由教育行政部门或者其他有关行政部门责令退回招收的不符合入学条件的人员；对直接负责的主管人员和其他直接责任人员，依法给予处分；构成犯罪的，依法追究刑事责任。

"盗用、冒用他人身份，顶替他人取得的入学资格的，由教育行政部门或者其他有关行政部门责令撤销入学资格，并责令停止参加相关国家教育考试二年以上五年以下；已经取得学位证书、学历证书或者其他学业证书的，由颁发机构撤销相关证书；已经成为公职人员的，依法给予开除处分；构成违反治安管理行为的，由公安机关依法给予治安管理处罚；构成犯罪的，依法追究刑事责任。

"与他人串通，允许他人冒用本人身份，顶替本人取得的入学资格的，由教育行政部门或者其他有关行政部门责令停止参加相关国家教育考试一年以上三年以下；有违法所得的，没收违法所得；已经成为公职人员的，依法给予处分；构成违反治安管理行为的，由公安机关依法给予治安管理处罚；构成犯罪的，依法追究刑事责任。

"组织、指使盗用或者冒用他人身份，顶替他人取得的入学资格的，有违法所得的，没收违法所得；属于公职人员的，依法给予处分；构成违反治安管理行为的，由公安机关依法给予治安管理处罚；构成犯罪的，依法追究刑事责任。

"入学资格被顶替权利受到侵害的，可以请求恢复其入学资格。"

本决定自2021年4月30日起施行。

《中华人民共和国教育法》根据本决定作相应修改，重新公布。

【提示】范例 2-2 是一项指挥性决定，其内容是关于《中华人民共和国教育法》部分条文的修订。发文的目的是要求各级教育行政部门、公安机关等依据新修订的《中华人民共和国教育法》开展工作。

第二章 公 文

(二) 知照性决定

知照性决定用于宣布重大事项,一般只需受文对象知晓,部分决定可能涉及后续执行。知照性决定主要用于表彰先进、处理有关事件与人员、设置机构、安排人事、公布重要事项等。这类决定,篇幅较短,开门见山,简洁明了。

【范例 2-3】

国务院关于 2020 年度国家科学技术奖励的决定

国发〔2021〕22 号

各省、自治区、直辖市人民政府,国务院各部委、各直属机构:

为深入贯彻落实习近平新时代中国特色社会主义思想,全面贯彻党的十九大和十九届二中、三中、四中、五中全会精神,坚定实施科教兴国战略、人才强国战略和创新驱动发展战略,国务院决定,对为我国科学技术进步、经济社会发展、国防现代化建设作出突出贡献的科学技术人员和组织给予奖励。

根据《国家科学技术奖励条例》的规定,经国家科学技术奖励评审委员会评审、国家科学技术奖励委员会审定和科技部审核,国务院批准并报请国家主席习近平签署,授予顾诵芬院士、王大中院士国家最高科学技术奖;国务院批准,授予"纳米限域催化"等 2 项成果国家自然科学奖一等奖,授予"面心立方材料弹塑性力学行为及原子层次机理研究"等 44 项成果国家自然科学奖二等奖,授予"超高清视频多态基元编解码关键技术"等 3 项成果国家技术发明奖一等奖,授予"良种牛羊卵子高效利用快繁关键技术"等 58 项成果国家技术发明奖二等奖,授予"嫦娥四号工程"等 2 项成果国家科学技术进步奖特等奖,授予"$\leq$00 万吨/年煤间接液化成套技术创新开发及产业化"等 18 项成果国家科学技术进步奖一等奖,授予"厘米级型谱化移动测量装备关键技术及规模化工程应用"等 137 项成果国家科学技术进步奖二等奖,授予苏·欧瑞莉教授等 8 名外国专家和国际热带农业中心中华人民共和国国际科学技术合作奖。

全国科学技术工作者要向顾诵芬院士、王大中院士及全体获奖者学习,不忘初心、牢记使命,秉持国家利益和人民利益至上,继承和发扬老一辈科学家胸怀祖国、服务人民的优秀品质,主动肩负起历史重任,坚持创新在我国现代化建设全局中的核心地位,把科技自立自强作为国家发展的战略支撑,以与时俱进的精神、革故鼎新的勇气、坚忍不拔的定力,面向世界科技前沿、面向经济主战场、面向国家重大需求、面向人民生命健康,加快建设科技强国,为夺取全面建设社会主义现代化国家新胜利、实现中华民族伟大复兴作出新的更大贡献。

国务院
2021 年 10 月 19 日

【提示】范例 2-3 是一则知照性的决定,其行文目的是希望受文者知晓有关情况,向全国的科技工作者发出号召。正文部分采用板块式,分两个部分来写:第一部分说明有关奖励情况,第二部分写号召与希望。

【写作指导】
决定通常由标题、正文和落款三个部分组成。

一、标题

标题一般要求三要素俱全,即作出决定的机关或通过决定的会议名称＋决定的事由＋文种。

二、正文

正文一般由决定依据、决定事项和结语三个部分构成。

依据部分应写明发布决定的原因、目的、根据、背景或意义。内容较少或涉及熟悉事项的决定,依据部分可略写;对不熟悉或重大事项的决定,依据部分需详细说明,以便受文对象理解并执行。

决定事项是决定的主要部分,需写明具体内容,如工作原则、要求、规定、措施办法,对某事、某人的态度、安排、处置等。根据不同情况,这部分内容可多可少,或长或短,但要写得明确具体,态度鲜明,行文干脆,语言准确、简明。

结语部分可简要提出希望或号召,以强调决定事项。部分决定可将结语内容融入决定事项中。

决定正文的结构可以根据内容的多少,分别采用篇段合一式、总分条文式或者板块式。

(1) 篇段合一式。对于内容单一的决定,只要用一两句话,将决定的根据和决定的事项说明即可。

(2) 总分条文式。有的决定,事项较多,为使条理清楚,叙述简明,把决定下来的若干问题,按主次列出若干条或者若干项,并用数码标明,一段讲一件事或阐明一个中心问题。一般来说,条文式不要求段与段之间紧密衔接,一段一个内容,一段一个层次,条理清楚明了。

(3) 板块式。板块式多用于阐述性较强的决定,将全文分成若干部分,每个部分围绕一个中心意思展开。

三、落款

会议通过的决定,通常在标题之下加括号注明会议名称和通过时间,如范例 2-2。由领导人签发的决定,文本部分通常没有落款。

这里特别要说明的是,有关表彰和处分的决定,一般由标题、正文、制发机关和制发时间组成。正文包括受表彰或犯错误者的情况、主要事迹或错误事实,以及决定的事项。这类决定一般都附有典型材料或情况报告。

【实战训练】
本节【话题与案例】中要求拟写的这个"决定"属于指挥性决定。这份决定的主体部分包括三个内容:一是决定的背景和意义,二是院长会议所作决定的内容,三是对各系的工作要求。请你根据提示拟写一下这份决定。

第四节 命令（令）

【话题与案例】

A市为了创建国家卫生城市，优化生活环境，决定开展"市容环境百日整治"活动。该活动需全体市民积极参与，方能取得良好的效果。为此，该市人民政府决定向全体市民发出动员令，号召全体市民积极参与活动。这则动员令应该怎么写？

【基础知识与范例】

命令，也叫令。《党政机关公文处理工作条例》第八条就命令（令）的适用情形作出规定：适用于公布行政法规和规章、宣布施行重大强制性措施、批准授予和晋升衔级、嘉奖有关单位和人员。

"命令"和"令"是一种文体的两个名称。两个名称的使用有这样的规律：如果标题中包含具体事项，一般用"命令"这一名称，如《国务院、中央军委关于授予钱学森同志"国家杰出贡献科学家"荣誉称号的命令》；如果标题中未包含具体事项，仅由发令机关加文种组成，则一般用"令"这一名称，如《中华人民共和国建设部令》。

一、命令（令）的特点

（一）权威性和强制性

命令（令）是公文中最具权威性和强制性的下行文种之一。命令（令）一经发布，受令对象应当严格服从，不得抵制或违反。

受权威性和强制性特点的制约，命令（令）只能用于重大决策性事项，如发布重要的行政法规和规章，宣布实行重大强制性行政措施，以及奖励有重大贡献或事迹十分突出的人员等。

（二）使用权限有严格的限制

命令（令）是行政公文的一种，但并非所有的行政机关都有权发布命令。根据《中华人民共和国宪法》（以下简称《宪法》）等有关规定，只有全国人民代表大会常务委员会、国家主席、国务院及其总理、国务院各部委及其负责人、县级以上地方各级人民政府，以及中央军事委员会及其主席，才有权力发布命令（令）。其他各种企事业单位、党团组织和社会团体，均无权发布命令。党的领导机关可以和同级人民政府联合发布命令，但是要以行政公文的形式出现。

二、命令（令）的分类

根据内容和作用的不同，命令（令）主要分为行政令、公布令和嘉奖令三种类型。

（一）行政令

行政令是指国务院、中央军委、国务院各部门以及县级以上地方各级人民政府，在宣布施行重大强制性行政措施时发布的命令。动员令、特赦令、戒严令都属于行政令。

【范例 2-4】

向全国进军的命令
（一九四九年四月二十一日）

各野战军全体指挥员战斗员同志们，南方各游击区人民解放军同志们：

由中国共产党的代表团和南京国民党政府的代表团经过长时间的谈判所拟定的国内和平协定，已被南京国民党政府所拒绝。南京国民党政府的负责人员之所以拒绝这个国内和平协定，是因为他们仍然服从美国帝国主义和国民党匪首蒋介石的命令，企图阻止中国人民解放事业的推进，阻止用和平方法解决国内问题。经过双方代表团的谈判所拟定的国内和平协定八条二十四款，表示了对于战犯问题的宽大处理，对于国民党军队的官兵和国民党政府的工作人员的宽大处理，对于其他各项问题亦无不是从民族利益和人民利益出发作了适宜的解决。拒绝这个协定，就是表示国民党反动派决心将他们发动的反革命战争打到底。拒绝这个协定，就是表示国民党反动派在今年一月一日所提议的和平谈判，不过是企图阻止人民解放军向前推进，以便反动派获得喘息时间，然后卷土重来，扑灭革命势力。拒绝这个协定，就是表示南京李宗仁政府所谓承认中共八个和平条件以为谈判基础是完全虚伪的。因为，既然承认惩办战争罪犯，用民主原则改编一切国民党反动军队，接收南京政府及其所属各级政府的一切权力以及其他各项基础条件，就没有理由拒绝根据这些基础条件所拟定的而且是极为宽大的各项具体办法。在此种情况下，我们命令你们：

（一）奋勇前进，坚决、彻底、干净、全部地歼灭中国境内一切敢于抵抗的国民党反动派，解放全国人民，保卫中国领土主权的独立和完整。

（二）奋勇前进，逮捕一切怙恶不悛的战争罪犯。不管他们逃至何处，均须缉拿归案，依法惩办。特别注意缉拿匪首蒋介石。

（三）向任何国民党地方政府和地方军事集团宣布国内和平协定的最后修正案。对于凡愿停止战争、用和平方法解决问题者，你们即可照此最后修正案的大意和他们签订地方性的协定。

（四）在人民解放军包围南京之后，如果南京李宗仁政府尚未逃散，并愿意于国内和平协定上签字，我们愿意再一次给该政府以签字的机会。

中国人民革命军事委员会主席　毛泽东
中国人民解放军总司令　朱　德
一九四九年四月二十一日

【提示】《向全国进军的命令》是毛泽东亲笔起草并签署的。这篇公文态度鲜明、结构严谨、体式得当，是一篇典范之作，为我们撰写"命令"提供了一个很好的范例。本文的开头是称谓，表明了下达命令的对象。正文前半部分是缘由，交代了为什么要发出这样的命令；正文后半部分下达了四条命令，这是这篇公文的核心。最后是落款，说清了是谁下达的命令。

本文结构严谨,逻辑性强,体式得当。

(二)公布令

公布令是指有权机关用来公布法律、行政法规和规章的命令。这类命令之后一般附有法律、法规和规章的全文。公布令一般由四个方面的内容组成:发布对象、发布依据、发布决定和执行要求。公布令的篇幅短小,四个方面的内容并不各自独立成段,而是篇段合一。

【范例 2-5】

中华人民共和国国家发展和改革委员会令

第 28 号

《西部地区鼓励类产业目录(2025 年本)》已经 2024 年 10 月 12 日第 17 次委务会议审议通过,并经国务院同意,现予公布,自 2025 年 1 月 1 日起施行。《西部地区鼓励类产业目录(2020 年本)》同时废止。

主任:郑栅洁

2024 年 11 月 27 日

【提示】在这个公布令中,《西部地区鼓励类产业目录(2025 年本)》是发布对象,"2024 年 10 月 12 日第 17 次委务会议审议通过,并经国务院同意"是发布依据,"现予公布"是发布决定,"自 2025 年 1 月 1 日起施行"是执行要求。

(三)嘉奖令

嘉奖令是指有权机关为嘉奖有关人员或有功集体而发布的命令。嘉奖令正文一般由嘉奖原因、嘉奖内容和希望构成,具有极强的号召力。嘉奖令一般由先进事迹、性质和意义、奖励项目、希望和号召四部分组成。

【写作指导】

命令(令)的写作要点如下:

一、标题

命令(令)的标题一般有以下三种构成形式。

(1)由发令机关名称、具体事项、文种构成,如《中华人民共和国国务院关于发行新版人民币的命令》。

(2)由发令机关名称或发令人身份加文种组成,如《郑州市人民政府令》《中华人民共和国主席令》。

(3)由具体事项加文种组成,如《向全国进军的命令》。这种形式在实际应用中较为少见。

二、正文

公布令、嘉奖令的结构和内容,前面已有介绍。这里着重介绍行政令的写法。

行政令的正文通常由以下三个部分组成。

(1) 说明发布命令的原因、依据、目的、意义等。这一部分原则上应简明扼要,但若原因复杂或意义重大,也可以适当展开。如在《向全国进军的命令》中,这部分内容就占了全文篇幅的一半左右。

(2) 明确命令事项。命令事项包括具体要求、实施方式和标准等。这部分内容通常较为复杂,需分条表述,以确保清晰明了。

(3) 明确执行要求。这部分内容包括责任单位、执行时间等,通常较为简洁。

三、签署和日期

这部分需写明发布命令的机关或个人名称,并注明发布日期,格式应符合公文规范。

【思路拓展】

武帝求茂才异等[1]诏

盖有非常之功,必待非常之人。故马或奔踶[2]而致千里,士或有负俗之累而立功名。夫泛驾[3]之马,跅弛[4]之士,亦在御之而已。其令州郡察吏民有茂才异等可为将相及使绝国[5]者。

注释:

[1] 茂才:西汉称秀才,东汉避汉光武帝刘秀之讳改称茂才。茂才的选拔是对于有特异才能和有非常之功的低级官吏的提拔。被举为茂才的人多授以县令或相当于县令的官衔。茂才在此处是指优秀的人才。异等:指才能出类拔萃的人。[2] 奔踶(dì):奔驰,踢人。意谓不驯服。[3] 泛驾:把车子弄翻,指不受驾驭。[4] 跅(tuò)弛:放纵不羁。[5] 绝国:极为辽远的邦国。

【提示】 诏书是由皇帝发布的布告天下臣民的正式文书。这篇诏书是汉武帝为选拔人才、建功立业而发布的正式命令。文章强调了建立功业与发现人才的密切关系,提出了大行不避细节的选拔原则。这篇诏书文字精练,表现了大汉天子爱才的宽阔胸襟。

【实战训练】

本节【话题与案例】中要写的这则命令属于行政令中的动员令,其发布目的是号召全体市民积极参与国家卫生城市创建活动。正文部分要重点阐述两个方面的内容:一是此项活动的重大意义;二是市民参与的具体方式、途径,以及要做的具体工作等。请你用500~800个字的篇幅完成这则动员令。

第五节 公 报

【话题与案例】

C市人民政府于某年某月某日召开了一次推动乡村振兴与新型城镇化协同发展专题会议。在这次会议上作出了一项重大决定:为贯彻落实中央经济工作会议关于统筹推进新型城镇化和乡村全面振兴的部署,该市将加大对乡村基础设施建设的投入,每年安排3000万元专项资金用于改善农村交通、水利、通信等基础设施条件;同时,推动乡村产业振兴,扶持特色农业、乡村旅游等产业发展,对符合条件的乡村创业项目给予最高50万元的启动资金支持。此外,该市还将加强城乡公共服务一体化建设,提升农村教育、医疗、养老等公共服务水平,促进城乡融合发展。现在要将这一重大决定以公报的形式予以发布,这则公报应该怎么写?

【基础知识与范例】

公报也称新闻公报,是指党政机关和人民团体公开发布重大事件或重要决定的正式公文,具有权威性和周知性。《党政机关公文处理工作条例》关于这一文种的描述是:适用于公布重要决定或者重大事项。

一、公报的特点

(一)权威性

公报是用于公开发布重大事项或重要决定的公文,其所载内容具有高度的权威性。

(二)新闻性

公报是公开发布的公文,通常通过报刊、广播、电视、互联网等渠道传播,是党和政府正式发布的官方文件。它的作用是将党或政府以及人民团体的重大事项或重要决定,迅速广泛地传递到国内外。因此,公报具有极强的新闻性。

二、公报的分类

公报依据内容和发文主体的不同,主要分为事项公报、会议公报和联合公报三类。其中,事项公报主要用于发布单一事项或重要政策的实施情况,如《2024年中国自然资源公报》;会议公报则是对重要会议内容、决议和成果的公开报道,如《中国共产党第二十届中央纪律检查委员会第一次全体会议公报》;联合公报则多用于不同地区、部门或国家之间达成共识后的联合发布,如《关于中央政府在澳门发行人民币国债的联合公告》。

【范例2-6】

**中国共产党第二十届中央纪律检查委员会
第一次全体会议公报**

(2022年10月23日中国共产党第二十届中央纪律检查委员会第一次全体会议通过)

中国共产党第二十次全国代表大会选举产生的中央纪律检查委员会,于2022年10月23日在北京举行第一次全体会议。李希同志主持会议。

中央纪律检查委员会委员应到133人,实到132人。全会选举了中央纪律检查委员会书记、副书记和常务委员会委员,报中央委员会批准。

与会同志列席了中国共产党第二十届中央委员会第一次全体会议。

【提示】范例2-6是一份典型的会议公报,结构清晰、要素齐全。第一,它明确了会议的基本信息,为读者提供了清晰的背景。第二,它详细记录了会议的出席情况和选举结果,并

强调了选举结果需报中央委员会批准的程序，体现了会议的严肃性。整体上，该公报语言简洁、重点突出，准确传达了会议的核心内容和精神，具有较强的实用性和权威性。

【写作指导】

公报包括首部、正文和尾部三个部分。

一、首部

首部包括标题和成文时间。

（1）标题。公报的标题常见的有三种形式：一是仅写文种，如《新闻公报》；二是由会议名称和文种构成，如《××会议公报》；三是联合公报，其标题由发表公报的双方或多方的名称（或简称）、事由和文种构成，如《中华人民共和国和美利坚合众国关于建立外交关系的联合公报》。

（2）成文时间。在标题之下正中位置用括号注明公报发布的时间。

二、正文

正文包括开头、主体两个部分。

（1）开头，即前言部分。事项公报需简要说明事件的时间、地点和核心内容；会议公报需概述会议的名称、时间、地点、参加人员等；联合公报需说明公报的背景，如会谈或访问的时间、地点及参与方。

（2）主体。这是公报的核心部分，要求把公报的内容完整、系统、有序地表达清楚。常见的有三种写作形式：第一种是分段式，即每段说明一层意思或一项决定；第二种是序号式，多用于内容复杂、问题头绪较多的公报；第三种是条款式，多用于联合公报。

三、尾部

事项公报和会议公报一般没有尾部；联合公报常常要在正文之后写明双方签署人的身份、姓名和签署日期，并写明签署地点。

【实战训练】

本节【话题与案例】中要写的公报属于事项公报，开头部分需说明会议的时间、名称及背景，主体部分需详细阐述会议作出的重要决定。请你用300字左右的篇幅完成这则公报。

第六节 公　　告

【话题与案例】

202×年9月19日，W通讯社办公厅对外发布了一份文告。全文内容如下：

W通讯社办公厅公告

最近，有人向W通讯社办公厅反映：一名叫李××的人，以"香港W通讯社亚洲论坛周

刊社"社长的名义在境内外从事活动。为此,W 通讯社办公厅特公告如下:
1、W 通讯社在香港没有名为"亚洲论坛周刊社"的机构。
2、W 通讯社没有办过"亚洲论坛"活动,更没有办过"亚洲论坛周刊"。
我们郑重提醒社会各界提高警惕,谨防上当受骗。

W 通讯社办公厅
202×年 9 月 19 日

请先认真阅读一下这份文告。在学了"公告"这一课之后,再回头审视一下这份文告都存在哪些问题。

【基础知识与范例】

《党政机关公文处理工作条例》规定,公告适用于向国内外宣布重要事项或者法定事项。从这一规定可知:公告的发布范围广泛,受众面广,面向国内发布时需覆盖全国,面向国外发布时需尽可能传播至全球。用公告发布的内容通常为需要国内外广泛知晓或特别注意的事项。

一、公告的分类

根据公告的内容和使用情形来分,公告可以分为两大类。

（一）宣布重要事项的公告

宣布重要事项的公告所针对的"重要事项"通常由发文机关根据其职责和权限界定。改革开放以来,各地为促进招商引资、扩大知名度,常举办各类国际性活动,如大连国际服装节、潍坊国际风筝节等,并以当地政府名义发布公告。对于举办者来说,这当然是"重要事项"。

宣布重要事项的公告的作者多为行政机关。

【范例 2-7】

国家统计局关于 2020 年夏粮产量数据的公告

根据对全国 25 个夏粮生产省(自治区、直辖市)的调查,2020 年全国夏粮播种面积、单位面积产量、总产量如下:

一、全国夏粮播种面积 26 172 千公顷(39 259 万亩),比 2019 年减少 181.6 千公顷(272.4 万亩),下降 0.7%。其中小麦播种面积 22 711 千公顷(34 066 万亩),比 2019 年减少 273.5 千公顷(410.2 万亩),下降 1.2%。

二、全国夏粮单位面积产量 5456.5 公斤/公顷(363.8 公斤/亩),比 2019 年增加 83.4 公斤/公顷(5.6 公斤/亩),增长 1.6%。其中小麦单位面积产量 5798.0 公斤/公顷(386.5 公斤/亩),比 2019 年增加 101.9 公斤/公顷(6.8 公斤/亩),增长 1.8%。

三、全国夏粮总产量 14 281 万吨(2856 亿斤),比 2019 年增加 120.8 万吨(24.2 亿斤),增长 0.9%。其中小麦产量 13 168 万吨(2634 亿斤),比 2019 年增加 75.6 万吨(15.1 亿斤),增长 0.6%。

国家统计局
2020 年 7 月 15 日

【提示】范例 2-7 是一则关乎国计民生的重要事项的公告,由国务院职能部门发布,发布范围是全国。这则公告的发布主体、公告内容和发布范围都符合"公告"使用的条件。

(二)宣布法定事项的公告

宣布法定事项的公告通常由权力机关或行政机关发布。例如,中华人民共和国第十届全国人民代表大会第一次会议主席团在 2003 年 3 月 15—16 日的两天内先后发布了 6 份公告,分别宣布全国人大常委会委员长、副委员长、秘书长、委员,中华人民共和国主席、副主席,中央军事委员会主席、副主席、委员和最高人民法院院长、最高人民检察院检察长的选举结果。

这类公告是程序性的,依据《宪法》有关规定发布,具有权威性和法律效力。

二、公告的特点

(一)告知范围广

公告通常用于向国内外发布重要事项;若仅需告知本系统,则不宜使用公告。

(二)篇幅短小

公告的篇幅通常较短,只需把某个重要事项或法定事项向国内外公布即可。无须写明理由、背景,一般也用不着解释。但若内容复杂,也可适当展开。

(三)时间性强

公告必须及时发布。公告不必通过正常的行文渠道层层下发,而是通过各种新闻媒介广为传播。

三、公告使用的条件

在行政公文实践中,公告的错用现象较为常见。如下面两则错例:

【错例一】

××传媒集团《今日××》周年报庆公告

今年 5 月 21 日是本报创刊一周年纪念日,自 4 月 21 日报庆活动月启动以来,报庆系列活动得到了广大读者的热忱关注和倾力支持,为答谢读者一年来的关心与厚爱,本报决定于 202×年 5 月 17 日晚 7 时整,于××大酒店举办以"感恩、成长、分享"为主题的盛大读者欢庆(抽奖)晚会,现就晚会参与方式公告读者:

一、根据一年来的阅读忠诚度及活动参与度的综合数据资料,本次晚会共邀请 521 名幸运读者参加;

二、521 名接到本报邀请的读者,请持晚会组委会近日集中发放的蓝色奖牌,并穿着本报发放的报庆文化衫于当晚提前半小时入场(抽奖牌和文化衫就是你的"入场券");

三、凡是接到本报邀请参会的读者,请主动配合工作人员做好个人基本信息登记,以供现场抽奖时核对,如资料不符或恶意编造虚假信息,将被取消抽奖资格;

四、晚会现场注意事项及521名幸运读者名单公示详情,请继续关注本报今日将会发布的相关报庆公告。

特此公告。

《今日××》周年报庆组委会
202×年5月14日

【提示】本例中这则文告要发布的内容对一个城市的政治与经济生活来讲算不上重要事项,也不是法定事项,这是其一;其二,这则文告的发布主体不具备制发公告的资格;其三,这则文告的发布范围也仅限于一个城市。不论从哪个构成要素来看,这则文告都不能使用公告来发布。那么,使用什么文种发布合适呢?可以用启事。

【错例二】

公　告

原××市房产公司经××市×改股字〔202×〕10号文批准于202×年12月29日改制为"××实业开发股份有限公司",并于202×年3月1日起正式启用"××实业开发股份有限公司"新印鉴,旧印鉴同时作废。原××市房产公司的债权债务及业务关系全部转由××实业开发股份有限公司负责承担。

恭请社会各界人士知照,特此敬告。

××实业开发股份有限公司
202×年1月1日

【提示】首先,从内容上看,这则文告所发布的内容不能算作重要事项,也不是法定事项;其次,从发文主体来看,一个企业是没有资格发布公告的。因此,这则文告文种误用——本应使用启事,错用为公告。

由以上两个错例的分析可知,使用公告这一文种必须同时满足三个条件:一是所发布的内容必须为重要事项或者法定事项;二是发文主体必须具备发布公告的资格或者得到发布授权(其中包括法定授权);三是发布的范围需覆盖全国或全球,且需通过公告形式确保广泛传播。只有同时满足了以上三个条件,才能使用公告这一文种。

【写作指导】

一、公告的写作要点

公告一般由标题、正文、署名与日期三个部分组成。

(一)标题

公告的标题有四种构成形式:第一种是"发文机关+事由+文种",如《国家税务总局关于修改〈境外旅客购物离境退税管理办法(试行)〉的公告》;第二种是"发文机关+文种",如《中国证券监督管理委员会公告》;第三种是"事由+文种",如《关于禁止旅客随身携带液态物品乘坐国内航班的公告》;第四种是单独用文种名"公告"二字作标题。

公告的标题下有时会标注发文字号,通常以"第×号"的形式标示于标题下方正中位置。部分公告也可不标注发文字号。

（二）正文

公告的正文一般由引言、主体、结语三个部分组成。

1. 引言

引言部分主要说明发布公告的缘由,包括依据、目的、意义等。部分公告也可省略引言,直接进入主体部分。

2. 主体

主体部分集中阐述公告事项,具体写法因内容而异,可采用贯通式或分条式。此部分内容要求条理清晰、用语准确、简洁庄重。

3. 结语

公告常用"特此公告"作为结语;有的公告会在结尾单独说明执行要求;也有的公告直接结束,不另加结语。

（三）署名与日期

在正文的右下方注明发文机关名称和成文日期,成文日期也可置于标题和编号下方。如果标题中已包含发文机关名称,落款处可省略。

二、公告的写作要求

（1）公告是严肃庄重的公文,内容必须准确无误,写作时需确保用词严谨、表述清晰。

（2）公告写作应直陈其事,避免过多议论或修饰,语言需简洁明快,行文庄重,结构紧凑。

（3）使用公告时需严格遵循其适用条件,避免错用或滥用。

【实战训练】

通过本节学习,可发现【话题与案例】中的"公告"内容不符合公告的适用条件,因其事项既不重要,也无须全国范围内知晓,故应使用"声明"发布。此外,这则"公告"存在标点使用不当的问题:1和2序数后应使用下圆点,这里错用了顿号。请你试着修改一下这份文告。

第七节 通 告

【话题与案例】

大秦市供水管网改造工程已正式启动,202×年5月5日18:00至6日6:00,该市南起文汇路、北至毕塬路,西起秦皇路、东至联盟二路区域内将停水并接新管道网。现在需要向停水区域内的居民发布一则通告,提醒大家做好储水准备,以确保日常生活不受影响。这份文告应该怎么写?

【基础知识与范例】

通告是公文中使用比较广泛的一种，是党和国家机关、人民团体、企事业单位在一定范围内公布应当遵守或者周知的事项时所使用的下行文。《党政机关公文处理工作条例》规定："(通告)适用于在一定范围内公布应当遵守或者周知的事项。"其使用主体包括各级行政机关、企事业单位和社会团体，不受行政级别限制。通告的内容通常主题集中，涉及特定行业、系统或部门，其受文对象一般限于某一地区或系统的有关人员。

一、通告的特点

通告的制发机关通常不受级别限制，但需在其职权范围内发布。通告的公布范围可以是广泛的（如向国内外发布），也可以是局部的（如某地区道路维修通告）。其发布途径也较多，一般通过新闻媒体公开发布，也可张贴。概括起来讲，通告的特点如下：

（一）告知性

通告的内容要求在一定范围内的人们或特定的人群普遍知晓，以使他们了解有关政策法令，遵守某些管理规定，或知晓有关情况等，具有告知性的特点。

（二）法规性

通告常用于发布具体的管理规定或事项，特定范围内的部门、单位和民众需遵守或执行。

（三）内容的专门性和业务性

不少通告都具有鲜明的行业性特点，如税务局关于征税的通告，机动车管理部门关于机动车辆年度检验的通告，银行关于发行新版人民币的通告等，均针对特定业务或专门事务发布。

（四）使用主体的广泛性

通告的使用不受单位级别的限制，国家行政机关及其业务部门、企事业单位和社会团体都可以根据自己的职权在一定范围内发布通告，其使用主体比较广泛。

（五）受文对象的局限性

使用通告发布的事项一般指向明确，受文对象限于特定地区、系统或业务的相关人员。如《关于文汇路禁止车辆通行通告》只与在此区域内的交通执法单位或通过此区域的司机有直接关系，而对其他人无约束力。

（六）发布形式的多样性

通告的发布方式多样，可通过报刊、广播、电视、互联网公布，也可以张贴和发文。

二、通告的分类

（一）根据通告的内容和性质来分

根据内容和性质，通告可以分为告知性通告和规定性通告两类。

1. 告知性通告

告知性通告用于在一定范围内公布应当周知的事项，如新情况、新事物或新决定等。这

应用写作（第四版）

类通告通常具有专门性和业务性，虽无法规性质，但也有一定的约束力。各专业部门、社会团体和企事业单位都可以发布这类通告，如下面这则通告：

【范例2-8】

禁止通行通告

泾太路太平坡底大桥已属危桥，存在重大安全隐患，为此，我局近期对该桥进行加固维修。为保证工程的顺利进行，同时确保行人与车辆安全，从202×年3月6日起，该桥禁止一切车辆通行。禁行给广大群众出行带来的不便，敬请谅解和支持。

特此通告。

××县交通局

202×年3月5日

【提示】范例2-8是一则告知性通告，通告事项交代十分清楚，内容层次清晰，言辞分寸得当，既能提醒人们遵守，又可以求得谅解与支持。

2．规定性通告

规定性通告用于在一定范围内公布应当遵守的事项，其内容具有法规性和约束力，如下面这则通告：

【范例2-9】

关于进一步保护未成年人免受电子烟侵害的通告

2019年第1号

2018年8月28日，国家市场监督管理总局、国家烟草专卖局发布了《关于禁止向未成年人出售电子烟的通告》（国家市场监督管理总局 国家烟草专卖局通告2018年第26号，以下简称《通告》）。自《通告》发布以来，社会各界共同保护未成年人免受电子烟侵害的意识普遍增强，向未成年人直接推广和销售电子烟的现象有所好转。但同时也发现，仍然有未成年人通过互联网知晓、购买并吸食电子烟。甚至有电子烟企业为盲目追求经济利益，通过互联网大肆宣传、推广和售卖电子烟，对未成年人身心健康造成巨大威胁。为进一步保护未成年人免受电子烟侵害，现将有关事项通告如下：

电子烟作为卷烟等传统烟草制品的补充，其自身存在较大的安全和健康风险，在原材料选择、添加剂使用、工艺设计、质量控制等方面随意性较强，部分产品存在烟油泄漏、劣质电池、不安全成分添加等质量安全隐患。按照《中华人民共和国未成年人保护法》的有关规定要求，为加强对未成年人身心健康的保护，各类市场主体不得向未成年人销售电子烟。任何组织和个人对向未成年人销售电子烟的行为应予以劝阻、制止。

同时，为进一步加大对未成年人身心健康的保护力度，防止未成年人通过互联网购买并吸食电子烟，自本通告印发之日起，敦促电子烟生产、销售企业或个人及时关闭电子烟互联网销售网站或客户端；敦促电商平台及时关闭电子烟店铺，并将电子烟产品及时下架；敦促电子烟生产、销售企业或个人撤回通过互联网发布的电子烟广告。

> 各级烟草专卖行政主管部门、市场监督管理部门应切实加强对本通告的宣传贯彻和执行,保护未成年人免受电子烟的侵害。烟草专卖行政主管部门要加大对电子烟产品的市场监管力度,加强对通过互联网推广和销售电子烟行为的监测、劝阻和制止,对发现的各类违法行为依法查处或通报相关部门。
>
> 特此通告。
>
> 国家烟草专卖局
国家市场监督管理总局
2019年10月30日

【提示】范例2-9是一则规定性通告,其中就各类市场主体向青少年销售电子烟的行为作了具体的禁止性规定。这则通告的发布范围为特定范围,受文对象为特定群体,因此,采用通告发布是正确的。

（二）根据通告的发布目的来分

根据发布目的,通告可分为知照性通告、办理性通告和行止性通告三种。

1. 知照性通告

知照性通告用于告知需要周知或遵守的事项。

【范例2-10】

> **停水通告**
>
> 因文汇路地下管线改造,文汇路和毕塬路区域内于202×年5月10日18时至202×年5月11日6时停水。请该辖区内居民做好储水准备。
>
> 特此通告。
>
> ××市自来水公司
202×年5月6日

【提示】范例2-10是一则知照性通告,其发布目的是告知一定区域内的居民一个时间段内要停水这件事,提醒大家做好储水准备。

2. 办理性通告

办理性通告用于发布注册、登记、年检等例行事项。

3. 行止性通告

行止性通告用于发布禁止或限制类事项,如加强交通管理、查禁非法物品等。

【范例2-11】

××市人民政府关于严格禁止焚烧农作物秸秆的通告

为防治大气污染,保护生态环境,根据《中华人民共和国大气污染防治法》和《中华人民共和国消防法》以及《××市大气污染防治条例》的有关规定,现将禁止焚烧农作物秸秆的有关规定通告如下:

一、在本市行政区域内禁止焚烧农作物秸秆和进行其他烧荒行为。

二、各县(市)、区及乡镇人民政府要切实加强对秸秆禁烧工作的领导,强化工作指导和监督管理。各村民委员会要全面开展群众性的农作物秸秆禁烧工作,制定秸秆禁烧公约。要层层落实工作责任,切实做好辖区内的秸秆禁烧工作。

三、各级环保、农业、林业、公安等部门要坚持相互配合、齐抓共管、堵疏结合、标本兼治的原则,集中开展联合执法。要以机场周围和主要交通干线两侧为重点,加强巡逻检查,严厉查处秸秆焚烧行为。

四、对违反本通告规定,焚烧农作物秸秆和进行其他烧荒活动的,环保、林业、公安部门要立即责令其停止违法行为;情节严重的,要依据有关法律、法规予以处罚;造成林木毁损的,林业部门要依照有关法律、法规予以处罚;造成重大大气污染事故,导致公私财产重大损失或者人身伤亡严重后果的,公安部门要依法追究刑事责任。

五、本通告自发布之日起施行。

××市人民政府
20××年4月26日

【提示】范例2-11是一则行止性通告,其发布目的是禁止焚烧农作物秸秆和进行其他烧荒行为。

三、通告与公告的区别

公告和通告均属于公开发布的公文,但二者在使用上有严格区别。

(1)从宣布的事项来看,公告用于宣布重要事项或法定事项,内容庄重严肃,具有权威性。通告用于宣布在一定范围内应当遵守或周知的事项,内容通常较为具体。诸如管理部门宣布交通秩序安全方面的事项,行政部门宣布需要遵守公务管理方面的事项,职能部门宣布的业务性事项等,常见的有税务局关于征税的通告、机动车管理部门关于机动车辆年度检验的通告、中国人民银行关于发行新版人民币的通告等。

(2)从制发机关的级别来看,公告的制发者通常为行政机关或立法机关,而通告的制发者可为各级各类机关。

(3)从告知的范围来看,公告的告知范围广泛,可面向国内外;通告的告知范围通常限于特定地区、系统或人群。

近年来,公告与通告混用现象较为常见,如《××学院补录公告》《××电信局业务公告》《鸣谢公告》等,均为错用公告的实例。那么,怎样才能正确判定和使用这两个文种呢?一是根据事项的重要程度和影响范围,二是根据发文主体的权限。

【写作指导】

一、通告的写作要点

（一）标题

通告标题通常有以下四种形式：一是"发文机关＋事由＋文种名"，如《公安部关于收缴枪支的通告》；二是"发文机关＋文种名"，如《××市城市管理委员会通告》；三是"发文事由＋文种名"，如《文汇西路交通管制通告》；四是仅用文种名"通告"。

（二）正文

通告的正文由三个部分内容构成：通告发布缘由、通告事项和结语。

1. 通告发布缘由

缘由部分主要写发布通告的原因、依据、目的和意义，依据应可靠，理由应充分，目的应明确。

2. 通告事项

通告事项是指在一定范围内特定人群应当遵守或周知的事项，通常以"特通告如下"引出。如果通告事项涉及的要求、措施较多，一般按照由主到次、由大到小的顺序，采用分条列项的写法，以做到条理分明、层次清晰。如果内容单一，则可以采用贯通式的写法。

3. 结语

结语为通告的结尾部分，通常提出要求或希望，并用"特此通告"作结。这部分有时直接用"本通告自发布之日起实施"或"特此通告"作结，没有要求、希望之类的内容。

（三）署名和日期

正文后需注明发文机关名称和发布日期，并加盖公章。如果标题中已包含发文机关名称，正文后可省略。

二、通告的写作要求

（一）发文目的要明确

发布通告的目的或原因，一般要在发布缘由部分扼要地交代清楚，让人们一看就知道为什么要发此通告。

（二）通告事项要符合政策规定

通告事项应该符合法律法规和有关政策规定，不得与之相违背。

（三）要一文一事，突出中心

通告应围绕单一事项展开，内容集中，重点突出，要明确规定"允许做什么"和"不允许做什么"，不能含糊其词。

（四）语言要通俗易懂

带有专业性的通告，使用专门术语时要尽量选择大多数人熟悉的词语。通告事项是面向大众的，应简洁明了，叙述清楚，通俗易懂，便于理解。

【实战训练】

近几年,A县的中小学周围存在大量网吧、游戏室、台球室、流动摊点等。其中不少经营者法律意识淡薄,加之受利益驱动,常常采用不正当的营销手段对青少年学生加以利诱。他们对学生的不良行为不仅熟视无睹,而且还为其错误的行为提供方便。

针对以上情况,A县政府要求公安部门全面清理中小学周边的网吧、电子游戏厅、台球室、流动摊点等,对其中具备经营资格和条件的依法纳入管理,对不具备经营资格和条件的坚决取缔;责令文化部门加强对网络文化市场的监管,对各类证照齐全的,加强日常监管,突出检查重点时段、重点区域的网吧经营情况,通过宣传教育规范网吧经营者的经营行为,对一些"黑网吧"依法查处,坚决取缔。

为了有序推进清理工作,A县公安局、文化局和教育局拟联合发布通告,其主要目的是让那些具备经营资格和条件的经营者及时开展自查自纠、规范经营行为,责令那些不具备经营资格和条件的人立即停止非法经营活动等。这则通告该怎样写呢?

【写作提示】

本节【实战训练】中要写的通告属于行止性通告,旨在督促那些经营者规范经营行为,停止一切影响学生身心健康的违法违规活动。在规定期限内停止违法违规经营活动的,不予追究;自本通告发布之日起继续从事危害青少年成长经营活动的,将依法从严查处。请你根据提示完成这则通告的写作。

第八节 意 见

【话题与案例】

沙湖学院中文系大一学生刘某因对辅导员陈某的批评不满,在网上发布诽谤陈某的帖子,引发广泛关注,对陈某及学院声誉造成严重不良影响。学院领导责成中文系查明原因、采取补救措施,并提出处理意见。沙湖学院中文系根据学院指示展开调查,了解到以下情况:网帖发布两天后,刘某认识到错误并删除帖子;刘某已向陈某道歉并取得谅解。鉴于刘某为学生,沙湖学院中文系提出如下处理意见:建议给予刘某警告处分,并要求其提交书面检查;处分决定在全院范围内公示。那么,上报学院的这则意见该怎样写呢?

【基础知识与范例】

根据《党政机关公文处理工作条例》,意见适用于对重要问题提出见解和处理办法。意见的使用主要有两种情形:一是下级机关向上级机关或同级机关提出解决重要问题的建议;二是上级机关对下级机关的重要问题提出指导意见。

一、意见的特点

(一)指导性

作为下行文,意见是上级机关对下级机关重要问题提出见解和措施,以指导其工作的公文。这就决定了意见具有指导性的特点。

（二）针对性

意见总是根据现实的需要，针对某一重要的问题提出见解或处理意见，具有较强的针对性。

（三）原则性

意见通常不是具体的工作安排，而是从宏观上提出见解，要求受文单位结合具体情况参照执行。下级机关在落实意见精神时，比起执行指示有更大的灵活处理的余地。

（四）行文方向的多向性

意见可以用于上级机关对下级机关提出一些指导性、规定性的意见，作为下行文来使用；也可以用于下级机关对上级机关提出一些建议性见解，作为上行文来使用；还可以用于同级机关之间互相提出建议或意见，作为平行文来使用。它的行文方向比较灵活，能及时反映不同级别的机关对工作的见解和看法，增强公文的民主性。

（五）作用的多样性

意见行文方向的多向性就决定了意见具有多种作用，既可以用来指导下级机关的工作，具有指导作用，也可以对上级机关起到建议参考作用；同时，还可以在平级或不隶属的机关单位之间发挥启示作用等。此外，意见也往往是对一些需要解决而还没有掌握规律的问题提出见解和办法，具有一定的探索作用。

二、意见的分类

（一）建议性意见

建议性意见是指下级机关就其业务范围之内的某一问题，向上级机关提出建议性意见，供上级机关参考，作为上级机关制定相关政策的依据。该意见一经上级机关批转，就作为上级机关的指导性意见，具有一定的指导性。此类意见是上行文，类似呈转性报告。

【范例2-12】

关于老旧小区改造期间物业管理提前介入暨泽通物业管理公司的推荐意见

××区人民政府：

我区老旧小区改造工作已经展开，为了确保改造工作取得尽可能好的效果，我局建议择请管理能力强、社会信誉好的物业公司在改造过程中提前介入物业管理。具体理由如下：

一、物业管理提前介入可以及时发现设计遗漏、布局不合理和设备老化、损坏等问题，既可防止返工和避免遗留问题，又可降低改造后的安全风险。

二、物业管理提前介入可以对水电管网布局、走向和节点等有一个十分清楚的了解，为日后物业管理的高效运作和提供优质服务奠定基础。

三、物业管理提前介入可以根据以往经验对改造工作提出合理建议，使老旧小区改造设计更加合理、更具安全性和更加人性化。因为有经验的物流公司在人车分流设计、消防安全设计、环境美化设计和文化景观设计等方面都有一些专长。

四、物业管理提前介入可以及时了解业主的诉求,广泛征求业主的意见,协调业主与政府相关部门及施工单位关系,提高群众对老旧小区改造的满意度。

五、物业管理在改造施工阶段的介入,可以监督和检查改造工程的施工质量、参与重大设备的调试等,最大限度地消除各种隐患。

物业管理介入老旧小区改造过程具有十分重要的意义,选好物业公司是其中关键的一环。经过我局对××省内各大物业公司的全面了解和对部分物业公司的实际考察,建议选用泽通物业管理公司全程介入我区老旧小区的改造工程。主要理由如下:

一、泽通物业管理公司成立以来,已对A省和B省多家住宅小区、商业街和旅游景区实施物业管理,具有很强的管理团队和十分丰富的物业管理经验,社会信誉好,业主评价高。

二、泽通物业管理公司不但切实维护广大业主的利益,重视物业管理和环境维护,而且特别重视安防工作,竭力保护业主的人身和财产安全。与此同时,泽通物业管理公司重视加强与业主的沟通交流,及时化解邻里矛盾,从根本上维护区域和谐。

三、泽通物业管理公司是A省唯一拥有高级顾问团的物业管理公司。该公司不仅重视自身的企业文化建设,而且十分重视所负责小区的文化氛围营造,充分利用文化的熏陶和感染作用美化人们的行为,改善人际关系,使人们以积极乐观的心态生活和工作。

四、泽通物业管理公司一直重视和街道、社区的密切配合,及时、准确、认真地贯彻各级党政机关的指示精神,使各级党政机关和职能部门的工作能够在所负责小区内顺利和有效地开展。

以上意见如无不妥,我局可否付诸实施,请批示。

××区城乡建设局
20××年8月12日

【提示】 范例2-12是一则下级单位向上级机关提出建议的意见。行文者就自己不能直接决定的"择请物业公司介入老旧小区改造工程"及相关事项向上级机关提出建议性的意见,请上级机关决定和指示。

(二)指导性意见

指导性意见是上级机关针对下级机关工作中所出现的问题,阐明基本原则,提出解决办法和执行要求,对下级机关的工作给予指导。此类意见一经下发就产生一定的效力,多属于下行文。

(三)参考性意见

参考性意见是同级机关和不相隶属机关之间就某些工作提出的供对方参考的建设性的见解或可行性方案,多属于平行文。

(四)实施意见

实施意见一般是为贯彻落实某一重要决定或开展某项工作所制订的实施方案,其重在阐发上级机关的有关精神,使下级机关对上级机关的文件精神有更深入的理解,同时提出较为具体的行动方案和工作安排。

【写作指导】
一、意见的写作要点
（一）标题
意见的标题通常有两种形式：一种是"发文机关＋事由＋文种"，如《××省人民政府关于〈中国教育改革和发展纲要〉的实施意见》；另一种是"事由＋文种"，如《关于实施城镇居民生活困难家庭救济方案的意见》。

（二）正文
（1）发文缘由。这是意见的开头部分，主要写发布意见的背景、根据、目的、意义等。文字根据具体情况可长可短，最后以"现提出以下意见""特制定本实施意见"等过渡性语句转入下文。

（2）主体部分。阐述对问题或工作的见解、建议或处理办法。内容少但比较集中的，主体部分直接写见解即可；内容比较多的，涉及重要问题或全局性工作的，既要提出总的、原则性的要求，还要指出具体可行的实际操作办法。

（3）执行要求。明确意见提出者的要求或希望，如"以上意见，望各单位结合实际认真贯彻执行"；也可简单明了地说明要求，如"请认真贯彻落实"。

（三）发文时间及署名
发文时间可加括号注于标题之下，也可以注于文末右下方；署名一般在正文右下方标注发文机关，也可在标题下标注或在标题中出现。

（四）发文字号和主送机关
发文字号和主送机关的标注方法和一般公文相同。

二、意见的写作要求
（一）语言平和，态度诚恳
意见的实质是提出切合实际的可行性建议，发挥参谋和指导作用。其见解中的态度是诚恳的，即使是下行文中的"意见"也没有决定或者通知等文种那样强烈的强制性。

（二）知无不言，言无不尽
作为上行文或平行文的"意见"，必须以"知无不言，言无不尽"的态度，对上级机关或同级机关提出本机关的建设性意见，充分发挥好参谋作用。

【实战训练】
本节【话题与案例】中，沙湖学院中文系要写给学院的是一份建议性的意见，正文可以分为三个部分：一是简述有关事件的基本情况，特别是事件发生后当事人的悔改表现和中文系的处置情况；二是提出具体的处理意见；三是表明中文系的态度，提出相关建议等。请你根据提示完成这份建议性的意见。

应用写作(第四版)

第九节 通　　知

【话题与案例】

下面是张贴于一所高校校园内的"通知"。同学们先阅读一遍,等学了"通知"一课之后再回头来看它存在哪些问题。

通　　知

全院师生:

　　本周三(5月7日)下午第七、八两节课时间,中文系和经管系进行一场篮球比赛。欢迎全院师生前往观看。

　　特此通知。

学院团委
202×年5月6日

【基础知识与范例】

通知是发文主体向特定的受文对象(通常为下级机关或下属单位)告知有关事项的公文。它适用于批转下级机关的公文,转发上级机关和不相隶属机关的公文,告知要求下级机关办理和需要有关单位周知或者执行的事项,任免人员等。通知是使用最多、用途最广的一种公文,写作灵活自由,使用比较方便。

通知的作用主要表现在三个方面:一是上级机关告知下级机关或有关人员应该知道的事情,二是指示下级机关或相关人员办理具体事项,三是通过上级批转在同级机关之间传递情况。这就决定了通知具有告知、指示、布置三大特性。

一、通知的行文规则

通知通常作为下行文,向本机关隶属的下级机关行文。通知通常不用于上行文或平行文,但经机关授权或在职权范围内,办公厅(室)可向同级或下级机关制发通知,此类通知仍属下行文。

二、通知的特点

(一)使用的广泛性

通知是使用最广泛的公文:一是发文主体不受级别限制,上自国家机关,下至基层单位,都可以使用通知行文;二是内容涵盖广泛,无论是全国性的大事,还是某个单位的小事,都可以使用通知行文;三是行文路线灵活,既可作为下行文,也可用于同级机关之间知照事项。

(二)功用的多样性

上级机关向下级机关制发的通知通常具有指导性。特别是部署和布置工作、批转和转发文件等,都需明确阐述处理某些问题的原则和方法,说明需要做什么、怎样做、达到什么要求等。有的通知对下级机关或有关人员具有约束力,起指导作用;有的通知则主要用于知照事项。

（三）较强的时效性

通知具有较强的时效性,不论是告知事项,还是要求办理事务,一般都有一定的时间要求,如会议通知,其时间要求很明确,也很严格。

三、通知的分类

根据通知的内容性质及其用途,通知可分为以下几类:

（一）发布性通知

发布性通知用于发布行政法规和规章,即领导机关将已经批准或通过的行政法规和规章,如条例、规定、办法等,用发布、颁发或印发通知的形式发给有关单位。

【范例 2-13】

国务院关于公布《通用规范汉字表》的通知

国发〔2013〕23 号

各省、自治区、直辖市人民政府,国务院各部委、各直属机构:

国务院同意教育部、国家语言文字工作委员会组织制定的《通用规范汉字表》,现予公布。

《通用规范汉字表》是贯彻《中华人民共和国国家通用语言文字法》,适应新形势下社会各领域汉字应用需要的重要汉字规范。制定和实施《通用规范汉字表》,对提升国家通用语言文字的规范化、标准化、信息化水平,促进国家经济社会和文化教育事业发展具有重要意义。《通用规范汉字表》公布后,社会一般应用领域的汉字使用应以《通用规范汉字表》为准,原有相关字表停止使用。

国务院

2013 年 6 月 5 日

【提示】范例 2-13 是一则发布性通知,其发布的内容是《通用规范汉字表》,发布的目的是要求社会各界在使用汉字时,以《通用规范汉字表》为准。

（二）批转性通知（批转、转发性通知）

批转性通知用于转发上级机关、同级机关或不相隶属机关的公文,以及批转下级机关的公文。这类通知包括批转性和转发性两种。批转性通知适用于上级机关批转下级机关的文件,标题中需注明"批转"两字;转发性通知适用于转发上级、同级或不相隶属机关的文件,标题中需注明"转发"字样。这类通知一般都附有批转或转发的文件,如《国务院办公厅转发生态环境部〈关于建设美丽中国先行区的实施意见〉的通知》。

（三）指示性通知

指示性通知用于上级机关对下级机关某项工作提出指示和安排。当内容不适宜用命令、指令发布时,可用指示性通知。

【范例2-14】

国务院办公厅关于2025年部分节假日安排的通知
国办发明电〔2024〕12号

各省、自治区、直辖市人民政府，国务院各部委、各直属机构：

经党中央、国务院批准，根据2024年11月修订的《全国年节及纪念日放假办法》，自2025年1月1日起，全体公民放假的假日增加2天，其中春节、劳动节各增加1天。据此对放假调休原则作进一步优化完善，除个别特殊情形外，春节自农历除夕起放假调休8天，国庆节自10月1日起放假调休7天，劳动节放假调休5天，元旦、清明节、端午节、中秋节分别放假调休或连休3天（如逢周三则只在当日放假），国庆节放假如逢中秋节则合并放假8天。

按照上述原则，现将2025年元旦、春节、清明节、劳动节、端午节、中秋节和国庆节放假调休日期的具体安排通知如下。

一、元旦：1月1日（周三）放假1天，不调休。

二、春节：1月28日（农历除夕、周二）至2月4日（农历正月初七、周二）放假调休，共8天。1月26日（周日）、2月8日（周六）上班。

三、清明节：4月4日（周五）至6日（周日）放假，共3天。

四、劳动节：5月1日（周四）至5日（周一）放假调休，共5天。4月27日（周日）上班。

五、端午节：5月31日（周六）至6月2日（周一）放假，共3天。

六、国庆节、中秋节：10月1日（周三）至8日（周三）放假调休，共8天。9月28日（周日）、10月11日（周六）上班。

节假日期间，各地区、各部门要妥善安排好值班和安全、保卫、疫情防控等工作，遇有重大突发事件，要按规定及时报告并妥善处置，确保人民群众祥和平安度过节日假期。

国务院办公厅
2024年11月12日

【提示】范例2-14是一则指示性通知。主体部分是关于重要节假日"放假调休日期"的具体安排，结尾部分是对"各地区、各部门"做好节假日期间各项工作的指示。整则通知陈述十分清楚，便于贯彻执行。

（四）事务性通知

事务性通知主要用于上级机关对下级机关布置具体工作。除布置工作外，事务性通知通常还提出工作原则和要求，让受文单位贯彻执行，具有强制性和行政约束力。

（五）知照性通知

知照性通知用于告知某一事项或某些信息，如庆祝节日，成立、调整、合并、撤销机构，启用新印章，更改电话，更正文件差错等。

（六）会议通知

会议通知用于告知受文单位会议的时间、地点、内容、参加人员、注意事项等。

【范例 2-15】

关于召开应用写作教学研讨会的通知

各普通高等学校、高等职业院校：

　　为了提高我省普通高等学校和高等职业院校应用写作教学质量，切实增强学生从事工作的能力，经研究决定，定于8月9日至11日在××市××区××大酒店召开应用写作教学研讨会。现将有关事项通知如下：

　　一、会议内容

　　1. 关于全省各普通高校和高等职业院校应用写作课开设情况的调研报告；

　　2. 各普通高校和高等职业院校应用写作课教学经验交流；

　　3. 应用写作教学观摩；

　　4. 省教育厅关于进一步加强普通高校和高等职业院校应用写作教学的意见。

　　二、参加人员

各普通高等学校、高等职业院校主管教学的领导，教学质量评估办公室负责人，应用写作课教师等。

　　三、报到时间和地点

与会人员务必于8月8日18点前到××市××区××大道××大酒店报到。

（联系人：××　　电话：××××××）

　　四、食宿费及其他

与会人员会议期间食宿统一安排，费用自理。

××省教育厅（盖章）
××××年×月×日

【提示】范例 2-15 是一则会议通知，其中就会议召开的地点、时间、内容、参会对象和注意事项等作了明确、具体的交代。

（七）任免通知

任免通知是告知有关单位和个人关于人事任免情况的通知。

四、通知和通告的区别

通知的使用很广泛，也容易与其他文种相混而错用。通知的错用现象主要集中在两个方面。一是向非直接下级机关制发通知。错用最多的是对上级、平级和不相隶属的机关本应用函行文，结果错用通知行文。二是将本应使用公告、通告、启事、广告、海报等文种的事项误用通知行文，甚至添加"请遵照执行"等不当要求。

通知与通告的区别主要有以下三点：

（一）适用情形不同

通告适用于在一定范围内公布应当遵守或周知的事项，制成即发，直接公开，不涉及任何秘密。通知适用于批转下级机关的公文、转发上级机关和不相隶属机关的公文，发布规章，传达要求下级机关办理和有关单位要周知或共同执行事项，任免或聘用干部等，一般按组织系统或行业系统逐级下达,内容很少公开。

（二）受文对象不同

通知的对象一般是下级机关或单位,受文对象十分明确,且具有直接的隶属关系;通告的对象一般是社会公众,大多没有直接的隶属关系,行文具有广泛性。

（三）行文要求不同

通知的事项一般需要受文对象办理和贯彻执行,而通告的事项只需受文对象遵守或知晓即可。

【写作指导】

一、通知的写作要点

通知的写作形式多样、方法灵活,不同类型的通知使用不同的写作方法。

（一）批转性通知（批转、转发性通知）的写法

批转性通知用于批转下级机关的文件或者转发上级、同级及不相隶属机关的文件,也可用于下发计划、方案、总结、纪要等。它的使用频率高,应用范围广。标题由发文机关、被批转或转发的文件标题（或文号）和文种组成,也可省去发文机关名称。正文须包括以下内容:对批转或转发的文件提出意见并表明态度,如同意、原则同意、要认真贯彻执行、望遵照执行、参照执行等;说明文件的目的和意义;提出希望和要求。最后写明发文日期。

【范例2-16】

××市环保局关于转发《××县环保局关于
开展环保自检互检工作的总结报告》的通知

各县(区)环保局,各直属单位:

　　××县环保局是我省环保工作的先进单位,积累了丰富的工作经验。近年来,他们通过开展环保自检和互检,有效地推动了环保工作的深入开展,并取得了良好效果。他们的经验基本也适于我市。现将《××县环保局关于开展环保自检互检工作的总结报告》转发给你们,望参照执行,以推动我市环保工作的深入开展。

××市环保局
××××年××月××日

【提示】这则通知体式规范,措辞严谨,意思表达清楚,行文层次十分清晰。因××县与××市无隶属关系,但××县的环保工作做得好,"他们的经验基本也适于"××市,所以,这里用"转发"是正确的。

（二）指示性通知的写法

标题由发文机关、事由和文种组成,也可省去发文机关名称。正文由缘由、指示内容和执行要求等部分组成。缘由要简洁明了,说理充分。指示内容要具体明确、条理清楚、详略得当,充分体现指示性通知的政策性、权威性、原则性。执行要求要切实可行,便于受文单位具体操作。

（三）知照性通知的写法

这类通知使用广泛，体式多样。一般根据通知的内容，简明扼要地交代清楚知照事项。

（四）事务性通知的写法

事务性通知通常由发文缘由、具体任务、执行要求等组成。会议通知也属于事务性通知，但写法又与一般事务性通知有所不同。

会议通知的正文部分应当包括缘由、通知事项和执行要求三项内容。缘由部分说明制发通知的理由、目的或依据，然后用"现将有关事项通知如下"等导入对各有关事项的安排和要求；通知事项部分具体说明出席会议人员和会议召开的时间、地点以及其他有关事项；执行要求一般穿插在"通知事项"之中，主要包括会前准备、报名时限、报到时间、报到地点等。

（五）任免、聘用通知的写法

这类通知需要写明决定任免、聘用的机关、依据，以及任免、聘用人员的具体职务。

二、通知的写作要求

（1）通知事项要具体明确。事项是通知的基本内容，特别是指示性的通知，要明确、具体地提出工作的任务和要求，切忌泛泛而言，让人不得要领。

（2）会议通知应开门见山，直陈其事，不需过多的理论分析或意义阐述。

（3）通知应该文字精练，篇幅力求简短。用词要准确、规范。

（4）该详则详，该简则简。

【思路拓展】

文帝议佐百姓诏

间者数年比不登[1]，又有水旱疾疫之灾，朕甚忧之。愚而不明，未达其咎[2]。意者朕之政有所失而行有过与？乃天道有不顺，地利或不得，人事多失和，鬼神废不享与？何以致此？将百官之奉养或费，无用之事或多与？何其民食之寡乏也！

夫度田[3]非益寡，而计民未加益，以口量地，其于古犹有余，而食之甚不足者，其咎安在？无乃百姓之从事于末[4]以害农者蕃[5]，为酒醪以靡谷者多，六畜[6]之食焉者众与？细大之义[7]，吾未能得其中。其与丞相列侯吏二千石博士[8]议之，有可以佐百姓者，率意远思，无有所隐。

注释：

[1] 间(jiàn)：近来。比：连续。登：作物的成熟和收获。[2] 咎：灾祸、祸根，也可引申为过失。这句是说，不明白它的祸根所在。[3] 度(duó)田：丈量土地。[4] 末：古有士、农、工、商的顺序，商排最末尾。有轻视商的意思。[5] 蕃：繁多。[6] 醪(láo)：酒。靡(mí)：浪费。六畜：即马、牛、羊、鸡、犬、豕。[7] 义：道理，意义。[8] 二千石：汉代内自九卿郎将，外至郡守，俸禄为二千石，即月俸百二十斛，这里是以禄俸为职务的代称。博士：秦及汉初立博士，掌管古今史事待问及书籍典守。到汉武帝时，设五经博士，置弟子员，此后博士专讲经学传授，与文帝、景帝时的博士制度有区别。

【提示】这则诏书从内容和语气来看，相当于一份安排工作的指示或指示性通知。其内容是就怎样解决老百姓生活困难,要求属下集思广益,提出解决方案。全文语言质朴,感情自然,反复设问,诚意跃然纸上。

【实战训练】

本节【话题与案例】中提到的那则"通知"文种使用有误。一是发文主体"学院团委"无权向全院老师发布通知,二是发布的内容缺乏通知的约束性,三是通知的要素不全。根据内容,此文告应该用海报形式发布。请你使用海报(相关内容见第五章第七节"海报")重新拟写一下这份文告。

第十节 通 报

【话题与案例】

2025年6月10日,C大学的刘阿媛老师在游览八达岭长城时,遇到一位小学生游客不慎滑倒并从高处跌落。危急时刻,刘阿媛老师奋不顾身扑倒在地,用身体挡住了滚下来的小学生,使其避免了更严重的伤害。为了救人,刘阿媛老师的膝盖、手臂等多处受伤。C大学为了表彰刘老师的事迹,号召全校师生学习她见义勇为的精神,决定发布表彰通报。这份通报应该怎样写?

【基础知识】

通报是党和国家机关、社会团体、企事业单位用以表彰先进、批评错误、传达重要精神和告知重要情况的公文。通报的应用比较广泛,可以用于表扬好人好事,也可以用于批评错误、总结教训,告诫人们警惕类似问题的发生,还可以用来互通情况,传达重要精神,沟通交流信息,指导推动工作。

一、通报的特点

(一)典型性

通报的对象需要具备典型性,能够反映、揭示事物的本质规律,具有广泛的代表性和鲜明的个性。只有这样的通报发出后,才能使人受到启迪,得到教益。

(二)引导性

无论是表扬性通报、批评性通报,还是情况通报,其目的都在于通过典型的人和事引导人们辨别是非,总结经验,吸取教训,弘扬正气,树立新风。

(三)严肃性

通报的内容和形式都是严肃的。由于通报是正式公文,是领导机关为了指导工作,针对真人、真事和真实情况制发的,无论是表扬、批评或通报情况,都代表着一级组织的意见,具有表彰鼓励或惩戒、警示的作用,因而其使用十分慎重、严肃。

(四)时效性

通报是针对当前工作中出现的情况和问题而发,它的典型性、引导性都是就特定的社会背景而言的。随着客观情况的变化,一件在当时看来具有典型意义的事实,时过境迁,未必仍具有典型性。因此,通报作用的发挥,与抓住时机适时通报是分不开的。

二、通报的分类

根据内容的不同,通报可以分为表彰性通报、批评性通报和情况通报三种。

（一）表彰性通报

表彰性通报用于表彰先进单位和个人,介绍先进经验或事迹,树立典型。

（二）批评性通报

批评性通报用于批评错误,以示警诫,要求被通报者和其他人吸取教训。

（三）情况通报

情况通报用于在一定范围内传达重要情况和动向,以指导工作。

三、通报和通知的区别

（一）发文目的不同

通报的发文目的是让收文机关了解发生了什么事,哪些事情值得提倡,哪些事情应受到批评,哪些问题应该引起注意等。

通知的发文目的在于让收文机关知道要做什么事以及如何去做,有哪些注意事项等。

（二）内容不同

通报的内容侧重于说明、介绍某些事物或情况,可以提出具体要求(如指导性通报),也可以不提任何要求(如情况通报)。

通知的内容侧重于提出要求,明确界限。

（三）发送对象不同

通报的发送对象不仅包括直接相关单位和个人,还包括其他相关方,以确保广泛知悉。

通知的发送对象为与通知的内容有直接关系的单位和个人。

【写作指导与范例】

一、通报的结构和写作要点

通报一般由标题、下发单位、正文和落款四个部分组成。

（一）标题

标题通常有两种构成形式：一种是由"发文机关＋事由＋文种"构成,如《教育部办公厅关于新学期初两起学校食物中毒事件的紧急通报》；另一种是由"事由＋文种"构成,如《近期禽流感疫情通报》。此外,有少数通报的标题是在文种前冠以机关单位名称,如《中共中央纪律检查委员会通报》；也有的通报标题只有文种名称。

（二）下发单位

除普发性通报外,其他通报需明确标注下发单位。

(三) 正文

通报的正文通常由开头、主体和结尾等部分组成。开头说明通报缘由,主体说明通报决定,结尾提出通报的希望和要求。

不同类别的通报,其内容和写作要点有所不同,现分述如下。

1. 表彰性通报

一般在开头部分简要介绍表彰对象的基本情况,概述其先进事迹。其中先进事迹应交代清楚,而且要注意详略得当、重点突出。主体部分通过对先进事迹的客观分析,在阐明所述事件的性质和意义的基础上,写明通报决定。结尾部分明确提出希望和要求,号召大家向表彰对象学习。

在行文结构上,也可以把先进单位或人物的经验提炼出来,明确向他们学习什么,以学习的几点内容为纲,列出几条来写。每一条可先提出先进经验(观点),再摆事实,也可以适当加一些议论。

【范例 2-17】

××省教育厅关于表彰20××年普通话水平测试工作
先进集体、先进个人和优秀测试员的通报

各市(区)教育局,各高等学校,厅属有关单位:

为进一步推动全省普通话水平测试工作的制度化、规范化、科学化,增强全省普通话水平测试工作服务能力,根据《××省教育厅关于评选表彰20××年度普通话水平测试工作先进集体、先进个人和优秀测试员的通知》,经过各单位、各有关高校推荐,省教育厅审核和研究,决定对××市普通话培训与测试中心等10个先进集体、××等20位先进个人和××等26名优秀测试员(具体名单见附件)进行通报表彰。

希望受表彰的集体和个人再接再厉,积极发挥模范带头作用,在我省普通话水平测试工作中再创佳绩。全省普通话水平测试工作相关单位和个人要向受表彰的先进集体和个人学习,不断提升我省普通话水平测试工作管理水平和服务能力,为全面建成小康社会贡献力量。

××省教育厅
20××年4月10日

【提示】这是一则表彰性通报。第一段写表彰对象、评选过程和表彰决定;第二段提出希望,发出号召。全文内容要素齐全,详略得当,行文层次清晰,语言简洁。

2. 批评性通报

批评性通报分为两种:一种是对个人的通报批评,另一种是对单位或集体的通报批评。对个人的通报批评一般是在陈述事实的基础上,指出错误造成的后果,然后引出批评决定,最后提出希望、要求和发出警示,让大家吸取教训,引以为戒。对单位或集体的批评通报,不仅要陈述错误事实,指出其造成的后果,而且要分析原因、总结教训或提出整改要求,使被批评的单位或集体吸取教训、改进工作,不再犯同类错误,并且使其他单位受到警示。

【范例2-18】

关于近期几起实验室安全事件的通报

各实验室：

　　自今年9月份以来，我院连续发生实验动物尸体和实验废弃物随意抛弃事件，不仅造成环境污染，而且存在公共卫生安全风险，影响很坏。这几起实验室安全事件分别是：9月26日上午11时许，E209实验室人员在清理完冰箱后将实验后的水产动物尸体、化学试管及部分饲料弃置在E座2楼和1楼的生活垃圾桶内。9月27日下午3时许，E228实验室人员将实验后的废弃试管弃置在E座2楼生活垃圾桶内。12月10日上午11时35分，在E座一楼102鼠房外的垃圾桶内发现4只实验小白鼠尸体。

　　经学院研究决定，对发生以上事件的实验室进行全院通报批评，下达书面整改意见书，责成实验室负责人和相关人员作出书面检查。

　　请各实验室和全院师生引以为戒，加强实验动物管理，规范实验室垃圾分类行为。与此同时，要加强对师生及保洁人员的安全知识培训，提高安全意识，切实杜绝实验室安全事件的发生。

××大学动物科学学院
20××年12月10日

【提示】范例2-18这则批评通报的第一段文字陈述错误事实，指出错误后果和不良影响；第二段文字写通报批评决定和整改要求；第三段文字对各实验室和全院师生提出要求，作出警示。

3. 情况通报

这类通报是就某一阶段或某一方面的情况进行通报，让下级单位和群众知道或引起重视，以便统一认识，促进工作的进一步开展或者使相关工作取得更好的效果。情况通报的正文部分主要写两项内容：一是通报有关情况，二是进行情况分析并作出结论。具体写法：有的是先摆情况，然后进行分析得出结论；有的是先通过简要分析作出结论，再列举情况。

（四）落款

落款包括发文机关署名和成文日期两项内容。有的在通报的标题中已标明发文机关名称，落款处就不必再写。

二、通报的写作要求

（一）事实典型

无论是表扬先进、批评错误，还是总结经验教训，通报事项需具备典型性和针对性。因此，写作通报要注意选择事件，以便更好地发挥其引导和教育作用。与此同时，无论是批评还是表扬，内容必须真实准确，不能有一点虚假，也不可夸大或缩小。

（二）目的明确

通报的目的须明确，即让受文对象清楚学习、警惕或知晓的内容。与此同时，分析要中

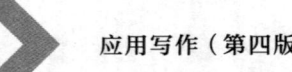

肯,评价要实事求是,结论要公正。否则,通报不但会缺乏说服力,而且有可能产生副作用。

(三)及时迅速

批评、表扬须及时,信息交流和情况沟通更须迅速。否则,时过境迁,通报便失去了意义。

(四)把握语言分寸

不论是表扬,还是批评,都应注意用语分寸。同时,注意准确和简洁,力求文实相符,不讲空话、套话,不讲过头的话。

【实战训练】

本节【话题与案例】中要求写的是一则表彰性通报,写作时应注意两点:一是要交代清楚表彰的缘由,即简明扼要地把人物事迹交代清楚,行文要详略得当;二是表彰意见要明确,学习号召要切实可行。请你根据提示完成这则通报。

第十一节 报 告

【话题与案例】

千方职业技术学院近期在后勤保障方面遇到了一些问题。随着学生人数的增加以及饮食需求的多样化,学院食堂的运营压力逐渐增大。尽管学院后勤部在学期初对食堂进行了全面检查,并与食堂承包商沟通,要求其加强菜品质量控制和环境卫生管理,但在实际操作中,个别食堂仍然出现了菜品分量不足、餐具清洁度不佳,甚至偶尔在食物中发现沙子、头发等异物的问题。这些问题引发了学生的不满,一些学生甚至将这些问题反馈到了校长办公室。面对学生的投诉,学院管理层高度重视,认为食堂问题直接关系到学生的日常生活和身体健康,必须迅速解决。因此,分管后勤工作的副院长要求后勤部就有关问题作出说明。后勤部应该以哪一文种向学院管理层行文呢?

【基础知识与范例】

报告是下级机关向上级机关汇报工作、反映情况、回复上级机关的询问的陈述性文件。写报告是为了让上级机关、领导同志了解情况、掌握下情,这样能够及时接受上级机关的指导和监督,从而更好地贯彻方针政策、开展工作。

报告的适用情形主要有:一是按照报告制度规定,下级机关应当定期向上级机关汇报工作;二是在工作过程中遇到新情况、特殊问题或者发生意外事故等,应当及时向上级机关汇报;三是回复上级机关交办事项的处理结果。另外,向上级机关报送文件、物品等也要呈送报告。

一、报告的特点

(一)行文的单向性

报告是下级机关向上级机关汇报工作、反映情况的单向上行文,不需要上级机关给予回复。

第二章 公　文

（二）表达的陈述性

报告是用于汇报工作、反映情况的，上级机关能否比较全面地了解下级机关的情况，并综合各下属单位的情况对全局工作作出决策，在很大程度上取决于下级机关能否适时地汇报工作，真实、全面、具体地陈述本单位、本部门贯彻执行各项方针、政策的情况。因此，报告的写作重在陈述，具体而言就是将做了什么、怎样做的、结果怎样，有哪些成功的地方，丞存在什么样的不足等交代清楚，以便于上级机关了解下情。

（三）行为的事后性

绝大多数报告都是在某项工作开展了一段时间或完成之后，或是某种情况发生之后向上级机关作出的汇报，因此，报告具有事后性的特点。

二、报告的分类

（一）按其内容和用途划分

按内容和用途，报告可以分为工作报告、情况报告、答复报告和报送报告四类。

1. 工作报告

工作报告是指党政机关、企事业单位和社会团体，按照有关规定，定期或不定期地向上级机关或法定对象汇报工作的公文。汇报的内容包括过去一段的工作情况和下一段工作部署、工作意见，或者是某一专项工作的开展情况等。工作报告又可分为综合性工作报告和专题性工作报告两类。

（1）综合性工作报告。综合性工作报告是就单位的全局工作向上级机关提交的汇报，其内容涉及单位工作的方方面面。定期向上级机关汇报工作所用的报告一般都是综合性工作报告，如《××学院2025年第二学期工作报告》。

（2）专题性工作报告。专题性工作报告是指就某一具体工作或问题向上级机关提交的汇报。

【范例2-19】

关于大学语文教材质量抽样分析情况的报告

教育部：

2016年4月，××语言文字研究所开始对现有的大学语文教材进行抽样分析，到2016年12月，第一阶段工作全部结束。现将有关情况报告如下：

一、大学语文课现状

语言能力是一个人的核心能力之一，这是教育领域的共识。这是因为语言是思维的工具，语言能力的高下不仅直接影响着人的创造性思维能力的发展，而且决定着人的工作能力和终身学习能力。因此，每一所高校都应开好大学语文课。然而，许多高校已取消大学语文课，部分开设该课程的高校在课时分配、师资配备等方面比较随意，教学效果很不理想。

应用写作（第四版）

关于砍掉大学语文课的原因，部分高校领导认为，大学语文课未能提高学生的阅读能力和写作能力，课程效果不明显，故选择取消。对此，教师们主要有两种说法：一种说法是大学语文课的性质没有明确的定位，能力目标不明确；另一种说法是没有统一的教学大纲，教材编写很混乱，选不到优秀的教材。

为此，我们对现行的大学语文教材进行了抽样分析。

二、教材质量状况

据统计，截至2015年年底，国家CIP数据中心收录的正式出版的大学语文教材达1200多种。数量如此之多，教材的质量究竟如何呢？

（一）样本抽取和分析方法

为了确保分析的客观性，我们首先从两个大的书城中随机抽取了大学语文教材20种，其中属于国家级规划教材的优先抽取；其次，从各所高校正在使用的大学语文教材中抽取20种，也是国家级规划教材优先抽取。

样本收集后，我们首先通读，然后从内容和质量两个方面进行分析。

（二）教材内容与质量分析结果

在抽取的40种大学语文教材中，编成纯人文读本的12种，偏重人文性、兼顾工具性的16种，编成文学读本的3种，偏重工具性、兼顾人文性的5种，其他4种。其中，在偏重工具性、兼顾人文性的5种大学语文教材中，能力训练目标明确的只有1种。

40种样本中，32种存在明显的语法、修辞、逻辑或标点错误。其中，在一本国家级规划教材中，发现明显错误70多处；在一本获得省级优秀教材二等奖的《大学语文》中，发现问题110多处。尤为严重的是，一本由某师范大学出版社出版的《大学语文》教材，主编撰写的不到1000字的"后记"中，仅语法和逻辑错误就多达6处。

三、几点建议

教材内容决定着教学方向，教材质量影响教学质量。鉴于目前大学语文教材编写出现严重的混乱现象，特提出以下建议：

（1）建议制定全国统一的大学语文教学大纲，明确课程性质、任务和基本教学内容。

（2）建议出台《大学教材编写与使用条例》，规范大学教材编写和选用行为。其中，要明确教材质量问责制度。

（3）加强大学语文教材的审查工作，尤其是对于拟入选国家级规划教材的大学语文教材书稿一定要组织真正的行业专家进行审读。

（4）制定教材质量等级评定办法，建立教材质量公示制度。

特此报告。

××语言文字研究所
2016年12月9日

【提示】范例2-19是一份专题工作报告，其内容是就大学语文教材抽样分析工作及其结果进行报告。这份报告首先陈述了工作起因，接着讲了工作的基本方法和工作的结果，最后提出了几点建议。全文简明扼要，层次清楚。

2. 情况报告

情况报告即反映情况的报告,主要用于汇报工作中遇到的重大情况、特殊情况、新情况等,其中也包括工作进程的报告、今后工作意见的报告、经验总结的报告。

【范例 2-20】

关于我公司发生的一起重大安全事故的情况报告

××市政府:

依据市政府关于安全事故报告制度的相关规定,现将我公司发生的一起重大安全事故报告如下:

我公司是一家具有国家一级资质的建筑安装企业,成立已二十余年。多年来,我公司一直十分重视安全生产与安全教育,定期对公司员工进行安全培训,近几年来未发生过重大安全事故。然而,受台风影响,8月21日,我公司一在建工地发生了一起塔吊倒塌事故,造成一人死亡。事故发生后,公司领导迅速赶赴现场,安抚死者家属并处理善后,同时召开现场安全教育会议,对员工进行安全教育。目前事件已经基本处理完毕。

特此报告。

××建筑工程公司
202×年××月××日

【提示】范例 2-20 是一份情况报告。其内容是就因受台风影响塔吊倒塌造成人员死亡一事,以及善后处理等情况向市政府进行报告。

3. 答复报告

答复报告即答复上级机关询问的报告。它实际上也是一种情况报告,在写法上与情况报告相同,只是非主动行文,侧重点应是上级机关问什么就回答什么,一般不涉及询问以外的情况。

【范例 2-21】

关于网传我院教师打架斗殴情况的报告

××省教育厅:

我院于 3 月 28 日接到省教育厅关于网传我校教师打架斗殴情况的询问后,立即就网上视频内容及其相关情况进行调查核实,现将有关情况汇报如下:

视频中打斗者中的一人确系我院教师王××,但打斗原因并非如网上所说的"因小事发生口角"。根据王××陈述、在场群众证明和当时出警的民警证实,真实的情况是:事发当天是一个周末,王××到菜市场买菜,看见一青年殴打一位老人后便上前制止,遭到打人者的同伙从背后袭击。出于正当防卫,王××对其进行反击。由于对方是两个人,王××不得不奋力反击,于是就出现了激烈的打斗场面和对方被打倒的画面。事发后,民警及时赶到,在询问在场群众后,将当事人带回派出所调查处理。处理的结果是:对我校教师王××见义勇为的行为进行了口头表扬,对寻衅滋事的两个人予以拘留。

> 查清事实真相后,我院第一时间致函相关网站,要求其撤销不实言论,并向我院教师王××公开道歉。
> 　　特此报告。
>
> 　　　　　　　　　　　　　　　　　　　　　　××学院(公章)
> 　　　　　　　　　　　　　　　　　　　　××××年××月××日

【提示】范例2-21是一篇答复报告。正文的缘由部分先简要介绍接到上级部门询问后所做的工作,然后用惯用语导出下文。主体部分详细说明对上级机关询问事项的调查核实情况,结尾部分简要介绍处理结果。文章条理清晰,意思表达十分清楚。

4. 报送报告

报送报告即向上级机关报送文件或物件时随文、随物而写的报告。在实际工作中,视情况也可以用"函"行文。

【范例2-22】

> **××市人民政府关于呈送**
《××市城镇职工基本医疗保险办法》的报告
>
> 自治区人民政府:
> 　　根据国务院《关于建立城镇职工基本医疗保险制度的决定》和自治区人民政府《关于建立城镇职工基本医疗保险制度的实施意见》精神,我市制定了《××市城镇职工基本医疗保险办法》,并已经市政府20××年第一次常务会议讨论通过,现随文呈上,请予批示。
>
> 　　　　　　　　　　　　　　　　　　　　　　××市人民政府
> 　　　　　　　　　　　　　　　　　　　　××××年××月××日
>
> 　　附件:《××市城镇职工基本医疗保险办法》(略)

【提示】范例2-22是一篇向上级机关报送文件资料的报告,全文语言精练,写法非常简单,这种写法在报送报告中很常见。

(二) 按其性质划分

按性质,报告可分为呈报性报告和呈转性报告两类。

呈报性报告是报告的主要类型,用于汇报工作、反映情况或答复询问。由于向上级机关呈报工作情况涉及的内容十分广泛,所以呈报性报告又分为工作报告(含综合报告、专题报告)、情况报告、答复报告、报送报告等。呈报性报告是不要求转发的报告,主要供上级机关了解和掌握情况用。如《××省人民政府关于工业生产情况的报告》就是一份呈报性报告。

呈转性报告是下级机关把工作情况、意见、建议呈报上级机关后,请求批转有关部门参考执行的报告。如《财政部关于开展税收、财务大检查的报告》就是一份呈转性报告,由国务院批转各省、自治区、直辖市执行。这类报告中的工作安排和问题处理办法等,一般超越了发文机关或部门的职权范围,只能报送上级机关批转。上级机关批转(转发)之后,报送者的意见也就是上级机关的意见,所属管辖范围的单位和个人都要贯彻执行。

【写作指导】
一、报告的写作要点
报告由标题、主送机关、正文、落款和日期几个部分构成。
(一)标题
报告的标题主要有两种构成形式:一种是由发文机关、事由、文种三部分组成,如《××省人民政府关于工业生产情况的报告》,"××省人民政府"是发文机关,"工业生产情况"是事由,"报告"是文种。另一种是由事由和文种两个部分内容构成,如《关于企业管理专业外出进行专业实习的报告》。如果是情况紧急的报告或几个单位一并呈报的报告,则要在标题中写明"紧急"或"联合"的字样。
标题的事由部分需准确、简要地概括报告的核心内容。
(二)主送机关
主送机关位于标题下方,应顶格书写,通常为发文机关的上级机关或业务主管部门。
(三)正文
各类报告的正文内容虽有所不同,但均需做到叙述真实客观、分析深入细致,并明确表明态度。报告的正文通常包括三个部分:一是缘由部分,即为什么报告。这个部分需要简要说明报告目的。二是事项部分,详细叙述主要内容,需要层次清晰、条理分明。三是尾语,常用"特此报告"或"以上报告如有不当,请指示"等。
具体到每一类来讲,其正文的写作要点如下:
1. 工作报告
(1)首先讲清楚报告的是什么工作,进展到什么阶段,做到什么程度,要报告哪些问题;其次写报告的主要事项,要分条、分项地陈述所取得的成绩,分析取得成绩的原因,包括做法和体会;最后说明工作中存在什么问题和今后的打算。其中,综合性工作报告的开篇应是纲挈领地作一个概括的叙述,把要点或结论提出来,这样使阅读者对问题有一个总的印象。
(2)对于报告所涉及的情况,要善于分清主次,突出那些影响全局的问题或对本地区、本部门具有普遍指导意义的经验。
(3)综合性工作报告既要概括性地反映全面情况,又要有重点事例,力求做到点与面的有机结合。要在全局中发现新情况,提出新问题,总结新经验,科学地预测发展趋势,这样才能为上级机关制定决策、指导工作提供有价值的参考。专题工作报告的内容比较单一,需围绕一项工作或一个问题展开叙述。
工作报告的结束语一般为"以上报告如有不当,请予指正"或"特此报告",也可以不写这类结束语,正文写完自然结束。
2. 情况报告
首先概述事情发生的基本情况,包括时间、地点、事情经过及前因后果;其次对事情作出准确的分析评价,指出其性质并表明本单位的看法;最后说明处理的结果或提出处理意见。

有些突发事件,处理出现的新问题无政策依据,下级机关拿不准,请求上级机关给予指示,首先要对发生情况后采取的措施、处理的结果进行清楚的陈述,报告的结束语使用"特此报告,有何指示,请告知"或"以上报告妥否,请指示"等。

3. 呈转性报告

呈转性报告的重点不是报告工作情况和反映存在的问题,而是向上级机关提出意见或者建议。报告中提出的建议应是建设性的,否则请求上级机关批转就失去了意义。

呈转性报告的结尾通常为"以上报告如无不妥,请批转有关单位(地区、部门)贯彻执行"。这个结尾是不能省略的。

4. 答复报告和呈送性报告

答复报告的正文只需针对上级机关的询问或要求将有关工作和情况回答清楚即可,不应涉及其他问题,通常分条列项写。呈送性报告的正文主体只需写清报送文件或物件的名称和数量即可。

(四)落款和日期

在正文后面写上发文机关和日期。

二、报告的写作要求

(一)实事求是

报告的内容一定要属实,既不能夸大,也不能缩小;要客观、真实、确切地陈述事实。对有关材料要反复鉴定、确证查实,不能有丝毫的虚假成分。

(二)迅速及时

报告需及时提交,以免失去时效性,给工作造成损失。

(三)要具有典型性

报告中反映的问题、介绍的经验或陈述的教训都要有典型性,这样才有助于上级机关指导工作。

(四)不可夹带请示事项

报告是下级机关向上级机关汇报工作、反映情况或答复询问时使用的公文,上级机关收到后一般不作批复,因此,如有请示事项,需另文写"请示",切不可在报告中夹带请示事项,以免耽误工作。

(五)中心突出

报告要坚持一文一事的原则,围绕中心内容收集材料和组织文字,抓住报告的主要方面,详略得当。

(六)文字要精练

尽可能以简短的文字反映更多的内容,把可要可不要的材料全部删去。

第二章 公 文

【思路拓展】

请禁伐桑枣奏

陶谷

窃以稼穑[1]为生民之天，机杼[2]乃丰财之本。是以金根在御，王者用三推[3]之仪；鞠衣载陈，后妃有躬桑之礼。则知自天子至于庶人，不可斯须忽于农桑也。又司马迁著书曰："齐鲁之间千亩桑，安邑行树枣，其人与千户侯等。"

伏见近年以来，所在百姓，皆伐桑为柴。忘终岁之远图，趋一日之小利。既所司不禁，乃积习生常。苟桑柘渐稀，则缯[4]帛须阙。三数年内，国用必亏，虽设法课人种桑，且无及也。旧木已伐，新木未成，不知丝绵，欲凭何出？若以下民方困，不可禁之，倘砍伐一空，所在如是，岁或不稔，衣食尽忘，饥冻逼身，须为群盗。图难于易，哲王令猷[5]，作事谋始，有国常务，乞留睿览，询访辅臣，欲望特下明敕，此后不得以桑枣为柴，官场亦不许受纳，州县城门不令放入，及不得囊私置卖，犯者请加重罪。

注释：[1] 稼穑：种植与收割。[2] 机杼：一般是指织布机，这里指纺线和织布。[3] 三推：古代帝王亲耕之礼。天子于每年正月亲临籍田，扶犁往还三度，以示劝农，称"三推"。[4] 缯：古代对丝织品的总称。[5] 猷（yóu）：计划，谋划。

【提示】从实质上讲，这篇奏议是一份情况报告。该文首先陈述"所在百姓，皆伐桑为柴"这一情况，其次分析这一情况将导致的后果，最后提出解决问题的建议。全文层次清晰，意思表达清楚。

【实战训练】

本节【话题与案例】中，千方职业技术学院分管后勤工作的副院长要求后勤部写的报告属于情况报告，其内容应包括三个部分：一是学生反映的食堂问题的基本情况，二是对产生问题的原因和相关责任作出准确的分析，三是已经采取的措施和后续的改进办法。请尔根据提示写作这份报告。

第十二节 请 示

【话题与案例】

随着物质生活水平的不断提高，人们对精神生活的需求也随之增大，尤其是对中国书画的消费需求迅速增加。然而，中国书画装裱人才的培养一直处于一种师傅带徒弟的零散教育状态，致使高水平的书画装裱技师严重短缺。为此，西咸职业技术学院决定开设中国书画装裱专业。开设新专业要征得上级教育主管部门的同意，应该向上级教育主管部门写一个请示。这个请示应该如何写呢？

【基础知识与范例】

请示是下级机关或部门向上级机关或部门请求批示、批准等事宜,并要求予以答复的公文。这一文种应用广泛,使用频率较高,凡是下级机关请求上级机关审核、答复、指示、批准的事项,均应以请示行文。

请示的适用情形主要包括八个方面:① 涉及方针、政策等重大问题,需上级明确批示;② 工作中遇到疑难问题,需上级答疑解惑;③ 工作中遇到困难,需上级帮助解决;④ 遇到新情况、新问题无章可循,需上级指导;⑤ 本单位情况特殊,需变通处理并请求批准;⑥ 超出本机关职权范围的事项(如设立机构、人事任命等);⑦ 本单位意见分歧,需上级裁决;⑧ 其他按规定需请示的事项。

一、请示的特点

（一）求助性

请示是发文者遇到自己难以解决的问题或无法克服的困难时,请求上级机关给予政策的或物质的帮助而写的文书,其写作目的就是向上级机关求助,因此,求助性是请示最大的一个特点。

（二）受理的回应性

请示是一种要求受文者必须给予回应的文种,即上级机关对呈报的请示事项,无论同意与否,都必须给予明确的"批复"。

（三）内容的单一性

请示写作要求一文一事,专文专请,不允许在一篇请示中同时请示若干个不同性质、不同类别的问题。

（四）行为的前置性

请示都是事前行文,待上级机关批准后,才能处理有关请示事项或问题。

（五）行文的严格性

请示行文的规则十分严格,主要表现在三个方面:一是请示的主送机关必须是与发文机关有直接隶属关系的上级机关。虽是上级机关但不是直接隶属关系的不应直接请示,否则即为越级请示。二是坚持逐级请示的原则,不得越级请示。三是受双重领导的单位,应向请示事项关涉比较紧密的一个上级机关主送行文,向另一个上级机关抄报,不能"多头"请示。

（六）时效性

请示是针对本单位当前工作中出现的情况和问题,求得上级机关指示、批准的公文,必须及时发出,尽快解决问题。

二、请示的分类

（一）按照内容性质来分

1. 政策性请示

对党和国家的方针、政策、法律、法规和上级机关的指示等有不明确之处或不同的理解,或者在工作中遇到了无章可循的新情况、新问题,以及由于本单位情况特殊需要对上级机关的普遍性要求加以变通,这些都要写请示,请求上级机关指示。这类请示即政策性请示。

【范例2-23】

关于对李义同志的女儿免试录用的请示

××市人民政府:

　　李义同志生前系我市实验中学教师,于2021年4月12日因抢救落水儿童光荣牺牲。2021年5月,市人民政府追授李义同志为烈士。

　　李义同志的女儿李静系××师范大学2021届数学专业毕业生,在校期间一直品学兼优,连续三年被评为校级三好学生,2019年在全国大学生数学建模竞赛中获得一等奖,2020年被评为"中国大学生年度人物"……

　　2021年4月,李静报名参加我市事业单位招聘考试,报考志愿为我市实验中学,后因照顾生病的母亲和处理父亲的后事耽误了考试。

　　为了弘扬烈士精神,同时鼓励优秀的大学毕业生到我市工作,经人力资源和社会保障局、教育局联席会议讨论,拟免试录用李义同志的女儿李静为我市实验中学教师。妥否,请批示。

　　特此请示。

××市人力资源和社会保障局
2021年6月19日

【提示】范例2-23是一则政策性请示。免试录用未参加考试者不符合"凡进必考"的规定,但李静的情况特殊,变通处理是否适当,下级单位无法判断,所以向上级单位提交请示。

2. 事务性请示

下级机关准备办理按规定需要上级机关批准的事项(如增设机构、增加编制),或者既需要上级机关批准又需要上级机关帮助的事项(如申请项目立项),或者虽然不需要上级机关批准但需要上级机关帮助的事项(如申请经费、购置设备等),都应当写请示。这类请示即事务性请示。

【范例2-24】

关于举办节日商品展销会的请示

市经贸委:

　　为繁荣节日市场,满足居民消费需求,拟于20××年11月25日至20××年12月5日在体育场举办商品展销会。参展单位由我公司负责联系,经费自理。

　　以上请示妥否,请批示。

××公司
20××年10月15日

【提示】范例 2-24 是一则事务性请示，行文的目的是请市经贸委批准"举办节日商品展销会"。

（二）根据请示的目的来分

1. 请求批准的请示

根据管理权限、职责范围或有关规章，下级机关就某个问题、某项工作无权直接作出决定时，需要请示上级机关对此问题给予审定、核查并作出明确的批准答复。这类请示即请求批准的请示。

2. 请求帮助的请示

下级机关在工作中遇到如人力、物力、资金，以及其他自己所不能解决的困难，请求上级机关给予帮助解决，需要以请示的形式上呈，这类请示即属于请求帮助的请示。

3. 请求指示的请示

下级机关在工作中遇到新情况、新问题，遇到困难或出现不曾预料的情况需要解决和变通；对上级机关下达的指示不很明了，或对某些政策在看法上出现偏差，请求上级机关给予明确指示。这类请示就是请求指示的请示。

三、文种的区分

（一）请示与报告的区别

1. 适用情形不同

《党政机关公文处理工作条例》中明确规定，请示适用于向上级机关请求指示、批准；报告适用于向上级机关汇报工作、反映情况，回复上级机关的询问。凡是下级机关请求上级机关审核、答复、指示、批准的事项，均应以请示行文；凡是向上级机关汇报工作、反映情况、答复上级机关询问事项，应该以报告行文。

2. 行文目的不同

请示大多是为了解决本单位、本部门的问题，向上级机关请求指示、批准；而报告大部分是为了让上级机关了解情况，掌握全局，以便其正确决策。这就是说，"请示"重在"己明"，"报告"重在"人知"。

在行文重点上，请示的重点在于为提出的要求陈述充分理由和说明所提要求的可行性，是请求性公文，要求回复；而报告的重点则是把所做的工作或所发生的重大情况陈述清楚，以供上级机关及时掌握，用作参考，属于陈述性公文，无须回复。

3. 行文的时机不同

请示必须在事前行文，待上级机关批复之后才能着手办理；而报告可在事前，也可在事中，或在事后行文，不需上级批复。

（二）请示与函的区别

根据《党政机关公文处理工作条例》中的规定，请示适用于向上级机关请求指示、批准；函适用于不相隶属机关之间商洽工作、询问和答复问题、请求批准和答复审批事项。这就是说,请示与函都有请求批准的功用,但二者的使用情形不同,不能互相替代。当发文者与受文对象具有直接的上下级关系时,提出请求事项应该用请示行文;当发文者与受文对象无行政隶属关系,提出请求事项应该用函行文。

【写作指导】
一、请示的写作要点
请示的结构包括标题、主送机关、发文日期、正文和落款五个部分。
（一）标题
请示的标题主要有两种形式：一是"发文机关＋事项＋文种名",如《×××化工厂关于贯彻按劳分配政策两个具体问题的请示》;二是"事由＋文种",如《关于二〇二〇年国债发行工作的请示》。

请示的标题要突出请示事项,使人一看就知道请示的主要内容。标题中揭示事项的字数不宜过多,力求鲜明、简洁。

（二）主送机关
主送机关位于标题下文,顶格书写,通常为直接上级机关。

（三）发文日期
发文日期的书写位置由发文机关的位置来定。如果"发文机关"出现在标题中,则发文日期就写在标题下面,如果"发文机关"在正文之后的右下方的位置,则发文日期就写在发文机关名称的下面。

（四）正文
请示的正文一般分为三个部分：第一部分为缘由,即请求理由;第二部分为事项,即请示事项;第三部分为请求指示或批准。

1. 缘由
缘由部分需说明请求的理由和根据,是请示的核心部分。陈述缘由时,要真实地反映工作中存在的问题,以党的路线、方针、政策为依据,用科学的道理进行阐释,力求做到理由充分、根据可靠、情理交融。这一部分的结尾常用"特请示如下""请示如后"等承启用语。

2. 请示事项
这部分主要写请示什么、具体有什么要求等。写请示事项要突出关键问题,说得明白清楚。要人,要写清楚要几名、要什么专业或掌握什么技术的人;要钱,要写清楚准确的数目;要物,要写清楚物的品名、品牌、规格、型号、数量等。同时要进行必要的分析,要做到实事求是,言简意赅。最后提出切实可行的、具有说服力的解决问题的意见与办法,便于上级孔关考虑审批。

3. 请求指示或批准
一般使用惯用语作结,如"以上意见妥否,请批示""当否,请批示""以上意见如无不妥,请批转"等。请示的语气要注意谦和得体,符合自己的身份。

（五）落款
在正文右下方标明发文机关和年、月、日。如标题中已出现发文机关,则落款可省略。

二、请示的写作要求

写作请示,要力求做到情况明确,意见具体,主旨专一,语言谦和。在此基础上,还要满足以下几点要求:

(一)要"一文一事"

一份请示只能提出一件请示批准的事项或提出一个请求解决的问题。这样便于上级机关对来文的处理。如在一份请示内要求上级机关同时批准或解决多项工作和几个问题,这样使上级机关不好处理,势必会出现延误问题。

(二)不能"多头"请示

请示的主送机关只能是一个。受双重领导的单位,应向请示事项关涉比较紧密的一个上级机关主送行文,向另一个上级机关抄报,以免两个上级机关互让批复权谁也不批贻误时机,或者谁都批而意见又不一致,致使难以执行。

(三)坚持逐级请示的原则,不得越级请示

请示要根据各个机关的隶属关系和职权范围来确定。要向直接的领导机关请示。有些问题,虽明知直接的上级机关也无决定权限,而须由更高级的领导机关来解决,也应坚持逐级上报,不能越级请示。

(四)切忌滥用请示

凡属本机关职权范围内,已有明确的方针、政策和规定能够自行处理的,尽可能不要向上级机关请示。

(五)事前请示

要事前请示,事后报告,不能先斩后奏。

【实战训练】

本节【话题与案例】中需要写作的请示是一份请求批准的请示,其正文内容应由三个部分构成:一是请示的缘由,这一部分应简要地写一下增开新专业的背景、缘由、意义等;二是写清楚请示的具体事项;三是明确表示请求批准的意愿。请你根据提示写作这则请示。

第十三节 批 复

【话题与案例】

F省教育厅接到了西咸职业技术学院请求开设中国书画装裱专业的请示(请示的背景见本章第十二节【话题与案例】)。学院在请示中详细阐述了专业设置的必要性、可行性以及师资配备、教学设施等情况,并提出了详细的培养方案和课程设置。教育厅立即组织专家对该专业设置进行了论证。专家们一致认为,中国书画装裱专业具有重要的文化传承价值,符合国家对职业教育专业设置的指导方针,且西咸职业技术学院具备开设该专业的师资和硬

件条件。因此,教育厅决定同意西咸职业技术学院的请示。现在需要写一份给西咸职业技术学院的批复,应该怎么写呢?

【基础知识与范例】

《党政机关公文处理工作条例》规定,批复适用于答复下级机关请示事项。这就是说,批复是上级机关答复下级机关请示事项时所用的公文,具有明确的针对性和指示性。

一、批复的特点

（一）行文的被动性

批复是用来答复下级机关请示事项的,下级机关有请示,上级机关才会有批复。

（二）针对性

批复都是针对着下级机关的请示而发的,下级机关请示什么事项或问题,上级机关的批复就指向这一事项或问题,即批复只对来文中的事项或问题进行表态、指示和回答,请示什么批复什么。

（三）集中性和明确性

由于下级机关的请示是一事一报,请示的内容十分集中,相应的批复也是一文一批,答复的内容也十分集中。

（四）鲜明性

批复中答复下级机关的问题应当态度明确,旗帜鲜明,以便下级机关执行时准确把握。

二、批复的种类

批复是用于答复下级机关请示事项的,根据下级机关请示事项的不同,批复分为批准性批复和指示性批复两种。

（一）批准性批复

批准性批复也叫审批性批复,是指针对下级机关所写的"请求批准"的请示而作的批复,其核心是就下级机关请示中请求批准的事项进行审核或研究后作出批准与否的答复。如是否同意机构设置、是否批准项目立项等。

【范例2-25】

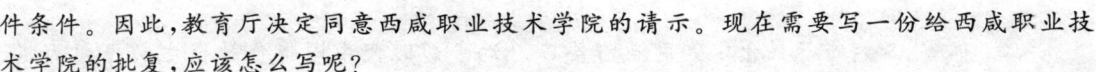

国务院关于同意将江苏省兴化市列为国家历史文化名城的批复

国函〔2024〕189号

江苏省人民政府:

你省关于申报兴化市为国家历史文化名城的请示收悉。现批复如下:

一、同意将兴化市列为国家历史文化名城。兴化市历史悠久、文化厚重,传统格局和历史风貌保存较好,地域特色鲜明,文物和文化遗产资源丰富,非物质文化遗产缤纷多彩、活态传承,具有重要的历史文化价值。

二、你省、泰州市及兴化市人民政府要以习近平新时代中国特色社会主义思想为指导，全面贯彻党的二十大和二十届二中、三中全会精神，深入学习贯彻习近平文化思想，按照党中央、国务院决策部署，牢固树立保护历史文化遗产责任重大的观念，落实《中华人民共和国文物保护法》《历史文化名城名镇名村保护条例》要求，深入研究发掘历史文化资源的内涵与价值，系统开展考古调查和史料研究，厘清兴化古城的空间格局和发展脉络，明确保护的原则和重点，强化历史文化资源的保护利用，传承弘扬中华优秀传统文化，讲好中国故事。编制实施好兴化市历史文化名城保护规划和文物保护等专项规划，制定并严格实施保护管理规定，明确各类保护对象的清单以及保护内容、要求和责任。正确处理城市建设与历史文化资源保护的关系，摸清文物资源家底，加强文物保护，完善"先调查、后建设""先考古、后出让"制度，重视保护城市格局和风貌管控，加强整体性保护、系统性保护；保护修复历史文化街区，补足配套基础设施和公共服务设施短板，不断提升人居环境品质；加强不可移动文物和历史建筑修缮保护，推动文物保护单位开放利用，充分发挥不可移动文物和历史建筑的使用价值。不得改变与名城相互依存的自然景观和环境，不得进行任何与名城环境和风貌不相协调的建设活动，不得损坏或者擅自迁移、拆除不可移动文物和历史建筑，涉及文物的建设项目要依法履行报批程序。进一步强化责任落实，对不履职尽责、保护不力，造成名城历史文化价值受到严重影响的行为，依法依规加大监督问责力度。

三、你省与住房城乡建设部、国家文物局要加强对兴化市国家历史文化名城保护工作的指导、监督和检查。

国务院

2024 年 12 月 12 日

【提示】范例 2-25 是一则批准性的批复，批复的事项是"同意将兴化市列为国家历史文化名城"。这份批复意见明确，要求具体，条理清楚，语言简明扼要。

（二）指示性批复

指示性批复是指发文主体针对下级机关请示中要求上级机关给予指示的有关问题所作的政策性答复。

【范例 2-26】

关于昭陵博物馆唐墓壁画保护修复项目立项的批复

陕文物函〔2023〕753 号

咸阳市文物局：

你局《关于报送昭陵博物馆可移动文物保护修复项目立项报告的请示》（咸文物字〔2023〕103 号）收悉。经研究，我局批复如下：

一、原则同意昭陵博物馆唐墓壁画保护修复项目立项。

二、该项目经费预算请依据《国家文物保护专项资金管理办法》合理编制。

三、请你局根据《文物保护法》《博物馆条例》《可移动文物修复管理办法》等有关要求,组织项目单位按照相关文物保护国家标准和行业标准编制文物修复方案,并将修复方案通过陕西政务服务网上报我局审批。

此复。

陕西省文物局
2023 年 11 月 30 日

【提示】范例 2-26 是一则批准性和指示性兼具的批复,其中指示的成分更多一些。正文部分批复的内容共五条,其中四条都是"指示"的内容。

三、批复与批示的区别

(一)法定地位不同

批复是一个法定文种,而批示是一种对收文的处理程序,不是法定文种。只有在特定情况下,才能将批示的内容复制后告知有关部门。

(二)针对的文种不同

批复是针对下级机关报送的请示而言的,是对下级机关的请示批注意见后再答复下级机关的一个文种。即先有请示,后有批复,批复只针对请示,不针对其他的文种。而批示是针对下级机关报送的所有文件,如下级机关报送的请示、总结、调查报告、简报、工作计划、信息材料等,只要上级机关认为必要,都可以批示。

(三)结构不同

批复的结构比较固定,而批示没有约定俗成的结构,随意性较强。

【写作指导】

一、批复的写作要点

(一)批复的标题

批复的标题一般采用公文标题的写作模式,常用的有两种形式:一是"完全式"标题,由"发文机关+批复事项+受文机关+文种"构成,如《国务院关于同意陕西省撤销榆林地区设立地级榆林市的批复》;二是由"发文机关+批复事项+文种"构成,如《国务院关于同意将南京海关驻禄口机场办事处调整为南京禄口机场海关的批复》。

(二)批复的主送机关

批复的主送机关为发出请示的下级机关,通常只有一个。

(三)批复的正文

批复的正文由三个部分组成:批复依据、批复事项和执行要求。

1. 批复依据

批复依据主要写两个方面的内容:

一是写批复是针对下级机关哪一份请示给予批复的。对方的请示是批复的主要依据,要完整引用请示的标题并加括号注明其请示的发文字号,如"你省《关于变更××市行政区域范围的请示》(×政〔20××〕49号)收悉"。

二是写与请求事项有关的方针政策和上级机关的规定。批复的政策性非常强,对下级机关的请求是同意还是不同意,一定要依据有关方针政策、具体的规章制度或有关会议精神等来答复,必要时要把有关政策条文或上级机关的要求等内容直接引用到批复中去(可标引文件名、文件编号和条款序号)。这部分内容可表述为:"根据×××关于×××的规定,现作如下答复。"如果下级机关请示的事项在上级机关的文件和规定中找不到依据,这样的文字便不应出现。

2. 批复事项

针对下级机关请示所发出的指示、作出的批准决定,以及补充的有关内容,都属于批复事项。如果内容复杂,可分条表述,但必须坚持一文一批的原则,不得将若干请示合在一起用列条的方式分别给予答复。

3. 执行要求

所谓执行要求,是指从上级机关的角度提出一些补充性意见,或是表明希望、提出要求。如《国务院关于同意陕西省撤销榆林地区设立地级榆林市的批复》的结尾:"榆林市的各级机构均应按照'精简、效能'的原则设置,所需人员编制和经费由你省自行解决。"如果只是批准事项,无须提出要求,此段可免。

(四) 结语

批复一般以惯用语作为结语,如"特此批复""此复"等。但也有批复不用任何惯用语,自然结束。

二、批复写作的要求

(一) 批复应当一事一批复

批复是针对请示的,既然请示要求一事一文,那么批复也应一事一批复。

(二) 态度和意见要明确

批复意见需明确,便于下级机关执行。如果同意下级机关的意见,要直接给予肯定的答复。如果不同意或者部分同意部分不同意,也要明确表态。对否定的部分,要事先有周密的思考和研究,并有简要的说理分析。

(三) 批复一定要符合实际

批复意见要坚持"三个依据",即依据党和国家的方针政策和有关规定批复,依据发文机关的请求事项批复,依据实事求是的原则批复。

(四) 批复一定要及时

答复发文机关请求批准事项,是主送机关的职责所在。一般情况下,发文机关是遇到无法自行解决的问题才写请示的。因此,在收到请示后,主送机关无论同意与否,都应及时予以批复。

（五）批复用语要严谨、准确

批复的语言要严谨，用词准确，表意严密，字斟句酌，避免产生歧义。

【实战训练】

本节【话题与案例】中提到的F省教育厅写给西咸职业技术学院的批复，是一份批准性批复。这份批复的正文部分一要表明同意该学院开设中国书画装裱专业的请示，二要对开设新专业提出一些原则性的要求和建设性的意见。请你按照批复写作的要求试写一下这份批复。

第十四节 议　案

【话题与案例】

山西稷山是中国农耕文化的一个重要发源地，4000多年前，农耕始祖后稷在这里教民稼穑，树艺五谷，写下了中华农耕文化的精彩篇章。稷山县境内的稷王山承载着许多关于农耕始祖的美丽传说，坐落于稷山县城内的稷王庙是人们纪念和祭拜农耕始祖的地方……为打造后稷文化名城，稷山县人民政府决定建设一处既能弘扬和传承后稷文化，又能带动现代农业和旅游业发展的后稷文化博览园。现需要向稷山县人民代表大会提交一份议案，这份议案应该怎么写？

【基础知识与范例】

议案是指国家行政机关向国家权力机关或立法机关提出的议事原案，如法律案（通常简称法案）、预算案、弹劾案以及其他重大事项的议案等。由具有提出议案权的机关（在我国则为各级人民代表大会主席团、各级人民代表大会常务委员会、各专门委员会和同级人民政府）或个人（在我国则为各级人民代表大会代表）提出，经由议长（在我国则为人民代表大会主席团）交所设议案审查机构（如各种专门委员会）审议，然后作为正式议案提交全体会议（在我国则为人民代表大会全体会议）讨论，其已通过者，则称议决案。

一、议案的提出

议案只有具备议案提出权的机关和人大代表才能提出。议案从提出到确立有一套法律和规章制度规定的程序。议案的提出者包括两个方面：一是国家机关，即人民代表大会主席团、人大常委会、各专门委员会、人民政府、人民法院、人民检察院等；二是人大代表。

《宪法》第七十二条专门为此作了明确规定：全国人民代表大会代表和全国人民代表大会常务委员会组成人员，有权依照法律规定的程序分别提出属于全国人民代表大会和全国人民代表大会常务委员会职权范围内的议案。由此规定了全国人民代表大会和全国人民代表大会常务委员会议案提出人的范围。

《中华人民共和国全国人民代表大会组织法》第九条和第十条则对议案提出者应具有的条件作了详细规定：全国人民代表大会主席团、全国人民代表大会常务委员会、全国人民代表大会各专门委员会、国务院、中央军事委员会、最高人民法院、最高人民检察院，可以向全国人民代表大会提出属于全国人民代表大会职权范围内的议案;一个代表团或者30名以上的代表,可以向全国人民代表大会提出属于全国人民代表大会职权范围内的议案。

根据《中华人民共和国地方各级人民代表大会和地方各级人民政府组织法》的相关规定,地方各级人民代表大会举行会议的时候,主席团、常务委员会、各专门委员会、本级人民政府可以向本级人民代表大会提出属于本级人民代表大会职权范围内的议案,由主席团提交人民代表大会会议审议,或者并交有关的专门委员会审议、提出报告,再由主席团审议决定提交大会表决。县级以上的地方各级人民代表大会代表10人以上联名,乡、民族乡、镇的人民代表大会代表5人以上联名,可以向本级人民代表大会提出属于本级人民代表大会职权范围内的议案,由主席团决定是否列入大会议程,或者先交有关的专门委员会审议、提出是否列入大会议程的意见,再由主席团决定是否列入大会议程。

根据《中华人民共和国地方各级人民代表大会和地方各级人民政府组织法》的相关规定,县级以上的地方各级人民政府、人民代表大会各专门委员会,可以向本级人民代表大会常务委员会提出属于常务委员会职权范围内的议案,由主任会议决定提请常务委员会会议审议,或者先交有关的专门委员会审议、提出报告,再提请常务委员会会议审议。省、自治区、直辖市、自治州、设区的市的人民代表大会常务委员会组成人员5人以上联名,县级的人民代表大会常务委员会组成人员3人以上联名,可以向本级常务委员会提出属于常务委员会职权范围内的议案,由主任会议决定是否提请常务委员会会议审议,或者先交有关的专门委员会审议、提出报告,再决定是否提请常务委员会会议审议。

提案人向人民代表大会提出议案,一般须在调查研究、广泛听取人民群众意见的基础上,认真做好准备,尽可能于会议之前准备好议案原案,并在大会主席团决定的议案截止时间内送交大会议案审查委员会。大会议案工作人员应于会前将议案登记表分发给有关组织和代表,并于议案截止时间收集完毕。

向全国人民代表大会提出的议案,在交付大会表决前,提案人要求撤回的,对该议案的审议即行终止。

二、议案的内容

议案的内容务求事实准确、案由合理、建议具体。具体地说,议案的内容包括以下六个方面:

(1) 关于本级人民代表大会范围内保证《宪法》、法律、法规、政策贯彻执行的问题。

(2) 关于本级人民代表大会范围内政治、经济、文化、教育、卫生、民政、民族、统战工作的重大事项。

(3) 关于本级人民代表大会范围内保证国民经济计划和财政预决算执行的问题。

(4) 关于制定和修订与本级人民代表大会职权范围相应的法规的建议。

(5) 关于加强本级人民代表大会及其常委会、人民政府、人民法院、人民检察院等国家机关建设的重要建议。

(6) 关于人民群众中迫切需要解决的重大问题。

不属于人民代表大会职权范围的事项,如对党群部门和军事部门的意见、建议;属于与党和国家现行法律、法规、政策规定不符的问题;属于议案提出者所在单位、地区处理的问题或单位之间相互协商解决的纠纷问题;属于司法机关办理的具体问题和纯属个人要求解决的实际问题；党和国家秘密；土地、房屋、财产、个人隐私和内容空泛的意见等，均不能作为议案提出。

【范例 2-27】

××市人民政府关于提请审议建立××历史博物馆的议案

××市人民代表大会：

　　××市是举世闻名的中国历史文化名城，文物资源十分丰富。据不完全统计，××市境内有古遗址1000多处，古陵墓数以万计，地下文物藏量为全国之最。其中，××市境内现有历代帝陵27座，埋葬着28位皇帝，这些帝陵全部是国家重点保护文物。在众多的古遗址中，秦××城遗址、汉甘泉宫遗址为国家重点文物保护单位；位于秦都区西南的尹家村遗址，是××省最大的新石器时代仰韶文化半坡型原始村落遗址，总面积约150万平方米。在这些古遗址、古陵墓之下，埋藏着难以计数的珍贵文物。仅目前已出土、收藏于各文博单位的文物数量十分可观，其中的精品难以胜举。

　　××市境内的可移动地面文物数量多、品位高。例如，西汉霍去病墓前的17件大型汉代石雕作品，有12件被评定为国宝级文物，其中的"马踏匈奴"为驰名中外的雕塑名作，唐太宗昭陵的"昭陵六骏"驰名海内外。大量的地上石刻文物使××市享有"中国古代石刻艺术博物馆"的美誉。

　　在认真调研和广泛听取各方面意见的基础上，市政府认为，如果能够将分散、尘封于各文博单位，以及大量放置在野外的石刻文物集中起来，建设一座现代化、高规格的博物馆，不仅有利于文物保护和研究，而且可以促进××市旅游业的发展，同时带动第三产业的发展。

　　市政府常务会议经过认真讨论，初步达成建设××历史博物馆的意见。××历史博物馆从设计到建成，大约需要3年的时间，总投资预计10亿元人民币，市财政每年需要拿出专项建设资金3亿多元，约占市财政年收入的3％，不会对财政造成压力，不影响各项事业发展的财力支持。

　　请审议。

××市人民政府
20××年1月9日

【提示】 这份议案的主体部分首先对××市的文物资源情况进行了概括介绍，突出了亮点；其次就建设××历史博物馆的重要意义进行了简要说明；最后就建设××历史博物馆的可行性问题，从资金保障的角度进行了说明。

【写作指导】

一、议案的写作要点

（一）标题

　　议案的标题由"发文机关名称＋事由＋文种"组成。事由部分通常有"提请审议"字样，重大事项决策议案可直接概括事由。

(二) 主送机关

议案的主送机关有两种情况：一是主送同级人民代表大会，如"××省第×届人民代表大会第×次全体会议"；二是主送同级人民代表大会常务委员会，如"××省第×届人民代表大会常务委员会"。

(三) 正文

正文是议案的主体部分，应简要说明待审议事项的意义或原因。议案都是要带附件即草案的。草案才是供审议的主要对象，议案只起介绍、运载、说明提出草案的背景、原因和目的的作用，没有必要长篇大论。

(四) 落款

我国政府机关的领导体制按《宪法》和有关法律法规的规定实行的是首长负责制，且同级政府及其负责人是由同级人民代表大会选举产生的，必须定期向同级人民代表大会及其常务委员会汇报工作，接受审议。因此，提请审议的议案必须以同级政府首长名义签署，不必加盖政府机关的印章。

二、议案写作的基本要求

（1）应一事一案，案由明确，言之有据，论之有理，内容重大且务实，建议具有可行性。

（2）议案的篇幅不宜过长，缘由简明扼要，不必展开论述，用语应精练。

（3）议案须在会议主席团规定的截止日期前提出并送交会议议案办理机构。

【实战训练】

本节【话题与案例】中要求拟写的议案的写作目的是请人民代表大会对建设后稷文化博览园这一项目进行决策。这份议案的题目可拟为《稷山县人民政府关于提请审议建设后稷文化博览园的议案》。议案的正文部分要集中写好三项内容：一是对稷山后稷文化资源情况进行概括介绍，突出其中的亮点；二是就建设后稷文化博览园的重要意义进行详细说明；三是就建设后稷文化博览园的可行性进行简要分析。

请你根据上面的提示，查阅相关资料，写出这份议案。

第十五节 函

【话题与案例】

B 学院现有在校学生 1.2 万多人。该院地处城市郊区，至今没有一条直达公交线路，师生出行不太方便。该院经过调研发现，现终点站距学院正门两公里多的 880 路公交起点站在市中心广场。如果这条公交线路能向前延伸一站至 B 学院正门口，师生出行难的问题一下就解决了。于是，B 学院决定与市交通运输局交涉。二者之间应该怎样行文？

【基础知识与范例】

函是党政机关、人民团体、企事业单位处理公务时经常使用的一种公文。《党政机关公文处理工作条例》规定："适用于不相隶属机关之间商洽工作、询问和答复问题、请求批准和答复审批事项。"这就是说，不相隶属机关之间商洽工作，询问和答复问题，甚至请求批准和答复审批事项，一律用"函"。函的适用情形主要有三种情况：一是相互商洽工作，如调动干部、联系参观学习、联系业务、邀请参观指导等。二是询问和答复问题。三是向有关主管部门请求批准。这里的"有关主管部门"是指与发文单位无直接隶属关系，但依法具有相关业务管辖权的职能机构，因而受文方成为发文单位的"有关主管部门"。

一、函的特点

（一）具有公文的法定效力

作为公文使用的函与一般书信有着本质的不同，它具有公文的法定效力。

【范例2-28】

国务院办公厅关于同意辽宁省
承办2028年第十五届全国冬季运动会的函

体育总局、财政部：

你们《关于辽宁省承办第十五届全国冬季运动会的请示》（体竞字〔2023〕133号）收悉。经国务院领导同志批准，现函复如下：

一、同意辽宁省承办2028年第十五届全国冬季运动会。

二、体育总局、辽宁省人民政府要坚持以习近平新时代中国特色社会主义思想为指导，深入贯彻习近平总书记关于体育工作的重要讲话和批示精神，完整、准确、全面贯彻新发展理念，落实党中央、国务院有关规定，按照"简约、安全、精彩"的办赛要求，充分结合辽宁省经济社会发展实际，共同组织好2028年第十五届全国冬季运动会，为强国建设、民族复兴伟业贡献体育力量。

三、筹备和举办2028年第十五届全国冬季运动会的经费主要由辽宁省人民政府自筹，中央财政给予一次性定额补助。中央财政定额补助资金主要用于运动会举办和场地维修等，场馆设施建设所需资金由辽宁省人民政府自行负担。

国务院办公厅

2023年10月22日

【提示】这份文件的内容对辽宁省人民政府、国家体育总局和财政部都有法定的约束力，受文方均应按函中的要求办事。由此可见，函不同于一般书信，它具有与其他公文相同的法定效力。

（二）平等性和沟通性

函主要用于不相隶属机关之间互相商洽工作、询问和答复问题，体现着双方平等的关系，这是上行文和下行文所不具备的特点。即使是向有关主管部门请求批准，在双方不是隶属关系的时候,也不能使用请示和批复,只能用函,并且姿态、措辞、口气也跟请示和批复大不相同,也要体现平等性和沟通性的特点。

(三)灵活性和广泛性

从使用主体来看,函对发文机关的资格要求很宽松,高层机关、基层单位、党政机关、社会团体、企事业单位均可发函。从受文对象来看,函对不相隶属的任何单位都适用。

(四)单一性和实用性

函的撰写要求内容高度聚焦,必须围绕单一事项展开,一份函只能针对一件事情进行说明和沟通,避免内容杂糅,确保主题明确、重点突出,便于收文方快速准确地把握核心要点,从而有效提升公文的实用性和沟通效率。

二、函的分类

(一)按照行文主体的主动性和被动性,以及发函目的划分

1. 发函

发函也叫去函,是发文主体主动向受文对象商洽工作、询问问题、知照有关情况或向有关主管部门请求批准事项所发出的函。

【范例2-29】

×××市人民政府关于扩建×××火车站候车室的函
×政〔20××〕86号

×××铁路分局:

  ×××市火车站候车室始建于1911年,建筑面积1545平方米,其中旅客候车厅面积为1100平方米,最大容量为1000人。随着经济、社会的不断发展,出行旅客迅速增多,客运列车不断增加。近年来,先后增加了××至北京、××至大连、××至包头等6对列车12个车次。目前,×××市火车站日接送旅客列车16个车次,日均上车旅客达3500人左右,高峰时每日上车人数超过5000人,加上送站旅客,日出入候车室的旅客超过万人。节假日和旅游"黄金周"期间客流大幅度增长,还要增加临时旅客列车。现有火车站候车室的使用功能和技术要求均不能适应和满足客流量的需要,扩建候车室已刻不容缓。

  为了能够给旅客提供方便、舒适的候车条件,使我市大交通格局科学合理,有利于提升×××市的城市形象,促进全市经济发展,急需对×××市火车站候车室进行改造扩建。

  我市经论证,拟新建×××市火车站候车室建筑面积4500平方米,最大候车容量2500人,并同时完成站前广场改造。

  市委、市政府对扩建候车室工程非常重视,在财力十分困难的情况下,决定自筹资金2000万元,并给予一些必要的优惠政策,恳请×××铁路分局立项并部分投资。

  请函复。

20××年9月6日

【提示】范例2-29是一份商请性的发函。正文第一、二段先交代发函的背景和缘由，第三段提出具体设想，第四段表明"合作"意愿。最后用惯用语"请函复"收束。

2. 复函

复函是受文对象收到来函后，就来函中有关问题作出答复的函。

（二）按其功能划分

函可分为商洽函、询问函、告知函、请批函、复函五种，其中前四种为发函，后一种为复函。在此不展开介绍。

三、文种区分

（一）函与批复使用方面的区别

函具有"答复问题"的功能，但不能代替批复。函与批复是两种不同的公文文种。批复"适用于答复下级机关的请示事项"，复函仅用于答复不相隶属机关的询问或请批事项。

（二）函与请示使用方面的区别

函具有向有关主管部门（无隶属关系）"请求批准"的功能，但不能和请示互相代替。请示是上行文，向隶属的上级机关请求指示或批准，就应用请示。函"请求批准"的对象是"不相隶属的有关主管部门"。也就是说，主送机关为上级机关时用请示，主送机关为"不相隶属的有关主管部门"时用函。

【写作指导】

一、函的写作要点

一份完整的函一般由标题、主送单位、正文和文尾几个部分构成。

（一）标题

发函的标题有两种形式：一种是"发文机关＋事由＋文种"，如《国务院办公厅关于同意广东、香港、澳门承办2025年第十五届全国运动会的函》；另一种是"事由＋文种"。

复函的标题形式通常为"复函机关名称＋事由＋文种"，如《国务院办公厅关于同意××事项的复函》。

（二）主送单位

主送单位即受文单位。函的主送单位原则上为一个，确需多机关协同处理时，主送牵头单位并抄送其他相关单位。

（三）正文

函的正文主要由缘由和事项两部分构成。其写作要点，发函与复函略有不同。

1. 发函

发函的缘由一般交代商洽、请求、询问或告知事项的目的、依据、背景、原因等。若为请求批准事项，需列明法律法规依据或政策文件支持。事项部分写清楚商洽、请求、询问或告知事项的主要内容，并向对方提出希望或要求，即或希望对方协助解决某一问题，或希望对方给予合作支持，或请求对方提供情况，或请求对方给予批准等。

2. 复函

复函正文的开头需完整标注来函标题及文号,写明回函的缘由,核心部分主要针对来函提及的事项,作出具体、明确的答复,回答对方的要求和希望。结尾一般可写上"特此函复""此复""特此回复"等。复函的用语要求朴实,不用便函的"此致敬礼"或其他祝颂语作结语。

(四) 文尾

文尾部分除了与其他公文一样要有成文时间,加盖公章以外,如果是"请求批准"的函,则应该在主题词之上、落款之下加上"附注",标注联系人的姓名和电话,以便受文单位工作人员遇到问题时联系。"函"文尾处的其他内容,如主题词、抄送机关、印发机关等,与其他公文相同。

二、函的写作要求

(1) 要一函一事,切忌一函多事。一般来说,一个函件以讲清一个问题或一件事情为宜。

(2) 要坦诚,文字恳切得体、简洁朴实,用语谦和有礼。特别是发"函",或商洽工作,或咨询问题,或请求批准,语言要朴实,语气要恳切,态度要谦逊。

(3) 函的内容必须真实、准确。

(4) 函的写法以陈述为主,只要把商洽的工作、询问和答复的问题、向有关主管部门请求批准的事宜写清楚就行。

【实战训练】

本节【话题与案例】中,因为B学院与××市交通局是两个不相隶属的单位,所以B学院应该写一份《B学院关于请求延长880路公交线路至校门口的函》发往××市交通局;××市交通局接函后,应向B学院发出《××市交通局关于880路公交线路延长事项问题的复函》。

第十六节 纪　　要

【话题与案例】

纪要是根据会议的指导思想和目的要求,把一次会议的主要议程和主要精神,作重点、概要记录的一种公务文书。这种公文不仅经常以正式文件的形式下发,向有关单位通报会议情况,传达会议精神,让有关方面及时了解政策动向,明确工作任务,发挥指导和推动工作的作用,而且还以新闻报道的形式发布,发挥传达政策法令的作用。

【基础知识】

纪要是根据会议的宗旨及其主要内容,把一次会议的主要议程、基本精神和讨论的事项择其要点进行归纳整理的一种应用文书,即纪要主要用于记载会议的主要情况和议定事项。纪要的作用主要表现为:一是以正式文件的形式下达,向有关单位通报会议情况,传达会议精神,让有关方面及时了解政策动向,明确工作任务,发挥指导和推动工作的作用;二是记录会议议定的重要事项和主要精神,作为与会单位共同遵守、执行的书面依据。

一、纪要的特点

(一)纪实性

纪要必须实事求是地反映会议的实际,不能按主观意图随意增减或更改内容,不能借题发挥、添枝加叶,不许歪曲或篡改。对会议中出现的重大分歧,也应如实记载和反映。

(二)择要性

纪要必须按会议的主题,对会议的发言和其他有关材料进行分析综合、加工整理,进而"提纲挈领"地择要记录,即它以明确的会议宗旨作为取舍的衡量标准,然后按类别加以概括归纳,条理清晰地将会议的主要精神记录下来。

(三)表述角度的独特性

纪要的表述一般都采用"会议认为""会议指出""会议决定""会议要求""会议号召"等作为段首词;意见有分歧的,可用"部分与会人员认为""个别代表建议"等。

二、纪要的分类

纪要可以根据会议性质分为决策性纪要和周知性纪要两类。

(一)决策性纪要

决策性纪要是对会议作出的重要决策、决议或议定事项进行记载的纪要。它集中反映了会议的核心成果和具体要求,具有很强的指导性和权威性。决策性纪要一经发布,对受文单位具有约束力,必须遵照执行。

决策性纪要通常用于重要会议,如政府常务会议、企业董事会等,这些会议的决策对相关单位或部门具有直接的指导和约束作用。

(二)周知性纪要

周知性纪要是用于传达会议情况、会议精神或需要与会单位知晓的事项的纪要。其主要目的是让与会单位了解会议内容,以便更好地开展工作。根据需要,周知性纪要的内容可能会在一定范围内公开,以便让更多人了解会议情况。

三、纪要与会议记录的区别

纪要与会议记录虽然都是党政机关、企事业单位、社会团体会议活动所产生或形成的文字材料,但二者有着明显的区别。

(1)纪要是一种法定公文,具有公文的法定效力,而会议记录只是一般的事务文书。

(2)从时间上来看,会议记录是会议进行过程中由负责记录的人员当场记录下来的书面材料;纪要是会后根据有关材料(如会议记录、会议文件、中心议题等)进行去粗取精,分析、整理出来的书面材料。

(3)从内容上来看,会议记录要求将会议进程、会上发言和决定事项等内容如实、完整地记录下来,凡是会议关涉的内容应一律予以记载,目的在于完整准确地反映会议原貌。纪要有很强的概括性,它要求把会议的基本精神、重要或主要内容、作出的决定等整理、概括、提炼出来,着笔的重点是会议作出了什么决定,得出了什么结果,而少写或不写作出决定与产生结果的过程。

(4) 处理程序和方式不同。纪要从授权撰稿到领导签发,要遵循公文拟制程序;从正式印发到周转使用,要遵循公文运转程序;从文件收缴到归档立卷,要遵循公文管理程序。会议记录的处理则相对简单。每次会议召开后,记录人员只需进行一些技术性的整理,如对记录不全的地方进行适当补记;对个别文字差错、标点差错仔细予以订正;对其中某些字迹模糊、表意不清的地方及时加以整理等。经过整理后的记录要达到完整、准确、清晰、整洁的要求,经领导核准即可按规定入档,确保其发挥可靠的凭证作用。

【写作指导与范例】

一、纪要的写作要点

(一) 纪要的标题和成文日期

1. 纪要的标题

纪要的标题形式通常为"会议名称+文种",如《20××年全国教育工作会议纪要》。

2. 纪要的成文日期

纪要的成文日期一般加括号标写于标题之下正中位置,以会议通过日期或领导人签发日期为准;也有出现在正文之后的。

(二) 纪要的正文

纪要的正文分为前言、主体、结尾三个部分。

1. 前言

前言部分简要介绍会议概况,其中包括会议召开的背景,会议的指导思想和目的、要求,会议的名称、时间、地点、与会人员、主持者,会议的主要议题或解决什么问题,对会议的评价等方面的内容。

2. 主体

主体是纪要的核心部分,会议的主要精神、会议议定的事项、会议上达成的共识、会议对与会单位布置的工作和提出的要求、会议上各种主要观点及争鸣情况等,都在这一部分有重点地予以反映。其写作要点如下:

(1) 概括会议主要内容。写作会议纪要要在忠实于会议实际的基础上,围绕会议的主题抓重点,重点突出、条理清晰地反映出会议的基本情况和关键点。

(2) 着重写会议的结论和决议,点明会议的议定事项和主要精神。

(3) 分门别类,集中概括,对需要通报或须贯彻执行的问题加以叙述说明。如果纪要中涉及众多问题,则采用加小标题或编排序数的方法,以确保叙述条理清晰。

3. 结尾

结尾部分一般比较简短,内容因会议重点的不同而各有差异:有的提出希望、发出号召,有的强调贯彻会议精神的要求,有的对会议作出简要评价。也有纪要结尾直接结束,无须号召性语句。

【范例2-30】

> **××县人民政府第二十次常务会议纪要**
>
> 一、××县人民政府第二十次常务会议于20××年5月9日上午八点半至十二点在县政府二楼会议室召开。会议由县长×××同志主持，出席会议的同志有副县长×××、副县长×××、副县长×××和县政府办公室主任×××等六位同志，另有教育局局长×××、财政局局长×××、人社局局长×××等三位同志列席。
>
> 二、会议听取了主管教育的副县长×××关于我县高职院校毕业生对全县经济发展所作贡献的情况汇报，讨论了进一步加大高职院校毕业生就业安置工作力度的基本方案。
>
> 三、会议原则同意县教育局《关于对考入职业院校的高中毕业生进行学费补助的实施方案》。
>
> 四、会议要求县教育局、县属各高中、职业学校切实做好毕业生报考高职院校的引导工作，为全县经济的发展积蓄力量。
>
> ××县人民政府办公室
20××年×月×日

【提示】范例2-30就会议的组织情况、主要议题、会议要求等作了十分清楚的交代，篇幅虽然短小，但堪称会议纪要写作的典范。

二、纪要的写作要求

（1）突出会议重点、体现会议精神，讲求内容的纪实性和择要性，这是对纪要写作的基本要求。纪要必须紧紧围绕会议的基本精神，突出重点，把会议的基本情况和主要精神反映出来，并充分揭示会议主题。

（2）要善于归纳和提炼。撰写纪要一定要抓住"要"字，对会议材料去粗取精。一次会议，尤其是大型的会议，有用的材料十分丰富，要善于对这些有用的材料进行归纳和总结，将其中最本质的东西提炼出来。

（3）实事求是，忠实于会议内容。纪要是会后形成的文件，是对会议情况实事求是的反映，一定要保证内容的真实性。在综合会议内容时，只能进行必要的归纳、概括和提炼，不能随便增减内容或篡改原意。

【实战训练】

根据下面这份会议记录写一份会议纪要。

××学校教育委员会2025年第三次会议记录

时间：2025年9月8日

地点：校会议室

出席人：校教育委员会委员

列席人：张××（校党委副书记）、赵××（人事科科长）

缺席人：李××（基础教研室主任，公出）

主持人：胡××（主任委员、校长）

记录人：傅××（校办公室秘书）

议题：

(1) 教育委员会如何开展工作。

(2) 教育委员会如何参与职称评审工作。

主持人发言：（谈了这次会议的中心议题，略）

讨论：（按发言顺序摘要记录）

×××：教育委员会是一个参谋咨询机构，在参与职称评定时，只能做一些审议工作，没有评定权和决定权。

×××：教育委员会对准备申报审批的高级讲师、讲师的审议，要客观公正和慎重，实事求是地评价他们的水平和资格。

×××：对教师教学水平的衡量、科研成果的鉴定、教学效果的结论，我们可以提出看法和意见，再呈交校领导作决定。

×××：中专层次对教师业务能力的衡量，应以教学为主，不应过分强调专著和论文，这是一个导向问题。

×××：对晋升高级讲师、讲师人员的业务水平的审议应该有统一尺度，教育委员会应制订一个审议方案。

决议：

(1) 各教研室对拟晋升高级讲师、讲师人员的业务考核，应在本人写出材料的基础上作出鉴定，再报教育委员会审议。

(2) 由副主任×××草拟《教育业务水平审议方案》，打印成文，分发各委员会委员审阅，在下次委员会上讨论定稿。

(3) 校职称评定委员会和教育委员会的职责和分工问题，请校领导决定，并予明示。

(4) 教育委员会的日常事务，由校教育研究室负责办理。

上午11点30分散会。

主持人：×××（签名）
记录人：×××（签名）

写作要求：① 要认真研究各种意见，并根据会议确定的宗旨进行综合归纳，特别要提炼出会议讨论中各位发言者的主要意见；② 把会议讨论情况及其结论写得清楚、确切，充分揭示会议主题；③ 内容要有条有理；④ 文字要简洁明快，不拖泥带水。

第三章　规章制度应用文

规章制度应用文是指制定人们的行为准则和行为规范时使用的，在特定范围内具有法规性、制度性与约束力的一类文书。规章制度应用文广泛应用于社会生活的方方面面，是社会各阶层、各部门实施管理的有效工具。

第一节 规章制度应用文概述

> 规章制度是机关、团体、企事业单位出于管理的需要,依照国家的方针政策或有关法律法规,在自己的权限范围内制定的要求特定范围内的人群必须遵守的规范和准则。记载、发布和告启规章制度的文书统称为规章制度应用文。
>
> 规章制度不论是就面上的工作制定,还是就具体的事务作出,对有关方面和相关人员都具有规范和约束作用。其作用必须通过规章制度应用文来实现。

一、规章制度应用文的特点

（一）约束性

规章制度应用文属于管理类的文书,一经公布实施,就要求有关人员遵照执行,具有一定的强制性和约束力。

（二）规范性

规章制度应用文是出于规范人们的行为而制发的,一般就某一方面的工作或事务对有关人员的行为、工作流程、工作秩序等作出统一要求,即对于人们的行为具有规范的作用。

（三）层次性

规章制度应用文的制发者必须依据有关法律、法规的规定,在自己的职权范围内制定相应层次的规章制度,这就决定了各类规章制度文书在内容、有效范围及约束力等方面具有明显的层次性。

（四）程序性

规章制度应用文的制发有严格的程序要求,即通过法定程序讨论通过,然后按照一定的程序发布实施。

（五）周密性

规章制度应用文的内容实质是人们的行为准则与规范,其制发目的是维护稳定与和谐,使人们的行为趋于一致。要达到这样的目标,规章制度应用文中的规定就必须细致而周到,既不能有遗漏和疏忽,也不能含混不清,更不能有歧义。在语言表述上,要力求做到表意准确,无懈可击。

（六）广泛性

规章制度应用文广泛应用于社会生活的方方面面:上自国家最高领导机关,下至企事业单位,都需要用规章制度应用文规定有关人员应该遵守的事项、职责或应该达到的工作要求等,以保证工作、学习或生活的有序、有效与和谐。

（七）条款性

条款性是就规章制度应用文的表现形式而言的，即规章制度的主要内容，几乎全部是以条款罗列的。规章制度条款的安排要有层次性，其层次应根据具体文种的内容需要而设置，可多可少。国家标准公文格式要求不超过四级，即章、节、条、款；少则只有条（项）一级。

二、规章制度应用文的分类

规章制度应用文属于广义公文的范畴，其中一部分是法定公文。根据内容与作用的不同，规章制度应用文可分为行政法规、章程、制度、公约四大类。

行政法规类主要有条例、规定、办法、细则四种。

制度类主要有制度、规则、规程、守则和须知五种。

章程和公约分别自成一类。

不同的类别反映不同的需要，适用于不同的范围，发挥着不同的作用。

三、规章制度应用文的写作要求

（一）合法

规章制度应用文是为了加强管理、维护社会生活秩序而制发的，从一定意义上来说是对法律法规的一种补充，因此，其内容必须符合党和国家的有关方针政策和法律法规，尤其是不能与相关法律法规相抵触。

（二）切合实际

任何机关或企事业单位制定规章制度都是为了维护本单位正常的工作、学习或生活秩序的，这就要求规章制度应用文的内容必须符合本单位的实际情况，因为只有符合实际才能很好地发挥作用。与此同时，规章制度的内容须尊重公序良俗，使大部分人都能认同和接受。

（三）条理清晰

规章制度应用文的内容一般都是采用条文罗列的形式来表现的，除了体现主次、轻重等逻辑关系外，不论是章条式，还是条文式，都要做到条理清晰。

（四）语言规范、严谨

规章制度应用文是用来规范人们的行为的，首先必须使人们正确把握其要旨。这就要求其内容应具体明确，语言表达应严谨、准确、简洁、规范，不能有歧义，更不能含混不清、前后矛盾。

第二节 准　　则

【话题与案例】

近一段时间以来，D公司有关部门不断接到群众投诉，反映D公司员工的各种服务质量问题，尤其是对顾客态度不好的问题。为了从根本上解决这些问题，总经理让秘书小王起草一份《D公司员工行为准则》，用以规范员工的服务行为。这份准则应该写些什么内容呢？

【基础知识与范例】

准则,广义上是指言论、行动等所依据的原则,狭义上是指企事业单位根据自身实际情况制定的关于群体或个体行为的原则性要求和综合评价标准,是约束行为的一系列原则和规范。例如,一家企业的行为准则是企业在经营活动中应遵循的基本原则;员工行为准则是企业要求员工在日常工作中应遵循的基本原则,同时也可以作为企业评价员工的一个标准。

我们平时所讲的准则主要指行为准则,具体包括群体行为准则和个体行为准则两种。群体行为准则,如企业行为准则,其内容是对企业经营的整体目标、经营理念和操作规范等作出具体的规定;个体行为准则是对个体的道德修养、业务素养和履行职责等方面所作出的原则性规定。一般来说,准则具有以下几个特点:

一、原则性

准则对于群体或个体行为的规范主要着眼于大的方面,一般不涉及其行为细节,因此具有原则性的特点。如《中国电信企业行为准则》中讲"恪守承诺""诚信合作"等都是一些基本原则,具体包含哪些内容没有一一罗列,如何操作则由主体在不违反这些原则的前提下根据个人的工作思路与方法作出安排。

【范例 3-1】

中国电信企业行为准则

(1) 恪守承诺,为客户提供卓越服务。
(2) 诚信合作,在共创中寻求共赢。
(3) 稳健经营,持续提升企业价值。
(4) 精确管理,科学配置资源。
(5) 关爱员工,让每块金子发光。
(6) 回报社会,做有责任心的企业公民。

【提示】 这则行为准则规定了企业行为必须遵循的六项基本原则,内容涉及行为目标(持续提升企业价值)、行为理念(关爱员工、回报社会)和行为规范(恪守承诺、诚信合作)等有关企业经营成败的各个方面。

二、全面性

准则的内容涵盖群体或个体行为的方方面面,确保行为实施过程中有章可循,明确行为的方向性,从而保证整体目标的实现。如范例 3-1《中国电信企业行为准则》对企业经营活动中所涉及的几个大的方面的内容都作了原则性的规定。

三、概括性

对于同一件事情,不同的行为主体的处理方法不同。在确保行为方向一致的情况下,应该允许不同的个体充分发挥个人的主观能动性,因此准则的条文一般都是概括性的。如《西安邮电大学教师行为准则》中的"尊重学生的人格和权利,不做有损学生身心健康的事情"一条涵盖的情形就是多种多样的。

四、特定性

不论是群体行为准则还是个体行为准则都是根据特定的人群制定的,其适用范围和适用对象都是特定的。

【写作指导】
一、准则的写作要点

准则一般由标题、正文和落款三个部分构成。

（一）标题

准则的标题一般有两种形式:一种是"适用范围＋适用对象＋文种",如《××大学教师行为准则》;另一种是"适用对象＋文种",如《员工行为准则》。

（二）正文

准则的正文一般采用条款式写法。这种写法的要点是将准则所涉及的内容进行归类后分为若干条,然后按照一定的逻辑顺序一一写来,如《高等学校学生行为准则》。准则条款一般依据其重要程度,采用由重到轻的顺序来安排。

【范例3-2】

研究生导师指导行为准则

导师是研究生培养的第一责任人,肩负着培养高层次创新人才的崇高使命。长期以来,广大导师贯彻党的教育方针、立德修身、严谨治学、潜心育人,为研究生教育事业发展和创新型国家建设作出了突出贡献。为进一步加强研究生导师队伍建设,规范指导行为,努力造就有理想信念、有道德情操、有扎实学识、有仁爱之心的新时代优秀导师,在《教育部关于全面落实研究生导师立德树人职责的意见》(教研〔2018〕1号)、《新时代高校教师职业行为十项准则》基础上,制定以下准则。

一、坚持正确思想引领。坚持以习近平新时代中国特色社会主义思想为指导,模范践行社会主义核心价值观,强化对研究生的思想政治教育,引导研究生树立正确的世界观、人生观、价值观,增强使命感、责任感,既做学业导师又做人生导师。不得有违背党的理论和路线方针政策、违反国家法律法规、损害党和国家形象、背离社会主义核心价值观的言行。

二、科学公正参与招生。在参与招生宣传、命题阅卷、复试录取等工作中,严格遵守有关规定,公平公正,科学选才。认真完成研究生考试命题、复试、录取等各环节工作,确保录取研究生的政治素养和业务水平。不得组织或参与任何有可能损害考试招生公平公正的活动。

三、精心尽力投入指导。根据社会需求、培养条件和指导能力,合理调整自身指导研究生数量,确保足够的时间和精力提供指导,及时督促指导研究生完成课程学习、科学研究、专业实习实践和学位论文写作等任务;采用多种培养方式,激发研究生创新活力。不得对研究生的学业进程及面临的学业问题疏于监督和指导。

四、正确履行指导职责。遵循研究生教育规律和人才成长规律,因材施教;合理指导研究生学习、科研与实习实践活动;综合开题、中期考核等关键节点考核情况,提出研究生分流退出建议。不得要求研究生从事与学业、科研、社会服务无关的事务,不得违规随意拖延研究生毕业时间。

五、严格遵守学术规范。秉持科学精神,坚持严谨治学,带头维护学术尊严和科研诚信;以身作则,强化研究生学术规范训练,尊重他人劳动成果,杜绝学术不端行为,对与研究生联合署名的科研成果承担相应责任。不得有违反学术规范、损害研究生学术科研权益等行为。

六、把关学位论文质量。加强培养过程管理,按照培养方案和时间节点要求,指导研究生做好论文选题、开题、研究及撰写等工作;严格执行学位授予要求,对研究生学位论文质量严格把关。不得将不符合学术规范和质量要求的学位论文提交评审和答辩。

七、严格经费使用管理。鼓励研究生积极参与科学研究、社会实践和学术交流,按规定为研究生提供相应经费支持,确保研究生正当权益。不得以研究生名义虚报、冒领、挪用、侵占科研经费或其他费用。

八、构建和谐师生关系。落实立德树人根本任务,加强人文关怀,关注研究生学业、就业压力和心理健康,建立良好的师生互动机制。不得侮辱研究生人格,不得与研究生发生不正当关系。

【提示】范例3-2是一份针对研究生导师行为规范的重要指导文件。它从坚持正确思想引领、科学公正参与招生工作、精心尽力投入指导、正确履行指导职责、严格遵守学术规范、把关学位论文质量、严格经费使用管理和构建和谐师生关系这八个方面提出了原则性的要求。这些要求不仅贴合研究生导师的实际工作需求,而且具有很强的针对性和适用性,能够有效规范导师的行为,为研究生教育的高质量发展提供有力保障。

【范例3-3】

××学院教师行为准则

为了进一步规范学院教师行为,树立教师的良好形象,加强教育行风建设,根据《关于进一步加强作风建设的实施意见》(×院总支委〔20××〕2号)文件精神,结合我院实际,制定本准则。

一、爱党爱国,依法从教。维护祖国统一和民族团结,爱护党旗、国旗、党徽、国徽,会唱国歌,按时参加升国旗仪式。杜绝背离四项基本原则及党和国家方针政策的言论和行为。全院教师要遵守国家法律法规、方针政策,遵守社会公德,遵守学校规章制度。不传播有害学生身心健康的思想,不散布唯心主义、封建主义和伪科学,维护社会稳定,在涉外活动中不做有损国格、人格的事。

二、思想端正,热爱集体。全面贯彻教育方针,认真执行教学计划,面向全体学生,坚持以人为本,德育为首,教学为中心,积极推进素质教育,促进学生全面发展。关心学校发展,维护学校声誉,不做有损学校利益的事,保护学校财产,服从学校工作安排。

三、团结协作，敬业奉献。顾全大局，严于律己，关心他人。谦虚谨慎，尊重同志，不说不利于团结的话，不做不利于团结的事。不嫉贤妒能，不散布有损他人名誉的言论。热爱教育事业，树立献身人民教育事业的志向和爱岗敬业精神，维护教师职业尊严和教师崇高形象。认真备课，按时上、下课，不随意停课、缺课和调课，不断堂、拖堂和在课堂上闲聊，认真批改作业，尽心辅导学生学习，保证教学时间，严格考试纪律，不敷衍塞责，不擅离职守。

四、积极进取，严谨治学。积极参加各种政治、业务学习和各种形式的继续教育，不断提高思想觉悟和政治理论水平，更新教育观念和专业知识，提高教书育人的技能。加强自身修养，保持身心健康。力戒不思进取、满足现状、自以为是等不良思想情绪。

遵循教育规律，积极参加教育科研，开展教育改革。认真执行教学常规，一丝不苟，精益求精，努力创新，不断提高教育教学质量。

五、廉洁从教，关爱学生。坚持高尚情操，自觉抵制社会不良风气影响，不向家长索取或变相索取钱物，不利用师生关系、家校关系和职务之便牟取私利，并自觉接受群众和社会的监督；不得对学生、家长的批评和投诉置若罔闻，甚至打击报复。关心爱护学生，保护学生身心健康，维护学生合法权益，培养学生健康心理和高尚情操，同一切侵犯、威胁学生合法权益的人和事作斗争。不与在校学生恋爱和为之介绍恋爱对象。尊重学生人格，关心学生，特别关心残疾学生和学习困难的学生。不歧视、不体罚或变相体罚学生，严禁强迫或变相强迫学生转学、退学。

六、仪表端庄，言行文明。穿戴符合教师身份，衣着得体，不着奇装异服，仪容整洁。不在工作期间浓妆艳抹和穿透、露的衣裙，不染红、黄等奇异发色。语言文明，礼貌待人。坚持用普通话讲课和使用规范文字。讲究公共卫生，不在教学区吸烟，保持办公室的整洁优雅。

七、尊重家长，提供热情有礼的服务。按照文明礼貌的要求积极主动为单位、为学生、为家长办事，热情接待来访家长、学生，虚心听取家长对学生教育的意见和建议，如实向家长介绍学生情况，不训斥、刁难家长。认真接听咨询电话，并将咨询事项中属于本职工作范围的办事程序、方法和要求一次性完整告知咨询人。不属于本职工作范围的，指引到相关部门，告知联系方式或联系人。切实做到来电必接、有问必答。

八、讲求服务效率，注重服务质量。面对学生和家长反映的困难和问题，全院教师要认真倾听，详细记录，迅速调查了解，及时解决或答复。在不违反法律、法规和有关政策的前提下，积极采取措施，简化办事程序，缩短办事时间，提高办事效率，务必做到件件有落实。

【提示】范例3-3是一则教师行为准则，其中就教师工作涉及的方方面面提出了详细、具体的要求，既是教师的行动指南，同时又可作为评价教师工作的标准。

（三）落款

准则的落款通常省略，若需要落款，应注明制发机关和制发日期。

二、准则的写作要求

准则是用来规范一定人群的行为的，是对特定行为主体做人、做事的原则性要求，在拟写时应注意以下几个问题：

（一）原则性

准则对行为主体的要求都是原则性的，或者说只作一些大的层面上的规定，一般不涉及具体的操作方法和行为细节，因此在拟写时要从大处着眼，注意点到为止。

（二）关涉性

准则所写内容必须与行为主体的特定身份相适应，不涉及行为主体特定角色以外的行为。

（三）适度性

准则所规定的内容必须符合特定人群的实际，以绝大多数人都能够做到为宜。

（四）概括性

准则的内容必须具有高度的概括性，力求将一切可能出现的情况包含在内。

【思路拓展】

百字敕[1]

唐太宗

耕夫役役[2]，多无隔宿[3]之粮；蚕妇婆婆，少有御寒之衣。日食三餐，当思农夫之苦；身穿一缕[4]，每[5]念织女之劳。寸丝千命，匙饭[6]百鞭；无功受禄，寝食不安。交有德之朋，绝无益之友；取本分之财，戒无名之酒。常怀克己之心，闭却是非之口。若以朕之斯言[7]，富贵功名长久。

注释：

[1] 这是唐太宗李世民在贞观十四年（640年）视察南山防务，返回京城长安途中，夜宿蓝田官驿所作。敕：告诫，吩咐。这里特指皇帝的命令或诏书。[2] 役役：形容劳苦不休。[3] 隔宿：隔夜。[4] 缕：丝，线。泛指线状衣物。[5] 每：每每，经常。[6] 匙饭：一小勺饭。[7] 斯言：此言。

【提示】"敕"是指帝王所发布的命令、法令。唐太宗的这则《百字敕》是写给朝中大臣的一则行为准则。这则百字短文要求为官者要体恤百姓的艰辛，关心百姓的冷暖，做到慎言、慎友、克己、清廉。从中可以看到，我国古代的应用写作十分重视语言的平和与情理渗透，即使皇帝的诏令也不例外。

【实战训练】

本节【话题与案例】中要写的是一则行为规范，其内容是对D公司的员工在开展各项业务时应坚持的行为准则作出规定，写作时应根据企业的性质、业务范围及其具体内容，把一切可能出现的情况都估计到，这样写起来就有针对性，也就不难了。请你参照本节中的范例3-2完成这份准则。

第三节 守则

【话题与案例】

F学院大一新生张三和李四入校后参加了学院统一组织的军训,军训过程中教官教他们学唱了《三大纪律八项注意》这首歌。由此,他们知道了作为中国人民解放军士兵守则的《三大纪律》和《八项注意》——

三大纪律:一切行动听指挥,不拿群众一针一线,一切缴获要归公。

八项注意:说话和气,买卖公平,借东西要还,损坏东西要赔,不打人骂人,不损坏庄稼,不调戏妇女,不虐待俘虏。

【基础知识】

守则是指国家机关、社会团体、企事业单位为维护正常的工作、学习及生活秩序而制定的要求所属成员遵守的规章,其内容以纪律要求为主,兼及作风、态度等其他方面。

守则是适用范围十分广泛的一类文种,对制发机关没有严格的限制,机关、团体、企事业单位及其下属部门都可以根据需要制定要求所属成员遵守的守则,如保卫处可以制定《保卫人员守则》,大会组委会可以制定《大会工作人员守则》。

一、守则与准则的区别

就适用对象而言,准则不仅适用于个体行为,而且适用于群体行为,守则只适用于个体;就内容的侧重点而言,准则侧重于职业道德、行为方式、行为目标及其评价标准,而守则侧重于纪律方面的要求,兼及作风和态度等;就其作用而言,准则要求人们具备良好的职业道德、职业素养,强调行为方式及行为效果,守则要求人们对待本职工作要有积极的态度、良好的作风,强调纪律意识。

二、守则的特点

（一）全面性

守则对特定人群的要求以其身份为基础,从各个方面提出要求,涉及的内容比较全面。如《国务院工作人员守则》从工作作风、工作态度和工作纪律等各方面对国务院工作人员提出了相应的要求。

（二）适应性

守则的具体内容与其要求遵守的人的身份相适应,如《中学生守则》中规定的"按时到校,不迟到,不早退,不旷课"等内容只适合于学生这一群体;《国务院工作人员守则》中规定的"树立全局观念,同兄弟单位主动配合,团结协作,不扯皮,不推诿,共同搞好有关工作"就适合国务院工作人员这一人群的身份。

（三）务实性

守则的内容讲求实效,哪些条文写得概括,哪些条文写得具体,应根据实际需要而定。

如《中学生守则》中的"不吸烟,不喝酒,不随地吐痰"就写得很具体;《国务院工作人员守则》中的"注重调查研究,一切从实际出发,实事求是地反映情况和处理问题"就写得比较概括。

（四）简洁性

守则一般篇幅都比较短小,条目清晰,逻辑严谨,语言简洁、质朴。

【写作指导与范例】

一、守则的写作要点

守则一般只有标题和正文两个部分,有的标题下加注制发机关或发布日期等。

（一）标题

守则的标题由适用对象和文种构成,若为试行版,可在标题下用括号注明"试行草案";有些守则需要在标题下方正中加括号标注制发日期或制发机关等,如《全国人民代表大会常务委员会组成人员守则》标题下加注"1993年7月2日第八届全国人民代表大会常务委员会第二次会议通过"字样。

（二）正文

守则正文通常采用条文式,以序号标明条项,每项表达一个意思,语言简洁明了。

守则条文的顺序一般依据内容的轻重和主次来排列,政治纪律和公共道德的条文排在前半部分,其他与身份相关的事项排在后半部分。

守则正文的内容具体写什么？怎样确定条款？其要点有二：一是依据守则的特点来确定内容范围,二是根据相应人群的身份特点来确定条款的具体内容。

【范例3-4】

国务院工作人员守则

（国务院1982年7月8日发布）

一、拥护中国共产党的领导,努力学习马克思列宁主义、毛泽东思想,坚持人民民主专政,坚持社会主义道路,全心全意为人民服务。

二、模范执行国家的宪法、法律、法令和行政法规,严格遵守纪律,廉洁奉公,不徇私情,勇于同不良倾向作斗争,特别要同官僚主义作斗争。

三、注重调查研究,一切从实际出发,实事求是地反映情况和处理问题。

四、办事认真、负责、准确、迅速,注重质量,讲究效率。自己职责内的事或上级交办的事,要按规定的时限完成;紧急的事,及时处理。

五、坚持民主集中制,服从组织领导,密切联系群众,虚心倾听人民群众和下级机关的意见和建议。

六、树立全局观念,同兄弟单位主动配合,团结协作,不扯皮,不推诿,共同搞好有关工作。

七、努力学习文化科学知识,积极钻研业务,不断提高知识水平和工作能力。

八、生活艰苦朴素,遵守社会公德,讲究文明礼貌。

九、谦虚谨慎,不骄不躁,坚持真理,修正错误,经常开展批评与自我批评。

十、提高革命警惕,严守国家秘密,维护祖国的尊严和荣誉。

【提示】范例 3-4 就国务院工作人员的工作作风、工作态度和工作纪律等提出了比较全面的要求,要求相关人员严格遵守。

二、守则写作的基本要求

（1）要有针对性。在遵守法律法规的前提下,结合本地区、本系统、本单位的实际情况,有针对性地拟订具体条文。

（2）要切实可行。守则的内容要实在；既要高度概括,又要具体可行,使所属成员觉得应该做到；所规定的条文,所提出的要求,实事求是,不提过高要求,使人们通过努力可以做到。

（3）守则的语言要明白、流畅、易懂；提倡什么,反对什么,应明确、具体、扼要；条文不可过多过长,篇幅要短小。

（4）拟订条文应集思广益,满足绝大多数人的意愿,这样写出来的守则才有广泛的群众基础,才能很好地贯彻和落实。

（5）条与条的前后顺序要符合逻辑规律,做到条理清楚,层次分明。

【思路拓展】

全国职工守则

一、热爱祖国,热爱共产党,热爱社会主义。

二、热爱集体,勤俭节约,爱护公物,积极参与管理。

三、热爱本职,学赶先进,提高质量,讲究效率。

四、努力学习,提高政治、文化、科技、业务水平。

五、遵守纪律,廉洁奉公,严格执行规章制度。

六、关心同志,尊师爱徒,和睦家庭,团结邻里。

七、文明礼貌,整洁卫生,讲究社会公德。

八、扶植正气,抵制歪风,拒腐蚀,永不沾。

【提示】这则守则的内容是对职工思想、工作、学习、生活等各方面的基本要求,全部内容可以概括为讲公德、遵守公共秩序这样一个主题。

【实战训练】

请根据以下情形写一则《大学生守则》。

镜头一：教学楼旁边,几个学生在吸烟；戴着"值周"袖标的老师走过来,那几个学生赶忙将烟头踩在脚下。

镜头二：一个学生架着一个喝醉的学生从大门里进来,喝醉的学生打着酒嗝,做了个敬礼的动作,对站在门口戴着"值周"袖章的老师说："老师好。"老师向架着他的那个同学说："怎么喝成这样？先送回宿舍休息,回头再说。"

镜头三：教室里,老师正在上课,一个学生在偷看小说；一个学生在嗑瓜子,桌上一堆瓜子皮；一个学生趴在桌上睡觉。

镜头四：课间,几个学生站在教室门口,一个学生懒洋洋地靠在墙上。另一个同学问："昨晚又通宵上网了？"靠在墙上的同学说："小声点,别让辅导员听见。"

第四节 须 知

【话题与案例】

F学院中国文化课老师星期一上午带领学生去参观C省历史博物馆。但是,当他们到了博物馆门口才知道——全国的历史博物馆大部分都是星期一闭馆(不开放)整理,于是,老师便向同学们道歉。这时,一个同学站出来说:"您不必自责,白跑一趟这种事经常发生——我前几天到车管所补办驾驶证,就因为没带身份证白跑了一趟。"

不论是参观历史博物馆白跑一趟,还是补办驾驶证白跑一趟,这些都是可以避免的事情。因为不论是全国各省(自治区、直辖市)的历史博物馆,还是各地的车管部门,都会发布相关的"须知",只要在网上查阅一下相关内容,"白跑"的事情就不会发生了。

【基础知识与范例】

须知是指告诉人们办理某项事务、参与某项活动、参观某个展览或从事某项工作时必须知道的事项的告知性文书,大多具有一定的警示性。

一、须知的特点

(一)发布形式的特殊性

须知大多张贴在有关场所的醒目位置,便于人们查看和遵照执行。如"参观须知"一般都张贴或悬挂在景点或展览入口处的醒目位置。

(二)使用的广泛性

须知的作者和适用范围都比较宽泛,机关、团体、企事业单位因业务需要都可以使用须知告知业务对象他们应该知道和必须遵守的具体事项。

(三)提示性

须知的主要作用是告知人们有关规定或提示人们注意有关事项,具有提示性和警示性。如"购房须知"就是提示人们在购房时应注意的事项。

(四)指导性

须知所写的内容有相当一部分是人们办理某件事或参加某个活动等需要注意的事项,对于人们具有方向性的指导意义。

二、须知的分类

须知的使用范围广泛,相对来说种类也比较多。常见的须知主要有以下几类:

(一)办理须知

这类须知是就办理某项事务应该注意的问题进行详细、具体的说明,其中包括办理的程序、办理的手续、办理的方法等,其作用主要在于指导和提示,如《投稿须知》。

【范例3-5】

人工存包须知

1. 存包处免费为您提供存包服务。
2. 请您先存包及物品,然后进入卖场购物。
3. 请您在当日营业结束前取回您所寄存的物品。
4. 请勿寄存现金、手机、金银珠宝、有价证券、证件等贵重物品。贵重物品请您妥善保管,若有丢失,本商场概不负责。
5. 请勿寄存玻璃器皿,易碎易烂等物品;请勿寄存宠物。
6. 请勿寄存易燃、易爆、有毒等危险违禁物品,一经发现将交由当地公安机关处理,并要求存放者给予赔偿。
7. 食品、饮料若当日未取者,次日清理掉,本商场不负任何责任。
8. 隔日取包者,需凭存包牌办理相关手续后取包。
9. 寄存的物品若三日未取,本商场有权自行处理。
10. 如因工作人员失误造成了您的财物丢失,则按存包的总价值予以赔偿。
11. 请妥善保管存包号码牌,若因号码牌丢失而造成的财产损失本商场概不负责,且您需向本商场缴纳10元号码牌赔偿金。

【提示】范例3-5详细地说明了存包应注意的各类事项,以及代存服务的相关约定等,提请存包者注意,以免发生不愉快的事情。

（二）参观须知

这类须知主要说明参观需要注意的事项和必须遵守的规定,其作用主要在于提示和警示,如动物园的《游客须知》。

（三）活动须知

这类须知主要就参加活动的条件、活动前应做的准备、活动中应注意的问题等进行详细说明,目的主要在于提示和指导。

【范例3-6】

阅览须知

一、本室采用开架阅览方式。教师凭本人工作证,学生凭ID卡或本人学生证,一次一册。
二、本室图书只准室内借阅,不准带出室外;对于批评教育仍不改正者,取消阅览资格。
三、借阅图书时,请认真检查,如有破损,预先声明;否则,借阅者要承担损坏赔偿责任。
四、要爱护图书,不要弄脏、剪裁、勾画和折叠;违者,按有关规定进行赔偿。
五、主动维护室内秩序,保持清洁卫生;不准大声喧哗、聊天、吃零食、吸烟。

> 六、禁止穿拖鞋、运动短裤和背心进入阅览室。
> 七、不准在桌面和墙壁上乱写乱画；禁止利用各种物品占座位。
> 八、阅览完毕离开时，请将椅子轻轻放在桌下。

【提示】范例3-6就读者在阅览室应遵守的纪律和应注意的事项都作了具体的说明，以便人人遵守，确保正常的阅览秩序和维护良好的阅览环境等。

（四）购物须知

这类须知主要是就购物中应该注意的事项进行说明的，其目的主要是指导和提示注意，如《购房须知》。

【写作指导】

一、须知的写作要点

须知一般由两部分内容构成：一是标题，二是正文。

（一）标题

须知的标题有三种形式：一是"适用对象＋内容＋文种"，如《新生报到须知》；二是"适用对象＋文种"，如《参观者须知》；三是"内容＋文种"，如《购房须知》《投稿须知》。

（二）正文

须知的正文通常详细说明办理事务、参加活动或参观展览时应当注意的事项和遵守的规定，确保当事人清楚相关要求。

从写作目的的角度来看，须知的写作与发布，或在于提示，或在于指导，或在于警示，或兼而有之，写作时应当以实际需要而定。

须知的正文一般采用条文式的结构方法，或由重到轻，或按照办理、参观的先后顺序，依次排列下来。

二、须知写作的基本要求

（1）须知的写作应简要扼要，明确交代相关事宜。
（2）语言通俗易懂，交代清楚、明白，使当事人能够准确理解和把握。
（3）条理清楚，简明扼要，使当事人易于记住要点。

【实战训练】

下面是一所高校阅览室里发生的事情，请你根据这些事情，加上自己的补充，拟写一则《阅览须知》。

镜头一：一位学生在阅览室的报纸上读到一篇文章，感觉很好，便用笔尖将那篇文章从报纸上"割"了下来，夹进自己的书里。报纸被开了"天窗"。

镜头二：一位学生阅读阅览室收藏的杂志，边看边在杂志上用红颜色的笔做"批注"，自觉写得精彩处批个"好"，自觉写得不好处批个"臭"，还用大圈圈起来，十分醒目。

镜头三：两个学生在阅览室相邻而坐看杂志。突然，一个学生拿起杂志对另一个学生大声说："哎！这上面说周深唱的《大鱼》可好听了，你会唱吗？"另一学生回答："会呀。我唱给你听——海浪无声将夜幕深深淹没……"

因为声音太大,整个阅览室都能听到,阅览室的学生纷纷侧目;唱歌的学生如梦初醒,用手捂上了嘴巴。

镜头四:一位看杂志的学生,边看杂志边嗑瓜子,桌上一堆瓜子皮。

镜头五:一位学生要将杂志拿出阅览室,被阅览室的管理员叫了回来。

第五节 制 度

【话题与案例】

最近一个时期以来,F学院的学生很多不按时休息,晚睡现象十分普遍,这不仅严重影响身体健康,而且影响教学秩序和学风建设,广大教师、学生家长和一些学生强烈要求学校采取措施改变现状。

本着以学生为本的原则,学校在广泛调研的基础上,投入大量资金对学生宿舍的电路进行了改造,以保证实行统一定时熄灯制度后,宿舍内的空调、卫生间的电器、楼道照明设施等可以继续供电。在此基础上,学校决定制定和实行学生宿舍定时作息制度。

【基础知识】

制度是指党政机关、社会团体、企事业单位为加强管理和严格组织纪律而制定的要求有关人员明确办事程序、遵守办理纪律的规章,常常兼有办事规程或行为准则双重属性,如《民事调解工作制度》。

制度的确立,使办事有头绪,处理问题有章法。在现代管理中,制度是实现程序规范化、职责明确化、质量最优化和管理科学化的重要保证。

制度的使用范围十分广泛,机关、企事业单位,不论工作、生活、学习,凡是要求有关人员明确办事程序、遵守办理纪律的,都可以使用制度这一文种。

一、制度的分类

根据内容来划分,制度可分为两种:一种是岗位性制度。这类制度是就某一岗位的岗位职责、工作要求、工作纪律等作出明确的规定,如《财务工作制度》《档案管理制度》。另一种是法规性制度。这类制度是就某方面工作制定的带有法规性质的规定,如《职工休假制度》《廉政制度》。

二、制度的特点

(一)规范性

制度的主要内容是关于办事程序和行为要求方面的,这就决定了制度具有规范性的特点——既是做事的规范,又是做人的标准和要求。正因为这样,制度对实现工作程序的规范化、岗位责任的明确化、管理方法的科学化具有极其重要的意义。

(二)指导性

制度既然规定了做事的程序、做事的要求,即具体规定了有关人员应该做什么、应该怎么做,这就对有关人员如何开展工作具有指导作用。

(三)约束性

制度不仅规定了有关人员应该干什么、应该怎么干,而且明确规定了不能干什么,以及违反本制度规定应该受到的惩罚等,对于特定人群具有一定的约束力。

(四)程序性

制度必须以有关法律、法规、政策为依据,按照一定的程序来制定。与此同时,制度本身也有程序性,为人们的工作和活动提供可供遵循的程序。

(五)灵活性

制度涉及的对象及层面可大可小,十分灵活,大到一个机关、单位的整体工作,小到门禁、图书借阅,都可以制定相应的制度。

【写作指导与范例】

一、制度的写作要点

制度的内容包括标题、正文和签署三个部分。

(一)标题

制度的标题主要有两种形式:一种是由"适用对象+文种"构成,如《财务工作制度》《校园管理制度》;另一种是由"单位名称+适用对象+文种"构成,如《××职业技术学院人事管理制度》《××出版社职工奖励制度》。

(二)正文

制度的正文主要有以下三种结构形式:

1. 引言—条文—结语式

这种写法的特点是先写一段用来阐述制定制度的根据、目的、意义、适用范围等内容的引言,接着将有关规定一一分条列出,最后写一段结语,强调有关执行的事项。

2. 单一条文式

这种写法的特点是将全部内容分条列项,包括开头部分的根据、目的、意义,主体部分的种种规定,结尾部分的执行要求等,然后按照一定的逻辑顺序逐条罗列。

3. 复合条文式

这种写法一般用于涉及问题较多、内容较复杂的制度,其特点是先将全文分为多个层次,然后按照各层内容的内部逻辑关系条理清晰、层次清楚地进行排列。

(三)签署

制度一般不需签署;确有必要签署时,可在标题下方正中加括号注明制发单位名称和日期,也可以在正文之下,相当于公文落款的地方注明。

【范例 3-7】

文秘人员校对工作制度

为了确保机关文秘工作的有序性和有效性,最大限度地发挥机关办公室在现代化管理中的协调和服务功能,特制定本制度。

一、校对工作程序

(一)文件发排时,必须达到以下三点要求:

1. 卷面整洁,字迹清晰。在文件发稿前,凡发现字迹、修改标志不够清楚的,应视具体情况,进行誊清或重新加注修改标志等,务必使发排的稿件字迹清晰、卷面整洁。

2. 行文要规范。发稿前,要认真检查稿件标题、主送和抄送机关、主题词、数字用法、落款等是否规范。如有不当,及时改正,然后填上文件的文号、签发日期、印刷份数,确定密级及年限和缓急程度等。

3. 登记发排。将稿件的文号、标题、份数、签发人、签发时间登记在《发文登记簿》上。

(二)稿样排出后,必须进行"三校":

1. 一校。对照原稿,逐字(包括标点符号)、逐段读校,力求把与原稿不符的漏段、漏字、错字全部校改出来。

2. 二校。除了继续校核错漏的文字外,还要检查有无不准确的提法或不通顺的句子。发现文理不通或明显笔误的地方,应立即提出意见,经起草人或领导同意后,作文字上的修改。

3. 三校。检查文稿版面的字体、间隔、标题排列等格式合不合规范,校对改动的文字和标志是否清晰无误。经全面核对无误,方可填写印发日期,并在《付印文件通知书》上签名付印。文件付印后,将文件底稿注明发出日期送往存档。

(三)文件印好发出前,要再检查一遍,如发现错漏,应立即向领导汇报,以采取补救措施。

二、校对工作的要求

(一)要切实保证校对工作的质量。力求校对差错率全年不超过万分之一。

(二)要提高校对排印工作的效率。凡是印发的文件,一般从稿件发排到印好发出,应在三天内完成。部分急件,要加班加点,保证按时发出。

(三)文件印好后,再进行一次检查,确认无误后方可盖印、封装、发出。

××办公室

××××年××月××日

【提示】范例 3-7 就文件的印前发稿、印中校对、印后复核等作了明确具体的规定,具有规程和准则的双重属性。

二、制度的写作要求

制度的写作要求是各项规定具体准确、切实可行,内容详尽、逻辑严密,语言通俗易懂,叙述条理清楚。

写作制度应注意以下几点：

第一，制度的内容不能同党和国家的有关方针、政策、法律、法规相抵触；要明确权限，不能越权制定制度。

第二，制定制度应在一定范围内进行讨论，反复修改，使制度的各项规定更符合实际。

第三，制度的条与条、款与款之间应考虑主次顺序和逻辑联系，做到条理清晰。

第四，制度的内容要明确具体，符合单位工作实际，便于遵守执行。

【实战训练】

请根据以下情景，加上自己的补充，写一则小区的门禁制度。

镜头一：一个人走到大门口。保安：您有什么事？来人：我找黄教授。保安：请登记一下。

镜头二：一个人扛着东西要从大门出去。保安：请出示您的身份证。扛东西的人出示身份证，保安查验。保安：请您登记一下。保安看着那人登记，提示：把您的身份证号码和要拿出去的是什么东西，都写清楚。

镜头三：一人提着一篮水果，拿着一杆秤，要进大门。保安：您有什么事？提篮人：卖苹果。保安：对不起，卖东西只能在小区外面，不能进去。

镜头四：一小车出门，保安查验出入证。

第六节 章　　程

【话题与案例】

大学生们思想活跃，兴趣广泛，大多数学生在大学学习期间都会根据自己的兴趣和爱好参加各种社团，有的还发起成立社团。加入社团，首先要承认和遵守社团的章程，而发起成立社团还需要自己拟订章程草案。那么，章程都包括哪些内容呢？

【基础知识】

章程是指一个党派组织、社会团体、企事业单位为保证其组织活动的正常进行，系统阐明自己的性质、宗旨、任务以及规定成员的条件、权利、义务、纪律及组织结构、活动规则，要求全体成员共同遵守的一种规则性文书。

章程是有关组织或团体的纲领性文件，有明确的范围、宗旨、鲜明的目的性和较强的针对性，对该组织或团体的成员有较强的约束力。一个正规的政党、社会团体、学术组织、企事业单位，都应该有自己的章程。

一、章程的作用

章程是一个组织进行活动和对本组织成员进行管理的基本规则，具有以下几个方面的作用：

（一）统一思想和行动

每个组织都有自己的性质、宗旨和基本任务，它的成员必须就这些内容达成共识，继而在思想和行动上保持一致。

（二）理顺内部关系

章程要明确组织内部的机构设置及领导者产生办法，明确内部关系，以保证组织内部的管理正常进行。

（三）明确成员的权利和义务

参加任何一个组织，都要为这个组织尽一定的义务，同时也享有这个组织所规定的权利。章程的一个重要作用就是明确成员的权利和义务，并对成员的权利予以保障。

（四）规定组织纪律

章程还要对成员的行为提出种种规范，并且规定成员应遵守的组织纪律，以及违犯这些组织纪律时要受到的处分。

二、章程的分类

章程依其内容可分为两类：一类是党派组织或社会团体章程，这类章程用来规定组织或团体的性质、任务、宗旨等，让本组织的成员共同遵守，如《中国共产党章程》《中国科学技术协会章程》；另一类是企事业单位章程，用以规定其业务性质、业务范围和员工的行为规范等，如《中国人民保险公司章程》。

三、章程的特点

（一）共识性

章程反映了一个组织全体成员的共同意志，体现了全体成员的共同利益，必须在全体成员达成共识的基础上才能建立起来。因此，章程的制定和修改必须经过充分的讨论，并且要在该组织的代表大会上表决通过。没有达成共识的内容不能写进章程中去。

（二）准则性

一个组织的章程，就是这个组织的根本法，也是这个组织所有成员的思想准则和行动规范，该组织的所有成员都必须按照章程规定的条文规范自己的行为，其条文具有很强的约束力。违背章程的规定，就要受到该组织的处分，甚至被组织开除。

（三）纲领性

章程规定了一个组织的组织规程和办事规则，具有纲领的性质，本组织的分支机构和成员都必须承认和遵守。组织章程是该组织的最高准则，该组织的一切活动都必须遵守这个章程，体现这个章程的基本精神。

（四）程序性

章程必须通过合法的程序制定，才能被下属机构和所有的组织成员认可，才能要求下属机构和组织成员遵守。章程的一般制定程序是先成立起草小组，拟出草案，征求意见，最后由该组织的最高会议——代表大会通过，然后才能成为正式章程。

【写作指导与范例】
一、章程的写作要点
（一）标题和日期

章程的标题，一般由组织或团体名称加文种构成。标题下面，写明什么时间由什么会议通过，加上括号。如果是尚未经代表大会通过的章程，在标题末尾要加上"草案"字样。

在标题下方正中加括号标明通过日期，一般有三种写法：一是由会议名称、通过日期组成，如"中国应用写作学会全体会员代表大会2009年9月8日通过"；二是由通过日期、会议名称组成，如"2009年9月8日中国应用写作学会全体会员代表大会通过"；三是只写明通过日期，如"2009年9月8日通过"。

（二）正文

章程的正文包括总则、分则和附则三个部分。

总则又称总纲，从总体上说明组织的性质、宗旨、任务等。

分则一般规定以下几项内容：① 本组织成员应具备的条件、享有的权利、应尽的义务和应遵守的纪律；② 本组织的组织机构，代表大会制度、理事会、常务理事会组成情况等；③ 经费来源和使用管理等。

附则是附带说明制定权、修改权和解释权等。

【范例3-8】

中国应用写作学会章程
（2009年9月8日中国应用写作学会全体会员代表大会通过）

第一章　总则

第一条　本会是我国高等学校从事应用写作教学和应用写作学科研究的教师，以及从事与应用写作学科有关的党政机关、新闻出版等方面工作的人员，在坚持中国共产党的领导，根据国家有关法律法规的规定，自愿组织的群众性学术团体。

第二条　本会的宗旨是以科学的态度和求实的精神不断探索应用写作的基本规律，促进应用写作学科的健康发展。本会坚持四项基本原则，贯彻"百花齐放，百家争鸣"的方针，团结和组织应用写作学科的教学和研究力量，为进一步完善应用写作学科的基本理论体系和基本训练体系，提高应用写作教学和科学研究水平，普及应用写作知识而不懈努力。

第二章　任务

第三条　本会的基本任务：

1. 制订应用写作学研究计划，征集和发布年度研究课题，申报国家级研究课题。
2. 组织编写各类院校的写作教材，交流教学经验。
3. 组织年会和其他教学和学术活动；推荐会员的科研成果。
4. 保护会员从事本会业务活动的正当权益。

第三章 会员

第四条 凡我国高等学校从事应用写作教学、具有中级以上专业技术职称,或从事与应用写作学科有关的党政机关、新闻出版等方面工作,具有中级以上专业技术职称的人员,承认本会章程,均可申请入会。会员有退会的自由。

第五条 会员的权利:

1. 有选举权和被选举权。
2. 有参加本会学术活动的权利。
3. 对本会工作有建议和批评的权利。

第六条 会员的义务:

1. 遵守会章,执行本会决议,完成本会交给的任务。
2. 向本会介绍教学经验。
3. 向本会提供科研成果。

第四章 组织机构

第七条 会员代表大会是本会最高权力机构,每三年召开一次。必要时,经常务理事会决定,可提前或推迟召开。

会员代表大会的任务:

1. 审查理事会的工作报告。
2. 制订学会的工作计划。
3. 修改会章。
4. 改选理事会。

第八条 理事会是会员代表大会闭会期间的执行机构,由会员代表大会选举理事若干名组成,任期三年。理事会成员可连选连任,但每届理事须更新三分之一。理事会会议可单独召开,亦可结合学术年会召开。

第九条 由理事会推选会长一名、常务副会长一名、副会长若干名、秘书长一名、常务理事若干名,组成常务理事会,代表理事会主持学会的常务工作。会长负责学会的全面工作,常务副会长协助会长主持学会的全面工作;副会长协助会长主管某一方面的工作,秘书长负责处理学会日常事务。秘书长根据工作需要,聘请副秘书长若干名。副秘书长协助秘书长分管某一方面事务。常务理事会下设秘书处、教学研究委员会、学术委员会和编辑委员会。

第十条 本会对下设的各省、自治区、直辖市应用写作学会和其他专业研究会,负有业务指导的责任。

第十一条 本会聘请名誉会长、总顾问及顾问若干名,任期与各届理事会相同。

【提示】范例3-8因为内容丰富而采用了分章式写法。这种写法的特点是篇下分章、章下分条;层次清晰,条理清楚。

二、章程的写作要求

（一）内容要完备

章程不仅是作为一个组织成员的行为规范，而且更重要的是阐述组织的性质、宗旨、任务等，使组织及其成员的活动和行为有章可循，这就要求其内容必须完备。说得具体一点就是，本组织及其成员应该干什么、不应干什么、应该怎么干、不得怎么干都应规定得清清楚楚，不能有疏漏。

（二）结构要严谨

全文由总到分，要有合理的顺序。章程的条款，意思要完整和单一，一条表示一个意思，不要把一个完整的意思分成几条表述，也不要把几个意思混在一条之中。这样，既便于说清楚，又便于实施和执行。

（三）语言要简洁

章程内容的表述要明确、简洁，要用很少的字句把意思明确地表达出来。章程的语言多用词语的基本意，语义毫不含糊，没有歧义；一般不用比喻、比拟、夸张等修辞手法。

在整体安排上，章程用条文表达，句与句、段与段之间有一定的跳跃性，一般不要用"因为……所以……""虽然……但是……"等关联词语。

【实战训练】

F学院大一学生于晓光入校后发现本校没有大学生摄影协会，又通过调查得知和自己一样爱好摄影的同学不少，于是决定在F学院发起成立大学生摄影协会。他把这事和学院社团管理处的老师一讲，老师表示很支持，让其尽快将摄影协会的章程拟出来，和成立摄影协会的申请等材料一同交上来。请你帮助于晓光撰写这个章程。

第七节 公 约

【话题与案例】

为了齐心协力打造一个和谐、文明、学风良好的班集体，F学院中文系2025级汉语言文学专业1班的同学经过集体讨论，决定制定一份班级文明公约，以协调和规范全体班级成员的行为。这份公约都应写进哪些内容？

【基础知识】

本书所讲的公约是指某一社会组织或行业的成员为了维护公共利益，保证正常的生活、工作或学习秩序，在自觉自愿的基础上经过集体讨论，达成一致意见后共同约定大家都要遵守的行为规范。

公约是参与制定的单位和个人共同信守的行为规范，它对于维护社会秩序、促进安定团结、加强社会主义精神文明建设有着重要的作用。

平常我们常听到的"国际公约"中的"公约"与本书所讲的公约虽然文字相同,但内容实质差异很大。"国际公约"中的"公约",通常指国际上就政治、经济、文化、技术等重大国际问题举行国际会议,最后由若干个国家共同缔结的多边条约。公约通常为开放性的,非缔约国可以在公约生效前或生效后的任何时候申请加入。这是一种用来维护国际社会的正常秩序和国与国之间的正常关系的国际性文书,与本书所讲的公约是两个完全不同的概念。我们在这里对其不作讨论。

一、公约的特点

（一）约定性

公约的最大特点是由同一行业的各个单位或者同一集体的个人为了维护大家的共同利益而相互约定的,其中应该遵守的事项都是经过大家讨论和协商后一致认同的。

（二）自律性

公约不是由权力机关或管理部门规定的,而是由角色相同或相近的社会组织或个人根据特定圈子的实际情况约定的,表达了大家共同的意愿,有一定的民间特色。公约不是法律和法规,对参与者只有道德约束力,没有法律效力。

公约是在大家的集体监督和相互监督之下发挥作用的。公约一经订立,就是订约人的行为和道德规范,每个人都有履行公约的义务,违反了就要受到大家的谴责。与此同时,每个人都有以公约为准则监督他人的义务,以保证公约发挥应有的作用。

（三）认同性

公约的条款必须经过大家的一致认同,未获得大家一致认同的条款不能写进公约。

（四）灵活性

公约的条款都涉及哪些具体内容,要根据实际情况灵活掌握,以真正能够发挥作用为前提。

（五）普遍的适用性

公约的适用范围十分广泛,大到一个行业,小到一个班组,甚至住在同一宿舍的几个人,都可以根据需要制定大家应该信守的公约。

二、公约的分类

常见的公约大致可以分为两类:一是行业公约,即一个行业为了加强本行业的职业道德,保护公平竞争,由行业协会出面主持制定的公约,如《××市建筑装饰协会行业公约》。二是基层单位公约。这类公约是指由各类社会基层单位的成员集体议定,相约共同遵守的一些约定,如一个班级的成员或一个宿舍的成员共同约定的公约等。

【写作指导与范例】

一、公约的写作要点

公约由标题和正文两部分构成。

（一）标题

公约的标题有三种写法：一是由"适用范围＋文种"构成，如《班级文明公约》；二是由"适用范围＋适用对象＋文种"构成，如《首都市民文明公约》；三是由"适用对象＋文种"构成，如《村民公约》。

（二）正文

公约的正文一般采用两种写法：一是直接采用条文式的写法，将具体内容一一列出；二是采用引言加条文式的写法。引言主要用来写明制定公约的目的、意义，常套用"为了……特制定本公约"的固定格式；引言之后采用条文式的写法，将具体内容一一列出。

公约一般不写署名和日期，标注日期的行业公约和部分基层单位公约有时注明集体讨论通过的时间。

【范例 3-9】

××市建筑装饰协会行业公约

（××××年11月3日第二届会员代表大会通过）

1. 认真贯彻执行党和国家的各项方针政策，模范遵守国家法规、规章，合法经营，照章纳税。

2. 爱岗敬业，诚实守信，积极进取，勇于开拓，不断提高行业素质。

3. 精心设计，精心施工，严格管理，优质服务，保质、保量、保安全，便民不扰民，重合同，守信誉，树立良好职业道德。

4. 企业之间要团结互助，交流经验，合法竞争，共同提高。

【提示】这则行业公约以树立本行业的整体对外形象，合法经营、有序竞争等关乎本行业共同利益的重要事项为基础，就大家应该共同遵守的事项作了约定。

【范例 3-10】

首都市民文明公约

一、热爱祖国，热爱北京，民族和睦，维护安定。

二、热爱劳动，爱岗敬业，诚实守信，勤俭节约。

三、遵守法纪，维护秩序，见义勇为，弘扬正气。

四、美化市容，讲究卫生，绿化首都，保护环境。

五、关心集体，爱护公物，热心公益，保护文物。

六、崇尚科学，重教尊师，自强不息，提高素质。

七、敬老爱幼，拥军爱民，尊重妇女，助残济困。

八、移风易俗，健康生活，计划生育，增强体魄。

九、举止文明，礼待宾客，胸襟大度，助人为乐。

【提示】这则公约以营造良好的社会氛围、使首都和谐有序为宗旨，就首都市民应该遵守的社会公德作了明确的约定。

二、公约的写作要求

公约是为了正常的秩序、维护大家的共同利益而制定的。制定公约时应注意以下几点：

(1) 公约条文的内容必须符合普遍的社会道德规则。

(2) 公约条文的确定以现实存在的问题为着眼点，以促使问题的解决为最终目的，具有明确的针对性。

(3) 公约是要大家来共同遵守的，公约条文的内容必须为大家普遍认同；存在异议的条文不要写进公约，以免因个别条文不能使大家普遍信守而致整个公约形同虚设。

【思路拓展】

张天翼制定的《写作公约》

抗日战争期间，著名作家张天翼为初学写作者制定的《写作公约》，共有十条，其内容是：

一、多看多写，每周写作一篇，绝不可少。

二、参加讨论，要多发言，不要害羞，不要怕说错，不怕人笑。

三、提高写作的自信心和勇气，不怕幼稚，不迷信"天才""灵感"，不抱"不鸣则已，一鸣惊人"的观念。

四、人家批评我文章的缺点，不脸红生气；人家说我好，也不骄傲。

五、不写我所不知道的、没有研究过的东西；不抄袭或模仿人家的东西。

六、要有耐心，不惮再三再四地修改与重写。

七、写文章不是为了出风头，写的不能投稿或投稿而被退回不要生气，更勿气馁。

八、对人家的优点不妒忌，虚心学习。

九、投稿登载了的，不要自命为"文豪"。

十、要浏览文艺部门以外的书籍，要多观察书本以外的人物及生活。

【提示】这则公约实际上是对文学青年的基本要求，也可看作一种行为规范。

【实战训练】

请你以下列材料为基础，拟写一份《宿舍文明公约》。

F学院一学生宿舍住着赵一、王二、张三、李四、钱五和孙六，这六位同学平时学习努力认真，但是他们在安排自己的生活方面似乎有些欠缺。就拿他们的集体生活来说吧——

1. 赵一的家庭经济条件一般，他经常利用周末休息时间出去打零工，以减轻家里的经济负担。上周周末，赵一在街上顶着烈日发了两天的传单，星期天晚上回到宿舍又看了一个多小时的书，然后上床睡觉。也许是由于夏天在街道上发传单出汗多的缘故，赵一扔在床下穿脏的袜子味儿特别大，熏得一宿舍的人叫苦不迭。住在赵一对面床上的王二实在受不了，将赵一的臭袜子扔到了宿舍外面的楼道里。

2. 周一晚自习后，张三由于当天的两节高数课没听懂，让赵一给自己讲讲。正讲到关键处，对面楼上有人唱歌，这下钱五来劲了，拿过吉他一阵猛弹狂吼，张三的鼻子差点气歪了。

3. 周二中午，王二的妈妈来看王二，带了一些水果。吃完晚饭后，同宿舍的几个人一起把这些水果解决了，香蕉皮、核桃壳扔了一地。王二让张三把地上的果皮收拾了，张三说："今天赵一值日，等赵一回来收拾吧。"恰巧赵一这天出去给学生上家教课上得有点晚，被好心的主人留下来了。半夜，李四起来上厕所，踩到一块香蕉皮上滑了一下，头磕在了架子床上。

4. 周三下午没课，孙六到表姐家去玩儿，回来时带了一只小猫，说是玩两天，周末再给表姐家送回去。也许是小猫到了一个陌生环境不习惯，一晚上叫个没停，害得宿舍的人都没睡好。

5. 周四下午，王二上完体育课后回宿舍洗了洗，走时忘了关卫生间的水龙头。等下午放学回来，宿舍被水淹得一塌糊涂，大家放在床底下的鞋子全湿了。

周五晚上，大家坐在一起，就一周来发生的事情作自我检讨。最后，李四提议拟一份《宿舍文明公约》，大家一起来遵守。对此，大家都表示赞同。可公约由谁来写呢？大家你推我，我推你，都说写不了……

【写作提示】

阅读时，注意材料内容的细节，如"赵一在街上顶着烈日发了两天的传单，星期天晚上回到宿舍又看了一个多小时的书，然后上床睡觉"中的"又看了一个多小时的书"就是重要的细节——由此可知，赵一完全有时间将脏袜子拿去洗一洗，但他却没有做。这样一思考，写什么就清楚了。

所给的材料实际上只是实际生活的一部分，写作时，以此材料为基础，结合自身生活实际进行补充，如现实生活中，有的同学经常不叠被子，洗完衣服脏水不及时倒，等等，只有注意联系实际才能写充实。

第八节 职 责

【话题与案例】

F学院中文系毕业生王五毕业后到一家杂志社工作，因为刚走上社会，又从事了一份自己热爱的工作，所以他的工作热情很高，不论分内分外的工作都抢着干。结果，王五不但没受到领导的表扬，反而还遭到了训诫："干好自己的本职，不要越职侵权。"对此，王五一时想不通。王五真的错了吗？

【基础知识与范例】

职责是用于明确特定职能部门应尽的责任或规定身处特定职位的个人应当完成的工作任务的一种应用文书，属规章制度一类。这一文种属于典型的实践先于理论的应用文种，其实际使用相当广泛——如今，随处可见这一文种的应用实例。尽管长时间以来关于职责这一文种的写作理论未作系统的概括，但这并未影响到这一文种的正常使用，根据实践与理论相互关系的基本原理来看，对这一文种写作理论知识进行系统、全面的概括无疑有利于这一文种更加规范、合理和有效地使用。因此，我们在这里就职责这一文种的分类、特点、内容要素及写作要求等问题作一全面介绍。

第三章 规章制度应用文

一、职责的分类

根据内容及其适用对象的不同,职责可以分为部门工作职责和个人岗位职责两类。

（一）部门工作职责

部门工作职责是用于明确特定职能部门的工作内容的应用文书,适用对象为承担各项具体工作的职能部门。其内容主要是写明特定的职能部门应当做、必须做的各项具体工作。如下面这则例文:

【范例 3-11】

（××局）办公室工作职责

一、负责局政务工作的组织协调、工作安排及对外联络、接待工作。

二、负责公务文电收发和传阅,局发文件审核、信息纪要、编发行政保密文件和印章管理工作。

三、负责全局基础工作管理,不断完善全局各项规章制度,推进基础工作上水平。

四、负责人大建议、政协提案的办理工作。

五、负责统计整理各单位工作情况,搞好调查研究,为领导决策服务。

六、负责局决定、决议及领导批办事项的督办和局务会议的组织工作。

七、负责局机关办公自动化管理,固定资产（台账）、低值易耗品和办公用品的采购、领用和管理工作。

八、负责全局的综合治理（签订目标责任书）、治安保卫、消防安全、安全生产、交通安全（责任书）、计划生育、防汛和爱国卫生管理工作。

九、负责局机关档案管理并对基层单位档案管理工作进行指导。

十、负责全局工作计划、总结、工作目标文字上报工作。

十一、负责局机关事务工作及办公场所物业管理的监督检查。

十二、完成好局领导交办的其他工作。

【提示】从范例 3-11 可以看到,部门工作职责用于明确特定部门在自己的职权范围内应该做、必须做的具体工作,并且只讲工作内容,不涉及工作要求、工作纪律等方面的内容。此外,职责的写作直接说事,不绕圈子,没有导语之类的文字。

（二）个人岗位职责

个人岗位职责也叫岗位工作职责,是用于明确身处某一工作岗位的行为个体应当做、必须做的具体工作的应用文书。如下面这则职责:

【范例 3-12】

（××学院）办公室主任岗位职责

一、协助领导了解、掌握学院各部门贯彻执行党的方针、政策,遵守国家法律、法规和学院规章制度的情况。

二、组织和参与院内外调查研究,为领导科学决策提供可靠的专题或综合信息。

三、负责主办的会议组织、准备、记录,督察督办会议决议(决定)。

四、负责组织起草、审核各种公文,把好文字关和政策关。

五、协助领导或代表领导协调各部门的工作,难以协调的提出解决问题的具体意见和建议。

六、负责对外沟通、联系、汇报、约请等,安排或代表领导参加公务接待和公务活动。

七、负责公文的批转、传递、保密等工作,落实领导批示,并及时反馈落实情况。

八、负责学院重要来访宾客的接待、安排,代表学院领导接待一般来信来访工作。

九、负责学院外事办公室工作。

十、负责办公室制度建设。负责制订本室年度工作计划,并组织实施。负责本室人员的工作安排、业务学习、培训和考核。

十一、组织完成上级有关部门及学院领导交办的其他工作。

【提示】范例 3-12 是一则个人岗位职责,其内容紧扣行为主体所在的工作岗位展开,将身处办公室主任这一职位的行为主体应该做的各项具体工作一一列举出来。

二、职责的特点

作为一种使用十分广泛的规章制度类应用文,职责具有以下几个特点:

(一)特定性

每一份职责的制定都是基于一个特定的部门或特定的工作岗位的,也就是说,每一份职责的适用对象都是特定的。说得更具体一些,就是职责与其适用对象是一一对应关系,在一个单位内部,适用于这一部门的工作职责不能用于其他部门,适用于这一工作岗位的职责也不能用于其他工作岗位。

(二)明确性

职责的写作目的主要是让行为主体明确自己应该干什么、必须干什么,因此,其条款所写内容一般比较具体和明确。

(三)单纯性

相对于其他规章制度类文书而言,职责的内容比较单纯,不论是用于特定职能部门的工作职责,还是用于特定职位的岗位职责,都只写应做的工作内容,不涉及工作质量等方面的要求。与此同时,将应做的内容直接按照由主到次的顺序排列,不加"导语"和"附注"之类的条文。

(四)限定性

职责的制定不仅是为了明确工作任务,使行为主体各司其职,确保全局工作有条不紊地进行,同时也是为了防止职务重叠而发生工作扯皮现象,因此,职责在明确行为主体工作内容的同时,对行为主体的职权范围也起到一种限定作用。

【写作指导】

一、职责的内容要素及其表现形式

职责在古代称作"职分",如《出师表》中有:"此臣所以报先帝而忠陛下之职分也。"顾名思义,职分即身处某一职位应尽的本分。也就是说,职责就是个人身处某一职位应该做、必须做的事情,或者说一个单位中具体的职能部门应该做的工作。

作为应用文体的职责,其写作目的就是以书面的形式将身处某一职位的个人或一个单位中具体的职能部门应当做、必须做的工作明确下来,以便行为主体明确自己的工作内容,做好本职工作。

职责的内容比较单纯,只写身处具体工作岗位的个人应当完成的本职工作或特定职能部门应该做的具体工作,不涉及有关工作质量、工作纪律方面的内容。

职责的表现形式比较单一,一般采用条款式,按照工作内容的性质、重要程度等以由主到次的顺序排列。

二、职责写作的要求及注意事项

职责是用于明确工作内容和应尽责任的一类应用文书,其写作目的是让行为主体明确自己应该干什么,以便其更好地履行职责,做好本职工作。职责的写作应注意以下几点:

(1)必须明确具体工作岗位应当承担的工作任务或特定职能部门的职权范围,在此基础上仔细考虑行为主体都应该做些什么,力求做到就本岗位或本部门来讲"本职"无缺漏,相对于其他工作岗位或部门来讲责任与任务不重叠,这样既可避免行为"缺位",又可防止越权问题,使全局工作和谐有序地开展。

(2)直接说事,不及其余。职责是用于明确工作任务和工作责任的应用文书,写作时只需直接说事即可,不必添加引言、概述、结语之类的文字。与此同时,只要将应该做、必须做的事情说清即可,不涉及做事的要求、做事的纪律等方面的题外话。如"负责办公室制度建设,逐步实现办公室工作的制度化、规范化、程序化"这一句中,"逐步实现办公室工作的制度化、规范化、程序化"就属于题外话。又如"协助办公室领导做好来人来访接待工作。本着热情、周到、细致、不卑不亢的原则,安排好来宾的食宿,协调好来宾的工作,并做好相关登记。负责有关接待结算工作"一段中,"本着热情、周到、细致、不卑不亢的原则"一句也属多余。

(3)坚持必须、合理的原则。制定职责,一要考虑各个工作岗位、各个部门的协调与配合,二要考虑人员的合理分工,因此,要坚持必须、合理的原则。既要使各个工作岗位的工作任务相对均衡,又要使工作任务的安排符合岗位实际。

(4)简明、扼要,表述清楚。职责的制定旨在使有关人员明确自己的岗位职责,认真履行岗位职责,以便其更好地完成自己的工作任务。因此,职责的写作一定要做到简明、扼要,表述清楚,使行为主体一看就知道自己应该干什么。

【实战训练】

同学们在大学学习期间,接触比较多的人中有一个是自己班级的辅导员,因此,大家对辅导员的工作内容有比较多的了解。请你拟写一份《大学辅导员工作职责》。

第九节 规 范

【话题与案例】

类似漫画中这样的不文明行为,在大学生中并不鲜见,诸如随手丢弃垃圾、在墙壁上乱画、攀折花木等。因此,应当制定一份《大学生行为规范》,对大学生的日常行为予以规范。

【基础知识与范例】

规范是一种使用十分广泛的规章制度类文书,普遍使用于各个行业因相同或相近工作内容而结成的群体,其内容主要是关于特定人群的职业道德要求和行为标准。关于"规范"一词,《现代汉语词典》(第7版)的解释是"约定俗成或明文规定的标准"。作为规章制度类文书,"规范"是指针对特定职业人群而制定的、明文规定的一种标准,这一标准或是做事的,或是做人的,或者兼而有之,对于特定人群的行为具有引导、约束和规范的作用,从而确保特定人群的行为和谐、有序、有益和高效。

一、规范的分类

根据内容及其适用性的不同,规范主要分为以下三类:

(一)道德规范

道德规范重在强调做人,是用于评价人们行为的善恶、荣辱、正邪以及对错的一种标准。作为规章制度出现的道德规范即我们平时所讲的职业道德规范,是指某一行业的工作人员在职业活动中应该遵循的行为标准,其内容以爱岗敬业、无私奉献、诚实守信和尽职尽责做好本职工作为基本内容,兼及从业人员与服务对象、职业与职业之间的关系等其他方面,如《中小学教师职业道德规范》。

职业道德规范的内容一般涉及具体职业的方方面面,是从事该职业人群履职的总的原则性要求与基本标准,内容全面、概括,对于特定职业人群具有普遍的适用性。道德规范的制定旨在预防人们的行为偏差、唤起人们的自律意识,引导人们自觉遵守道德准则,遵纪守法、恪尽职守。与此同时,道德规范还具有提高人们的道德觉悟、培养人们的道德情感、坚定人们的道德意志、树立和增强人们的荣辱观念等作用。

【范例3-13】

中小学教师职业道德规范

一、爱国守法。热爱祖国,热爱人民,拥护中国共产党的领导,拥护社会主义。全面贯彻国家教育方针,自觉遵守《教师法》等法律法规,依法履行教师职责和义务。不得有违背党和国家方针、政策的言行。

二、敬业奉献。忠诚人民教育事业，志存高远，对工作高度负责，勤勤恳恳，兢兢业业，甘为人梯，乐于奉献。认真备课上课，认真批改作业，认真辅导学生。不对工作敷衍塞责。

三、热爱学生。关心爱护全体学生，尊重学生人格，平等、公正对待学生。对学生严慈相济，做学生的良师益友。保护学生安全，维护学生合法权益，促进学生全面、主动、健康发展。不讽刺、挖苦、歧视学生，不体罚或变相体罚学生。

四、教书育人。实施素质教育，遵循教育规律，勇于探索创新，不断提高教育教学水平。培养学生良好品德，塑造学生健全人格，启发学生创新精神。不违规加重学生课业负担，不以分数作为评价学生的唯一标准。

五、为人师表。知荣明耻，严于律己，以身作则。衣着整洁得体，语言规范健康，举止文明礼貌。谦虚谨慎，团结协作。平等对待学生家长，认真听取意见和建议，不以粗鲁言行对待家长。廉洁奉公，自觉抵制有偿家教，不利用职责之便牟取私利。

六、终身学习。树立终身学习理念，遵守教师培训制度，不断学习，与时俱进，自觉更新教育观念，完善知识结构，潜心钻研教育教学业务，不断提高教书育人的能力水平。

【提示】范例3-13就从事教师这一职业的人应当恪守的行为准则作了全面、概括的规定，内容涵盖守法、敬业、爱生、施教、表率、进取等各个方面。由此我们可以知道，职业道德规范以某一具体职业为对象，其内容主要是就从事这一职业应该坚持的道德标准作出全面的规定。

（二）行为规范

行为规范是关于做事的一种标准，其内容主要是就做某种事情应遵循的程序、应达到的要求和应注意的事项等作出明确、具体的规定，如《病历书写规范》《教师教学行为规范》。相对于道德规范来讲，行为规范以特定的事务为对象，条款内容更加具体、明确。与此同时，行为规范不仅就一般情况下做某件事应遵循的程序和应坚持的质量标准作出明确的规定，而且对特殊情况下做该事的程序和要求也作出具体的规定。

【范例3-14】

教师教学行为规范

一、要有端正的教学态度，严肃认真地对待教学工作中的每一项内容，全心全意地做好教学工作。

二、要激发学生的求知欲，避免对学生进行灌输教学。既教知识，又教学法，培养学生的自学能力。

三、既要严格要求学生，又要尊重学生，肯定学生的优点，尊重学生的特点，避免学生对教师产生疏远倾向。

四、钻研业务，认真备课，熟悉教案。不断学习新的业务知识，充实教学内容，提高教学水平。

五、组织好课堂教学，营造生动活泼的课堂气氛，训练学生思维，向40分钟要质量。

六、精心指导学生学习,认真批改作业,及时纠正错误。把好教学过程的每一环节。

七、定期做好教学质量检查工作,及时查缺补漏,把好教学质量关。

八、按时上下课,组织好课堂教学,在规定时间内完成教学任务,不拖堂。

九、仪表端正,语言要清晰流畅,板书要整洁规范,内容要简练精确,不哗众取宠。

十、热情耐心地对待学生的提问,鼓励学生勤思善问,做好课后的辅导工作。

十一、对待学生的态度要一视同仁,不准讽刺挖苦学生,更不能因对个别学生不满而在众学生面前泄私愤。

十二、教学的计划安排应符合学校的要求,不能随意增、删内容,加堂或缺课,挤占学生的自习课或复习考试时间,增加学生的学习负担。

【提示】范例 3-14 就教师开展教学工作所涉及的各种问题作了全面、具体的规定,既是教师开展教学活动应该遵守的行为准则,同时也是衡量教师教学活动质量的一个评价标准。

(三)岗位规范

岗位规范也叫岗位标准,它是针对特定的岗位制定的用于规定该岗位上岗人员必备的条件、岗位职责和工作规程的一种规范。相对于道德规范和行为规范来讲,岗位规范具有综合性的特点,这种规范不仅就特定人群的职业道德、工作内容和质量要求作出明确的规定,而且就特定人群应具备的业务素质、身体条件等提出明确的要求。

岗位规范一般由三部分内容构成:岗位职责、上岗条件和工作规程。岗位职责部分主要规定本岗位应该完成的工作任务及应达到的工作质量标准;上岗条件部分具体规定本岗位人员应具备的道德素养、业务知识和身体条件等;工作规程部分主要就工作开展的程序、基本要求、操作规范、衡量标准等作出规定。

二、规范的文体特点

规范一般针对特定的人群而制定,或是提出特定人群中每个成员应坚持的道德标准,或是规定其行为标准,对特定人群的行为具有积极的引导作用。

(一)标准性

不论是针对做人,还是针对做事,规范的制定都是为了提出一个标准供特定的人群共同遵照执行,如《书稿编写规范》就是针对书稿的编写事宜而制定的标准,要求书稿的著者和编者共同遵照执行。因此,标准性是规范最大的特点。

(二)特定性

规范都是针对特定的人群而制定的,其适用对象是特定的,对特定人群以外的人一般没有约束力,如《Y 大学教师教学行为规范》只适用于 Y 大学从事教学工作的教师这一特定的群体,《病历书写规范》只适用于书写病历的医务人员。

(三)引导性

规范是评价特定人群行为对错和行为质量的一种标准,其作用主要是引导特定人群的行为趋于统一,以求取得最佳的行为效果。

【写作指导】
一、规范的内容要素与写作要点
一份完整的规范一般由行为描述、基本标准与要求和特别说明三部分构成。

行为描述主要是针对规范所涉及的行为进行解释或说明,如《病历书写规范》中关于"病历"和"病历书写"分别作了解释和说明:"病历是指医务人员在医疗活动过程中形成的文字、符号、图表、影像、切片等资料的总和,包括门(急)诊病历和住院病历""病历书写是指医务人员通过问诊、查体、辅助检查、诊断、治疗、护理等医疗活动获得有关资料,并进行归纳、分析、整理形成医疗活动记录的行为"。当规范涉及的行为比较明确、行为主体十分清楚时,行为描述这一部分内容可以略去不写。

基本标准与要求是规范的主体部分。这一部分从特定人群的职业特点或身份特点出发,全面、具体地提出其做事应坚持的道德标准或规定其做事的基本要求。写作这一部分内容时,要充分考虑特定行为主体的行为所涉及的方方面面,力求全面、具体、完备,避免疏漏。

特别说明部分主要是就特殊情况下的行为方法与行为要求作出具体、明确的规定,以确保行为质量与行为效果,如《病历书写规范》中关于实习医务人员和试用期医务人员书写病历的规定:"实习医务人员、试用期医务人员书写的病历,应当经过在本医疗机构合法执业的医务人员审阅、修改并签名";《书稿编写规范》中关于"港澳台问题"的说明就属于特别说明的内容。

规范一般采用条文式的表现形式,条文的安排顺序主要考虑三点:一是按照行为描述、基本标准与要求和特别说明三个部分来安排层次;二是按照内容的重要程度,采用由重到轻的顺序来安排;三是将全部内容进行归类,然后按照一个合理的逻辑顺序来编排。

二、文种区分
(一)规范与准则的区别
规范和准则不论是从内容上看,还是从作用上讲,都有很多的相同之处,如它们都是对主体行为进行评价的标准,规定道德标准的规范与准则在内容范围上基本相同。规范与准则的不同主要表现在以下三个方面:

一是适用对象不尽相同。规范只适用于特定的人群,一般以特定的职业或职位为对象;准则不仅适用于特定的人群,而且适用于特定的行业或企业,对其经营行为作出要求,如《中国电信企业行为准则》。

二是侧重点的不同。规范以"做事"为着眼点,对职业道德的要求是为了更好地做事;准则以职业道德为着眼点,重在强调行为的社会效益。

三是内容的不同。规范的内容一般比较全面、具体,准则一般写得比较原则和概括。

值得注意的是,在现实生活中规范和准则的误用情况比较严重。

(二)规范与规则的区别
规范与规则的区别主要表现在以下两个方面:

一是规范以特定的人群为对象,是关于特定人群做人或做事的标准;规则以具体的业务部门、事务或活动为对象,就事务处理或活动开展的一般程序、方法等作出规定。

二是规范的制定主要着眼于行为标准和行为结果,规则的制定主要着眼于行为方法和行为的对错。

三、规范写作的注意事项

规范的制定目的是明确行为目标、提出行为要求,提高行为质量和行为效果。为此,规范的写作要注意以下几点:

（一）切实可行

规范的写作要充分考虑行为群体的实际,要切合实际,以绝大部分人能够做到为宜。与此同时,还必须考虑到行为的最佳效益,标准高低要适度。

（二）全面具体

规范的制定要充分考虑到主体行为可能涉及的全部情况,力求做到全面、具体,没有疏漏和空白点,这样才能确保群体行为秩序和行为质量。

（三）注意细节

规范的制定要注意行为细节,要充分考虑到非常规或非常态情况下的行为方法和行为要求,对其作出明确的说明。

（四）表述清楚

规范的表述要逻辑清楚,语义明确,力戒语言出现歧义和含混不清等问题。

【实战训练】

在学校生活中,同学们大部分时间都坐在课堂上,对周围同学在课堂上的各种表现十分清楚。请根据自己平时观察到的情况,针对同学们在课堂上的各种不良表现,拟写一份《大学生课堂行为规范》。

＊第十节 规　　则

【学习提示】本节为自学内容,读者可扫描文前二维码进行学习。

＊第十一节 规　　程

【学习提示】本节为自学内容,读者可扫描文前二维码进行学习。

第四章 事务应用文

　　事务应用文是党政机关、社会团体、企事业单位或个人在处理日常事务时，用来传递信息、沟通情况、交流经验、研究问题、指导工作或规范行为的文书。事务应用文包括计划、总结、调查报告、声明、简报等，是日常工作中使用最为广泛的一类应用文。

第一节 事务应用文概述

> 在现代社会里,各机关、单位、部门之间的联系更加频繁,要处理的事务日益增多,需要运用事务应用文交流情况、沟通联系、总结经验、指导工作,以提高工作效率,因而事务应用文的应用范围越来越广。

一、事务应用文的特点

事务应用文是为传递信息、交流情况与经验、处理公务、解决实际问题而写作的,一般有特定的发送对象和明确的发文目的,讲求实用。事务应用文主要有以下几个特点:

（一）针对性

事务应用文要有明确的针对性。无论是计划、总结、调查报告,还是各种简报,都要根据党和国家的有关方针政策,以及当前的形势和全局情况,联系实际,实事求是,有的放矢。针对性越强,事务应用文的实用性和指导性也就越强,这样的事务应用文才会有更大的现实效用。

（二）具体性

事务应用文的应用性、指导性,必须建立在内容具体充实、观点明确的基础上。事务应用文的内容具体、观点明确,是指陈述的情况确切、实在,反映的问题要明确、有分寸,总结的经验要切合实际。

（三）指导性

事务应用文是用来处理事务的,其内容是针对现实情况或工作中的问题,进行调查、分析、总结或研究,目的是解决实际问题,推动实际工作的开展。因此,事务应用文对实际工作具有现实的指导意义。

（四）真实性

事务应用文的指导性以真实性为前提。真实,是指信息准确、情况真实、材料无误,典型经验合乎规律,观点体现普遍原则,表达实事求是。

（五）灵活性

较之公文,事务应用文的体式更加自由灵活。在结构形式上,它一般没有严格的限定;在表达方式上,它更加多样化,常常结合使用叙述、说明、议论;在语言运用上,它更富于生动性,可以在真实反映情况的前提下,讲究语言表达的艺术效果等。

二、事务应用文的写作要求

（一）深入调查研究，获取第一手材料

写事务应用文首先要进行深入细致的调查研究，全面了解和掌握实际情况，尽可能多地搜集、积累材料。只有情况清楚了，材料丰富了，文章才能写得具体、充实，才具有更大的应用价值。

（二）实事求是，切实可行

各种事务应用文都是为了解决工作中的实际问题而写的，因此，必须实事求是。人们只有了解了真实情况，才能切实地指导工作，才能有利于解决实际问题。与此同时，制订计划也好，提出解决问题的办法或措施也罢，必须切合实际、切实可行，只有这样写出来的文章才具有使用价值。

（三）格式约定俗成，语言准确、简练

事务应用文的格式虽然不像公文那样程式化，但许多文种的格式也有约定俗成的要求。在结构方面，事务应用文要求开门见山、突出重点、层次分明；在语言方面，要求简洁、质朴，表意准确。

第二节 计　　划

【话题与案例】

《礼记·中庸》："凡事豫则立，不豫则废。言前定则不跲，事前定则不困，行前定则不疚，道前定则不穷。"其实，无论是单位还是个人，无论办什么事情，事先都应有个打算和安排。有了计划，工作就有了明确的目标和具体的步骤，可以减少盲目性，使工作有条不紊地进行。

【基础知识】

计划是机关、团体、企事业单位及个人为了完成某项任务或为了达到某一目标而对一定时期的工作事先作出安排和打算时采用的一种文体。计划不仅体现了工作目标、工作步骤、工作思路、工作方法和工作要求等，能够使各项工作有条不紊地进行，而且也可作为检查各个阶段工作完成情况的重要依据。

一、计划的作用

凡事预则立，不预则废。做任何事情前，先周密地筹划一番，理顺工作思路，这对工作目标的实现具有十分重要的意义。概括起来讲，计划具有以下几个方面的作用：

（一）明确目标，减少盲目性

制订计划的目的主要在于明确目标，理顺工作思路，这样就能减少工作的盲目性，使工作有条不紊地开展起来,顺利地达到既定目标。

（二）统一思想,协调行动

有些工作需要一批人或几个部门相互配合与协作来完成,开展前先制订一个计划,可以统一大家的思想,使各个部门之间密切配合与协作,这样不仅可以提高工作效率,而且可以提高工作质量。

（三）预见困难,优选方案

制订计划可以预见工作过程中有可能出现的各种困难,提前制订和优选工作方案,以保障工作的顺利开展。与此同时,在制订计划时,作出应对各种有可能出现的困难的预案,当困难出现时可根据客观情况的变化及时调整工作思路,从而有利于工作目标的顺利实现。

（四）为督导、检查和评价提供依据

计划一旦实施,各个阶段的工作目标就明确了。计划既是上级领导督导工作、检查工作和评价工作质量的依据,也是执行者进行自查和自我评估的依据。

二、计划的分类

按照不同的分类标准,计划可分为多种类型。

(1) 按内容性质,计划可分为工作计划、学习计划、生产计划、科研计划、教学计划、销售计划、采购计划、分配计划、财务计划等。

(2) 按适用范围,计划可分为国家计划、地区计划、部门计划、单位计划、班组计划、个人计划等。

(3) 按涉及时限的长短,计划可分为长期计划、中期计划、短期计划三类,具体还可以分为十年计划、五年计划、年度计划、季度计划、月份计划、周计划等。

(4) 按涉及问题的层面,计划可分为综合性计划、专题性计划。

(5) 按表现形式,计划可分为条文式计划、表格式计划和文表结合式计划。

三、计划的特点

（一）科学的预见性

计划是对未来行动的预想和策划,制订计划时要充分认识到事物发展的前景,依据现有情况,分析各种有利和不利的因素,使预想的目标可能实现,使设定的程序和方法、措施合情合理,因此,计划要具有科学的预见性。科学的预见性主要体现在以党和国家的大政方针为指导,从本单位、本部门的实际情况出发,在总结过去的成绩和问题、分析目前的工作实际、预测今后发展趋势的基础上制订计划,要对各种可能出现的情况,有一个正确的估计。

（二）现实的可行性

计划是今后一个时期工作的依据,其中所提出的目标和任务、措施和步骤等,应当是可靠的和切实可行的。要尊重客观实际,目标既不能过高,也不能过低。目标过高,会脱离实际,任务和指标不可能完成,计划会落空,会挫伤群众的积极性;目标过低,会造成人力、财力和物力的浪费,也不利于充分调动群众的积极性。

（三）明确的目的性

在一定时期内，要完成什么任务，解决什么问题，取得怎样的效果，达到怎样的目标，这是制订计划时首先要考虑的，是计划的核心内容，也是制订具体措施的依据。计划本来就是为了避免行动的盲目性而制订的，没有一个明确的目的，就谈不上计划。

（四）实施的灵活性

计划是事先对未来工作作出的设想和安排，在实施过程中，由于主客观条件在不断变化，可能出现各种问题，还会有一些预想不到的偶然事件干扰计划的执行。一旦出现这种情况，就需要对计划进行适当调整、修改、补充，并采取相应的措施。因此，在制订计划时，要留有余地，使计划具有灵活性。

【写作指导与范例】

一、计划的一般结构和各部分的写作要点

计划是为完成一定的任务而事前拟写的事务文书，是用来指导人们的实践的。内容要具体、明确、简明扼要，结构要紧凑、逻辑性强，语言要通俗易懂。计划的内容虽有不同，但写法基本一致，一般包括标题、正文和落款三个部分。

（一）标题

标题是计划的名称，主要有公文式和文章式两类写法。

公文式标题一般由计划单位的名称、计划时限、计划的内容和文种名四个部分构成，如《××大学2026年度教学研究工作计划》；有的计划标题由计划单位、计划的内容和文种名或计划时限、计划的内容和文种名三个部分构成，如《××航空职业技术学院校园建设规划》《××大学2027年招生计划》；有的计划标题由计划的内容和文种名两个部分构成，如《××省普通高等学校教材建设规划(2027—2029年)》。

文章式标题由正题和副题两个部分组成。正题概括计划的内容、揭示主题，副题标明单位名称、计划时限和计划种类，如《影响力 亲和力 感召力 凝聚力——××航空旅游学院2026年思想政治工作计划》。

（二）正文

计划的正文一般由前言、主体和结尾三个部分构成。

(1) 前言。计划的前言一般用简洁的文字阐明制订计划的指导思想、制订计划的依据，即回答"为什么做""依据什么做""能不能做"的问题。制订计划的依据包括上级文件或指示精神、本单位的实际情况和工作需要。

前言还包括计划的总任务、情况分析等。前言是计划的纲要，切忌冗长，不宜过多论述，点到为止即可。

(2) 主体。主体是计划的主干部分，用来表述计划的具体内容，是计划写作的重点，具体回答"做什么""怎么做""何时完成"的问题，是计划的核心。要求写得周密清楚，简洁而有条理。计划的主体主要包括三个部分，即目标(做什么)、措施(怎么做)、步骤(分几步做完)。

① 目标。做任何事情都要有一定的目标，有了目标工作就有了方向，缺少目标工作就

难免出现盲目性。在一份计划中,首先要让人们明确工作或学习所要达到的目标,并且这个目标必须是切合实际的,是经科学分析,在自己的能力范围以内能够达到的,不是凭主观臆造出来的,不存在假、大、空的成分。

② 措施。措施是实施计划的具体做法。有了目标就需要有相应的措施和办法相配合,以保证目标的顺利实现。如果没有具体的措施来保障计划的顺利实施,任何计划都会落空。措施包括采取什么样的工作方法,安排多少人力、物力,估计实施过程中会遇到怎样的困难及应采取的相应对策,等等。

③ 步骤。步骤是对计划实施过程的时间安排,其中主要明确哪些先干、哪些后干,使实施过程有条不紊,以确保总体目标的顺利实现。

(3) 结尾。计划的结尾没有固定的格式,可根据需要而定。它可以提出实施计划的要求,可以强调计划内容的重点,还可以提出希望、发出号召。有些计划甚至可以不写结尾。

(三) 落款

落款包括单位名称和日期,通常在正文的右下方签署。如果计划的标题中有了单位名称,落款也可以将其省略。如果计划要上报领导机关或下发给下级机关、职能部门,落款处则要加盖公章。

【范例 4-1】

语文能力强化训练计划

语文能力是人生活、学习和从事各种职业必不可少,并且十分关键的一种核心技能。从生活的角度讲,人与人之间的思想沟通与情感交流需要借助于语言来完成;从学习的角度讲,不论是从书本上获取知识,还是聆听别人的讲授,都需要良好的言语理解能力;从工作的角度讲,思想沟通、信息传递、经验交流等都需要良好的语言运用能力。

为了切实提高自己的语文能力,特制订本计划。

一、基本目标

通过三个月的强化训练,力争使自己在语文能力方面达到以下几个目标:

(1) 在交际过程中,不仅能够准确领会别人谈话的意思,而且能够恰到好处地表达自己的思想,做到遣词造句不仅表意准确、条理清楚,而且生动、形象,富有感染力。

(2) 掌握各种阅读方法,最大限度地从书中获得阅读效益——既要使阅读成为一种精神享受,又能从书中获得思想营养,同时还能够从中获得写作技法等方面的感悟和启示。

(3) 掌握常见的表达方式及表现手法,具备准确、生动地表达自己思想和感情的能力,能随时将自己对社会和人生的思考,以及对现实问题的看法用文章的形式表现出来。

二、具体设想和做法

语感、思想修养、想象与联想能力是语文能力赖以形成的三大基石。据此,强化语文能力具体设想和做法如下:

1. 加强语感训练

语感是构成语文能力的核心因素。语感能力强的人,不仅感知和理解语言的能力强,而且写起文章来文从字顺。语感的培养途径很多,其中最重要的是朗读。因此,这三个月的语文能力强化训练,以朗读为最佳切入点,通过大量的朗读训练使自己的语言感受力得以强化。这里的"大量"主要指同一篇文章多遍数、熟读成诵式地朗读。

具体做法:精选8~10篇散文体文章,逐篇重复朗读,力求达到熟读成诵、脱口而出的程度。

2. 加强思想修养

思想是阅读理解能力与表达能力赖以形成的基础,语言是思想的载体。语言能力的高下实际上是由思想修养所决定的,思想浅薄的人语言必然是苍白的。从本质上讲,阅读理解能力实际上就是用自己的思想兼容阅读文本的思想,从中获取"养分"的能力。如果一个人的思想丰富而深邃,他就有消化一切文章的能力;写文章实际上就是表达作者自己的思想,思想匮乏或思想浅薄,都不可能写出好文章来。因此,要提高阅读理解能力和表达能力,首先必须丰富和提升自己的思想。丰富和提升思想最好的办法是多读能够使思想有所增益、可以涵养精神的书。

具体做法:以《增广贤文》《论语》和《伊索寓言》为主要阅读材料,反复阅读,细加品味,深入思考,最大限度地吸收其中的思想养分。

3. 加强思维训练

语言的发展促进思维的发展,思维的发展反过来对语言的发展产生重要的影响,两者是相互依存、相互促进的关系。没有思维,不会有语言的产生和发展;没有语言,思维也就失去了依托。思维借助语言进行表述,语言所表述的内容就是思维的结果。因此,加强思维能力的训练,尤其是加强想象与联想能力的训练是提高语言的理解与运用能力的重要途径。

具体做法:(1)借助于生活事件的触发培养想象与联想能力;(2)通过文学鉴赏活动培养想象与联想能力;(3)通过改写训练培养想象与联想能力。

4. 加强遣词造句能力的训练

在日常生活与工作中,不论是说话还是写文章,都不能只满足于词用得对、语句通顺,还要力求用词精当,语言流畅,生动形象,富于感染力。这就要求我们重视对语言的推敲和锤炼,尤其是对动词的推敲和锤炼。正如前人所说:把语言放在纸的砧上,用心的锤来锤炼它们。

具体做法:(1)借助于朗读感悟语言组织的技巧;(2)通过编发短信和"对对子"训练培养遣词造句的能力;(3)通过改写、缩写和扩写等形式训练培养语言组织的能力。

三、保障措施

1. 重视训练素材的选择

不论是语感的培养,还是思想的丰富与提升,训练素材的选择都十分关键。素材选择失误必然会遭遇事倍功半的尴尬。

应用写作(第四版)

> 在选择素材时应坚持这样几个标准:(1)用于语感训练的文本语言要绝对规范;(2)用于丰富和提升思想的素材必须思想意蕴深厚,能够给人以较多的思想养分;(3)用于想象与联想能力训练的素材要易于触发人的想象与联想。
>
> 2. 重视训练方法的选择
>
> 语文能力的形成有其自身的特殊规律,其中很重要的一点是以大量的语言感性积累为基础。因此,进行语文能力培养与强化训练,在方法选择上应注意以下几点:
>
> (1)语感训练要重视对同一篇文章不厌其烦地反复朗读,使之烂熟于心,以便从中获得多方面的感悟。那种蜻蜓点水似的朗读,即使读的文章很多,其收效也甚微。
>
> (2)丰富与提升思想的训练,不仅要选择好阅读文本,而且要注意带着自己的思想去阅读——阅读的过程中要注意分析和思考,力求化文章的思想为自己思想的养分。
>
> (3)进行想象与联想能力的训练要放开视野,让思想自由驰骋。
>
> 3. 要持之以恒
>
> 对于一篇文章不厌其烦地反复朗读,难免会使人产生枯燥的感觉,这就需要有持之以恒的精神。
>
> ×××
20××年××月××日

【提示】这份计划指导思想明确,计划的依据符合语文能力形成的基本规律;内容具体、实在,可操作性强;措施切实、有力。

二、计划写作的基本原则

不论哪种计划,写作时都必须坚持以下五条原则:

(1)对上负责的原则。要坚决贯彻执行党和国家的有关方针、政策和上级机关的指示精神,反对本位主义。

(2)切实可行的原则。要从实际情况出发定目标、定任务、定标准,既不要因循守旧,也不要盲目冒进。即使是做规划和设想,也应当保证可行,能基本做到。其目标要明确,其措施要可行,其要求也是可以达到的。

(3)集思广益的原则。要深入调查研究,广泛听取群众的意见,博采众长,反对主观主义。

(4)突出重点的原则。要分清轻重缓急,突出重点,以点带面,不能眉毛胡子一把抓。

(5)防患于未然的原则。要预先想到实行中可能发生的偏差、可能出现的故障,有必要的防范措施或补救办法。

三、几种特殊计划的特点及其写作要点

计划是一个总的称谓,除上面介绍的一般形式外,还有一些特殊的形式。其特殊形式包括规划、纲要、设想、要点、方案、安排等多种类型,其内容差异主要表现在计划目标的远近、时限的长短、内容的详略等方面。但不管是何种类型,其内容都由"准备做什么""打算怎么做"和"计划做到何种程度"三个部分构成。

（一）规　划

规划是计划中最宏大的一种，是指为完成某一任务而作出的比较全面的长远打算。从时间上说，规划一般都在三五年及以上；从范围上说，规划大都是全局性工作或涉及面较广的重要项目；从内容和写法上说，规划往往是粗线条的，比较概括。

规划是对全局或长远工作作出的统筹部署，它既具有方向性、战略性、指导性，又具有严肃性、科学性和可行性。因为规划涉及的时间较长，要确保规划目标的实现，可行性是至为关键的。这就要求规划的制定者必须进行深入细致的调查研究，掌握大量的第一手资料，在此基础上根据党和国家的方针政策和本单位的实际情况，充分听取各方面的意见，经过多种方案的反复比较、研究和选择，确定各项指标和措施。

规划的写法适用于计划的一般结构，其内容要素与一般计划大体相同。其写作要点主要表现为标题的拟定和正文的安排。

（1）规划的标题一般由"单位名称＋时间期限＋内容范围＋文种名"构成。

（2）规划的正文一般包括以下几个方面内容：

① 前言。这部分主要写制定规划的起因和缘由。在写作时要将各种情况概括起来进行深入浅出的论述，讲清制定规划的依据，使人们明确规划制定和实施的意义。

② 指导方针和目标要求。这是规划的纲领和原则，是在前言的基础上提出的，因此，既要写得鼓舞人心，又要写得坚定有力，要用精练的语言概括地阐述出来。

③ 主要任务和政策、措施。这是规划的主体和核心，集中阐述"做什么"和"怎样做"的问题。任务要提得明确，措施要提得概括有力。这部分写作通常有两种结构：对于全面规划或任务项目较多的规划，因其各项任务比较独立，一般采用以任务为主线的"并列式结构"（措施都在各自的任务之后分别提出）；对于专题规划或任务较单一的规划，因其任务项目较少而且之间的联系又较大，一般采用任务、措施分说的"分列式结构"。

④ 结尾，即远景展望和号召。这部分要写得简短和富有号召力。

（二）纲　要

纲要和规划相同，也是各级领导机关根据战略方针，为实现总体目标而对某一方面的工作作出长远部署的计划类文书。纲要比规划更为原则和概括，一般只对工作方向、目标提出纲领式要求和指导性措施。如《中国儿童发展纲要（2011—2020年）》。

（三）设　想

设想是一种粗线条的、初步的、预备性的非正式计划。这是计划中最粗略的一种：在内容上是初步的，多是不太成熟的想法；在写法上是概括地、粗线条地勾勒。

设想的写作要点如下：

（1）设想写作的总要求是严肃、认真，所想与实际情况相差不大。

（2）设想的标题可以"四要素"齐全，由"单位名称＋时间期限＋内容范围＋文种名"构成；也可以由"三要素"构成，或省略单位名称，或省略时间期限；还可以由"两要素"构成，省略单位名称和时间期限，如《关于创办文化产业的初步设想》。

（3）设想的正文一般有两种写法：第一种是只写清目标、要求和措施，采用条文式写法，这种写法适用于时间较长远的"设想"或工作计划的最初构思或打算。第二种是按规划、计划、方案或安排的格式结构，只是内容粗略一些，一般适用于用来征求意见的"构想""思路"

或"打算"。

（四）要点

要点多是上级机关某一项重要或较大工作计划的摘要（如《××局2022年工作要点》），一般都要以文件的形式下发，因而多用某个通知作"文头"，所以，只要有标题和正文两部分内容就可以，不必再写落款和成文时间；但也有一些要点，由于涉及的工作重大，为郑重起见，往往在标题下标明发文机关名称和制发的具体时间。

要点标题的写法与纲要相同；正文的写法具有特殊性——由于要点的内容是摘录计划的主要内容，因此，写得简明概括即可，既不要面面俱到，也不必讲具体做法，更不用论述。在结构方式上，要点大多采用并列式，分条列项，一贯到底；也可分几大项，大项下分若干小项，小项可在每一大项下单独排列，也可全文排列。

（五）方案

方案是计划中内容最为复杂的一种，一般从目的、要求、方式、方法、进度等方面部署得具体而周密，有很强的可操作性。方案一般适合专项性工作，其实施往往需经上级机关批准。如《全面深化前海深港现代服务业合作区改革开放方案》。

由于方案一般涉及的具体工作比较复杂，因此，在写作时要特别注意层次的安排，要将指导思想、主要目标、工作重点、实施步骤、政策措施、具体要求等逐层、清楚地表达出来。

方案一般由标题和正文两部分内容构成。

1. 标题

方案的标题有两种写法：一种是由发文机关、计划内容和文种名三个部分构成，如《×××航空职业技术学院工资改革方案》；另一种是省略发文机关，由计划内容和文种名两个部分构成，这种标题形式一般适用于发文机关已经在转发性通知的标题中出现的情形。值得注意的是，方案的标题下一般标有方案的成文时间。

2. 正文

方案的正文一般有两种写法：一种是常规写法，即按指导方针、主要目标、实施步骤、政策措施和要求五个部分依次来写，这种写法适合于一般常规性单项工作方案；另一种是变通写法，即根据实际需要加项或减项的写法，适合于具有特殊性的单项工作。不管采用哪种写法，其中的主要目标、实施步骤、政策措施三项内容必不可少，并且要陈述清楚。

具体到写作细节方面，主要目标一般还要分总体目标和具体目标两个层次；实施步骤一般还要分基本步骤和关键步骤，关键步骤里还有重点工作项目；政策措施一般还要分政策保证、组织保证和具体措施等几个层次。

（六）安排

安排是短期内要做的，且范围不大、内容单一、布置十分具体的一种计划形式，是计划中最为具体的一种。安排一般适用于工作内容比较确切、单一的情形。

安排主要由标题和正文两部分内容构成。标题的写法与方案相同；正文一般由开头、主体和结尾三个部分组成，也有的省略结尾，主体结束，正文即随之结束。开头一般阐述安排的制定依据，主体部分具体写任务、要求、步骤、措施四个方面的内容。主体结构的安排可以按这四个方面内容分层来写；也可以把任务和要求合在一起，把步骤和措施合在一起来写；

还可以先写总任务,然后按时间先后顺序一项一项地写具体任务,每一项有每一项的要求和措施,依据工作性质和具体内容来定。但不管怎样安排,任务都要写具体,要求都要写明确,措施都要写得当。

四、计划写作的一般步骤

计划体现的不仅是对未来情况的预见性,而且是对未来工作的组织和安排,这就决定了计划的写作需要有前瞻性的眼光,需要有良好的思路。与此同时,还要占有大量的第一手资料,下一番功夫分析和研究。

因此,计划的写作一般按照这样一个步骤进行:

首先,要明确计划的目的,即弄清为什么要制订计划、根据什么制订计划。

其次,要搜集资料,特别要注意搜集以前的计划,并对资料进行比较、分析、核实。在此基础上起草计划草案,必要时可拟出几个方案供领导、专家和群众讨论。

最后,对计划草案进行修改定稿。

五、计划写作的基本要求

(一)任务要清楚

一是总任务要讲清楚,并且围绕总任务提出指导思想、工作原则、工作目标、工作思路。

二是任务要具体。将任务分解为一项项具体的工作或指标,并提出明确具体的目标要求;目标能够量化的要予以量化。

三是任务要可行。要本着实事求是、量力而行、可望实现、留有余地的原则,将任务表述为一件一件可落实的工作。

(二)措施要明确

在制订和写作计划时,措施的表述要做到:

一是突出关键措施和主要措施。如必须创造哪些主要条件、采取哪些主要手段、运用哪些主要方法、克服哪些主要困难、排除哪些主要障碍等,要表述清楚。

二是注意逻辑顺序,重要的先说、详说,次要的后说、略说。

三是厘清各项措施之间的关系,尽量做到周密完善。

四是具体。措施不同于原则,措施应该是可操作的,表述时要讲清"如何做",不能太一般、太抽象、太原则化。

(三)语言要准确

语言准确包括两个方面:

第一,语言运用要准确,否则易造成误解。如"据不完全可靠的判断,我单位三分之一的青年具有主人翁精神",句中的"据不完全可靠的判断"实际上给自己的结论带来了不可信的麻烦。又如"我公司所属的工厂全都增产了,只有个别厂略有减产",该句中"全都"和"个别"是前后矛盾的。

第二,选择修饰词语要注意分寸,否则容易出现不准确的现象。如"非常""特别"等词语的运用要慎重。

【实战训练】

新的学期已经开始,在这个学期里,如何轻松愉快且有所收获地学习?请你制订一份学习和生活计划。

第三节 总　　结

【话题与案例】

经验是一种财富。善于总结,不仅能够积累经验,而且可以拓宽今后的工作思路,改进工作方法,富有成效地开展工作。

【基础知识】

总结是单位或个人对已经过去的一段时间内的工作、学习或思想情况进行全面、系统的回顾、检查、分析和评价,从中找出经验与教训,用于指导下一阶段实践活动的书面材料。不论是机关、团体、企事业单位,还是个人,在一个阶段的工作、学习之后,应该回顾一下:自己做了哪些工作或学了什么东西?取得了哪些成绩?有什么成功的经验?还存在什么问题?有什么失败的教训?下一阶段有什么打算?把这些内容写成文章,就是总结。

一、总结的作用

总结是通过回顾一个单位或个人一个时期的工作情况,检查工作的质量和效果,对取得的成绩进行肯定,对存在的问题进行反思和检讨,对今后的工作进行安排和部署。就个人来讲,经常性地对自己所做的一切来个回头望,这样既对上级、对组织、对群众、对自己有个交代,也有利于把今后的工作做得更好。

明智的人总是重视总结,善于总结,从总结中吸取经验教训,把经历当财富。经过一段时间的工作或学习之后,回头审视一下——有何得失,有何体会。事情做得好,好在哪里,什么原因,今后怎样发扬光大;出了问题,又是什么原因,今后怎样改进,以防止在同一类问题上犯同样的错误,甚至通过举一反三,防止出现其他问题。

总结的目的就是为今后的工作理清思路,指明方向,找出对策,少走弯路,以提高工作的质量。

二、总结的特点

(一)实践性

总结首先要回顾实践的全过程。自身实践的事实,尤其是典型事例和准确数据是一篇总结得出正确结论的基础。

(二)真实性

总结是人们实践活动情况的概括反映。总结中对自身工作的回顾与评价,应当忠实于客观事实。所用的材料,必须绝对真实,不能添枝加叶,不能报喜不报忧,更不能无中生有,其中的观点必须是从自身实践活动中抽象出来的认识和规律。

（三）分析性

总结不是对已做工作的过程和情况的表面反映,而是对工作中成功的经验、失败的教训以及存在的问题的分析和研究,从中找出规律性的东西,以便在今后的工作中少犯错误或不犯错误。

总结不仅要陈述工作情况,而且要揭示理性认识。能否进行理性分析,能否找出带有规律性的东西,是衡量一篇总结成败的重要标准。找出带有规律性的东西,用以指导今后的工作,这是总结的价值所在。

（四）经验性

总结的目的不是简单地回首往事,也不是简单地罗列得失,而是从以往的工作中探求成功的规律,而规律性的东西总是寓于最典型的、最有说服力的事例中。所以,写总结不能事无巨细,主次不分,有闻必录。应当择其主要工作、主要实绩、主要问题来写。可以说,事例越典型、越突出,总结出来的经验就越深刻。

（五）简明性

总结往往作概括叙述,而不必具体描述;作简要说明,而不必旁征博引;作直接议论,而不必多方论证。

三、总结的种类

根据不同的分类标准,总结可以分为以下几类:

(1) 按内容,总结可以分为工作总结、学习总结和思想总结。
(2) 按涵盖的范围,总结可以分为单位总结、班组总结和个人总结。
(3) 按涵盖的时间,总结可以分为年度总结、季度总结和月份总结。
(4) 按用途,总结可以分为上报总结、下发总结和发表总结。
(5) 按进程,总结可以分为阶段性总结和全程性总结。
(6) 按性质,总结可以分为综合性总结和专题总结。

【写作指导与范例】

一、总结的结构和写作要点

总结的结构一般包括标题、正文和落款三个部分。

（一）标题

总结的标题主要有以下两种形式:

(1) 公文式标题。公文式标题一般由单位名称、时间、内容、文种名四个部分构成,在实际使用时常常有所省略。如《××学院基础部 2024 年度教学工作总结》。

(2) 文章式标题。文章式标题又可分为单行标题和双行标题。文章式单行标题一般概括总结的主要内容或基本观点,不出现总结字样,但对总结的内容有提示作用,如《我是怎样抓教学质量的》;双行标题是指正副标题合用,正标题突出中心,概括总结的主旨或提出要回答的问题,副标题说明单位、时间、内容和文种名,如《提高学生的人文素质是大学教育的首要职能——××大学2024年教育教学工作总结》。

（二）正文

正文的内容包括基本情况、成绩与经验、存在问题和教训、今后的打算和努力方向四个部分。

（1）概述基本情况。基本情况一般包括三个大的方面：一是在什么时间段、什么环境和背景之下开展的工作；二是都干了哪些工作,怎么干的；三是干的结果怎样。具体写作时要简要交代总结所涉及的时间和背景,说明总结的出发点和意图,简述工作内容、工作要求及其完成情况。这是正文的导言部分,写作时要做到简明扼要,提纲挈领,点明中心；背景的交代要少而精,对所做工作的叙述要概括而全面。

（2）总结成绩与经验。对以前的工作进行回顾和总结,其目的是把以后的工作做得更好,因而成绩与经验部分是总结的重点。在这一部分里,要详细写工作过程中的具体做法和遇到困难时采取的具体措施,重点分析取得成绩的主客观原因,弄清哪些做法是成功的,在遇到具体困难时哪些应对措施是行之有效的。这部分内容较多,写作中常采取点面结合、详略结合、叙议结合的手法,用事实和数据说话,从成功的做法中提出有益于今后工作的经验。

（3）揭示缺点、失误和教训。总结工作中的曲折与反复、缺点与不足,造成的消极影响或工作损失,弄清导致缺点或失误的主客观原因,将其作为以后工作中引以为戒的教训。

（4）说明存在问题与今后设想。说明工作中尚未解决或尚未完全解决的问题及其原因,提出今后工作的设想,制定新的措施,指明努力方向或说明发展趋势。

正文内容的安排方法多种多样,常见的有以下几种：

（1）"两段式"结构。分"情况"和"体会"两个部分：先叙述情况——包括基本情况、主要做法、成绩与缺点等；然后叙述体会——包括经验的总结、教训的归纳以及对存在问题的认识和下一步的打算等。问题比较集中的专题总结大多采用这种写法。

（2）横式结构。把全部工作归结为几个问题,就具体问题叙述情况和体会,每一部分有相对的独立性,但各部分之间又有密切的联系,各部分都为同一中心内容服务。采用这一结构方式,在写作时要注意合理地安排各部分的先后顺序,或以主次为序,或以轻重为序,或以因果为序等。

（3）纵式结构。按工作进程,以时间顺序或事物发展的自然顺序安排内容,分别对每个发展阶段的情况进行分析和总结。这种安排便于反映事物发展的全过程,使读者的思想认识逐步走向深入。采用这种结构方式时,特别要注意详略处理,不要平铺直叙；发展过程的叙述要服从总结经验和教训的需要,要注意各部分之间的连贯性,使整个总结成为一个有机的整体。

（4）纵横交织结构。既考虑时间的先后顺序,反映事物发展的过程,又注意内容的逻辑联系,逐层深入地突出几个问题,纵横交织、事理结合。采用这种结构方式,既能使读者了解工作的全过程,又便于读者借鉴各阶段的成功经验。

（三）落款

落款包括署名和日期。总结单位的名称一般写在标题中,也可在正文的右下方写明总结单位和日期；随另文发送的总结可不具名；个人总结的署名,一般写在正文的右下方。

【范例4-2】

语文能力训练总结

通过三个月的语文能力强化训练,自己的言语理解和运用能力得到了很大的提升。具体表现为:与人交谈不仅语言顺畅、表意恰当、应对自如,而且时有"灵感"闪现,能够自然得体地使用幽默风趣的语言以及各种修辞手法来增强语言的生动性和感染力;阅读时不仅能够准确把握文本的要旨,而且能够从中获得更多的感悟;提笔为文,不仅能够很快明确自己要表达的思想,迅速理清自己的思路,而且遣词造句得心应手。事实证明,这一阶段自己在语文能力强化训练方面所采用的方法是十分有效的。为了使更多的人能够从我的经验中获得启示,现将前一阶段自己在语文能力强化训练方面的做法和体会总结如下。

一、基本情况

在实施语文能力强化训练之前,本人的听、说、读、写能力较差。具体表现为:与人交谈,常常找不到合适的词句来表达自己的意思,有时还会因口误使自己十分尴尬;读书虽然很认真,却不得要领,从书中所获教益甚微;提起笔来写文章,不是感觉没什么可写,就是不知如何来写,有时即使进入写作状态,也常常出现"卡壳"的情况。在这样一种情况下,本人实施了三个月语文能力强化训练计划,主要做了以下几个方面的工作。

(1)以××××大学出版社出版的《大学语文》为主教材,选取了其中16篇课文进行朗读训练,有的文章读了不下上百遍,直至达到脱口而出的地步。

(2)以《增广贤文》《论语》和《伊索寓言》为主要读物,反复阅读,细加品味,深入思考,最大限度地从中获得思想营养。与此同时,对于《增广贤文》的文本进行反复的朗读,熟读成诵。

(3)充分地发挥想象和联想能力,再现诗文所描绘的情景。与此同时,将文中所写与现实生活联系起来进行思考,力求从中获得多方面的感悟。

经过这么几个方面的强化训练之后,本人的语文能力得到了较大的提升。

二、几点体会

(1)要有持之以恒的精神。培养语感最有效的方法是对同一篇文章进行反复的诵读。对于一篇文章进行不厌其烦的反复朗读,难免会有枯燥乏味的感觉,尤其是在读了多遍还没有品味出语言的美感、获得精神上的愉悦以及获得思想上的感悟的情况下,容易产生懈怠的心理。在这种情况下,一定要坚持下来,尤其是要从语言形式、表现技巧和思想内容等多方面对文章进行细细的品味和感悟。只要坚持下来,最终会得到强烈的审美体验和深刻的感悟,收获到成功的喜悦。

(2)充分展开想象与联想不仅是深入理解诗文内容和从理性的高度把握写作特点的前提,而且是打开写作思路的关键。想象与联想能力的培养既要深入书中,又要跳出书外,要善于在生活的触发下让思想大胆而自由地驰骋。

(3)思想的丰富与提升对语文能力的提高非常关键。丰富和提升思想要注意阅读和体验有机结合。虽然从书本上获得思想养分比较直接和迅速,但真正要提高认识事物和分析事物的能力,从而提高自己提炼和表现主题的能力,还要依赖对于生活的观察、思考和体验。

应用写作(第四版)

> 　　在前一阶段的语文能力强化训练中,虽然取得了以上三点经验,但存在以下几点失误:
> 　　(1)最初朗读时没有注意语速、语调和节奏,这样对语感的形成极为不利;
> 　　(2)在一段时间内误用了"速读"的方法,虽然读了一些东西,但实际收效甚微;
> 　　(3)有的阅读文本没有选好——只有读思想底蕴深厚的书,我们从思想上才能获得较大的增益。
>
> ×××
20××年×月×日

【提示】范例4-2的这篇总结结构完整,内容充实,层次清楚;"干了什么"交代得很具体,取得了哪些经验、有什么教训都写得恰到好处。

二、写总结应注意的问题

(一)全面回顾,深刻分析

总结既然是为了找出工作中的成绩和问题,吸取经验和教训,以利于今后工作的开展,就有必要对过去的工作进行全面回顾,深刻分析。所谓全面,是指基本情况、成绩和问题、经验和体会、今后打算等几个重要的方面一个都不能少,少了就不能算是一份真正意义上的总结,就会失去指导工作的意义。深刻分析,既要找出各个方面存在的问题,又要分析产生这些问题的原因。需要注意的是,全面总结并不意味着事无巨细、面面俱到,必须有所取舍、有所侧重。

(二)用事实说话,真实、客观

用事实说话,主要体现为列举工作中的具体事例和对事例进行分析。生动的例子不仅能加深读者的印象,而且能增强说服力,因而用事实说话可以提高总结的价值。事实的选用既要真实,又要客观,不夸大,不缩小,这是分析问题、得出正确结论的前提。

(三)条理要清晰

总结是用于向他人传达信息的,如果条理混乱,读者将难以阅读和理解,即使勉强读完,也难以把握核心要点,这样就无法实现总结的初衷。因此,撰写总结时应注重逻辑性和层次性,合理安排内容结构,使读者能够轻松地跟随思路,理解总结的核心内容。

(四)突出重点

个人或单位在一段时间内会积累大量的工作内容和经验,但如果事无巨细地一一罗列,不仅会使总结冗长乏味,还会淹没关键信息,失去总结的价值。因此,撰写总结时必须抓住最重要的内容进行提炼和阐述,避免面面俱到,确保总结具有针对性和指导性。

【实战训练】

前事不忘,后事之师。不管做任何事情,做完后都有必要进行一番回顾、反思,总结收获和成绩,吸取经验和教训,借以指导下一阶段的工作。从另一个角度讲,人总是在不断地总结中成长与进步的,因此,学会总结,善于总结,将会受益终身。

请你认真回顾自己前一阶段的学习,从中总结出成功的经验和失败的教训,写一篇学习和生活的阶段性总结。

要求:① 题目自拟;② 不能停留在学习、生活过程的一般回顾或优缺点的自我鉴定上,要加以分析、概括,突出收获和体会;③ 正文按"基本情况—成绩和问题(或做法、体会)—今后努力的方向"的框架结构写作;④ 字数为 800~1000 个字。

第四节 会议记录

【话题与案例】

朱秘书在做会议记录。他心想:这个马局长,说话也太快了,让人记都记不过来。我就喜欢刘副局长讲话,他不仅讲话慢,而且一句话总是重复好几遍,记起来轻松。

【基础知识与范例】

在会议过程中,由记录人员把会议的组织情况和具体内容记录下来,就形成了会议记录。"记"有略记与详记之别:略记是记会议概要,即会议上的重要或主要言论;详记则要求记录的项目必须完备,记录的言论必须详细、完整。

会议记录的格式

一般会议记录的格式包括两个部分:一部分是会议的组织情况,要求写明会议的名称、时间、地点、出席人数、缺席人数、列席人数、主持人、记录人等;另一部分是会议的内容,要求写明发言、决议、问题,这是会议记录的核心部分。

对于发言的内容,一是详细具体地记录,尽量记录原话。这种记录主要用于比较重要的会议和重要的发言。二是摘要性记录,只记录会议要点和中心内容,多用于一般性会议。

会议结束,记录完毕,要另起一行写"散会"二字;若中途休会,要写明"休会"字样。

【范例 4-3】

会议名称:　　　　　　　　　　会议时间:
会议地点:　　　　　　　　　　记录人:
出席与列席会议人员:
缺席人员:
会议主持人:
主要议题:
发言记录:

散会。

　　　　　　　　　　　　　　　　　　　　　　签字:

应用写作（第四版）

【范例4-4】

××××工作会议

时间：××××年××月××日××时
地点：公司办公楼五楼大会议室
出席人：×××　×××　×××　×××　×××　……
缺席人：×××　×××　×××
主持人：公司总经理李××
记录人：办公室主任刘××
主持人发言：（略）
与会者发言：×××：……
　　　　　　×××：……
　　　　　　×××：……
散会。

主持人：×××（签名）
记录人：×××（签名）

（本会议记录共×页）

【写作指导】

一、会议记录的写作要点

（1）准确写明会议名称（要写全称）、开会时间和地点。

（2）写明会议主持人姓名，出席会议应到和实到人数，缺席、迟到或早退人数及具体人员姓名，记录人姓名。如果是群众性大会，只要记参加的对象和总人数，以及出席会议的较重要的领导成员即可。如果某些重要的会议，出席对象来自不同单位，应设置签名簿，请出席者签署姓名、单位、职务等。

（3）忠实记录会议上的发言和有关动态。会议发言的内容是记录的重点，其他会议动态，如发言中的插话、笑声、掌声、临时中断以及别的重要的会场情况等，也应予以记录。

记录发言可分摘要与全文两种。多数会议只要记录发言要点，即把发言者讲了哪几个问题，每一个问题的基本观点与主要事实、结论，对别人发言的态度等作摘要式的记录，不必"有闻必录"。某些特别重要的会议或特别重要人物的发言，需要记下全部内容。有录音条件的，可先录音，会后再整理出全文；没有录音条件的，应由速记人员担任记录人；没有速记人员，可以多配几个记录较快的人员担任记录人，以便会后互相校对补充。

（4）记录会议的结果，如会议的决定、决议或表决等情况。

会议记录要求忠于事实，不能夹杂记录人的任何个人情感，更不允许有意增删发言内容。会议记录一般不宜公开发表，如需发表，应征得发言者的审阅和同意。

二、会议记录的重点

会议记录应该突出的重点有：

(1) 会议中心议题和围绕中心议题展开的有关活动;
(2) 会议讨论、争论的焦点以及各方的主要见解;
(3) 权威人士或代表人物的言论;
(4) 会议开始时的定调性言论和结束前的总结性言论;
(5) 会议已议决的或议而未决的事项;
(6) 对会议产生较大影响的其他言论或活动。

三、会议记录的写作技巧

一般来说,会议记录的写作技巧有四条:一快、二要、三省、四代。

一快,即记得快。字要写得小一些、轻一点,多写连笔字。同时,记录时要顺应肘部和手部的自然运动趋势,保持动作的流畅,从而确保记录的高效性。

二要,即择要而记。就记录一次会议来说,要围绕会议议题、会议主持人和主要领导发言的中心思想、与会者的不同意见或有争议的问题、结论性意见、决定或决议等做记录;就记录一个人的发言来说,要记其发言要点、主要论据和结论,论证过程可以不记;就记一句话来说,要记这句话的中心词,修饰语一般可以不记。要注意上下句子的连贯性,一篇好的记录应当独立成篇。

三省,即在记录中正确使用省略法。例如,使用简称、简化词语和统称;省略词语和句子中的附加成分,比如"但是"只记"但";省略较长的成语、俗语、熟悉的词组,句子的后半部分画一曲线代替;省略引文,记下起止句或起止词即可,会后再查补。

四代,即用较为简便的写法代替复杂的写法。具体有:一可用姓代替全名;二可用笔画少易写的同音字代替笔画多难写的字;三可用一些数字和国际上通用的符号代替文字;四可用汉语拼音代替生词难字;五可用外语符号代替某些词汇,等等。但在整理和印发会议记录时,均应按规范要求办理。

【实战训练】

不论是什么行业、什么单位,因为工作的需要,都经常要开一些会议——或传达上级机关的指示精神,或要求下级机关完成某项工作,或讨论某个问题、希望达成共识等。为了确保会议精神的贯彻和落实,也为了日后有据可查,每次会议都要做一个记录。

根据下面这则故事,请你拟写一份会议记录。

泛舟之役

公元前 650 年,在秦穆公的帮助下,逃亡梁地的晋国公子夷吾回国即位,是为晋惠公。晋惠公在即位前曾答应秦国,如帮其回国即位,就将河外五城送给秦国以为报答。但是晋惠公登上王位后,随即反悔。

晋惠公即位后,晋国接连几年都遇到灾荒,五谷不收。到公元前 647 年,仓廪空虚,饿殍遍野,晋国不得不向其他国家买粮。想来想去,秦国离晋国最近,于是,晋惠公又厚着脸皮求秦国。

秦穆公召集群臣商议是否卖粮给晋国。

蹇叔、百里奚都认为天灾是无法避免的,帮助邻国也是理所当然的,主张卖粮。

秦穆公认为自己有恩于晋,晋却不思回报,有点迟疑。

公孙枝说:"我们对晋国施恩,本来就没想过要回报,不回报我们也没损失什么,他们知恩不报,过在他们,我们还是应该卖粮给他们。"

丕豹却认为:"晋君无道,这是天赐良机,我们正好借机灭晋,机不可失。"

大夫繇余说:"仁者不乘危以邀利,智者不侥幸以成功,秦国不可乘人之危,我们应当卖粮给晋。"

秦穆公考虑再三,说:"有负于我的,是夷吾,不是晋国的百姓,受到饥荒威胁的却是晋国百姓,我不忍心因为晋国的国君有负于我而让百姓受灾。"

于是,秦国派大量的船只运了万斛粮食,由秦都雍城(今陕西凤翔南)出发,沿渭水,自西向东五百里水路押运粮食,随后换成车运,横渡黄河以后再改由山西汾河漕运北上,直达晋都绛城。运粮船的白帆从秦都到晋都,八百里路途首尾相连,史称"泛舟之役"。

第五节 先进事迹材料

【话题与案例】

学院决定推荐你们班为"市级文明班集体",需要向市教育主管部门报送一份你们班的先进事迹材料。因为你对你们班的情况比较了解,老师让你来写这份材料。你知道怎么写吗?

【基础知识】

先进事迹材料是指陈述先进单位或个人的典型事迹,建议上级有关部门给予肯定、表彰和奖励,或号召人们学习其先进思想和可贵精神的一种应用文书。先进事迹材料的写作对象主要有两类:一类是先进个人,如优秀教师、先进工作者、劳动模范等;另一类是先进集体或先进单位,如思想政治工作先进单位、优秀班集体、抗洪抢险先进集体等。

一、先进事迹材料的作用

先进事迹材料是上级部门树立先进和典型的依据。写好先进事迹材料是弘扬正气、鼓舞士气、激励人们向英雄模范人物学习的一种重要手段;通过先进事迹材料,人们可以了解先进集体的好作风和崇高精神,了解先进人物的好思想、好品德,进而学习这些好思想、好品德。从这个意义上讲,写好先进事迹材料,对推动全社会的精神文明建设具有重要的意义。

具体来讲,先进事迹材料的作用主要表现为两点:一是表彰先进。先进事迹材料最直接的作用,就是对先进人物或先进集体进行表彰,对他们的先进事迹予以充分肯定,鼓励他们再接再厉。二是教育群众。通过对先进人物或先进集体的先进事迹进行表彰,树立模范,能够起到教育广大人民群众的作用。

二、先进事迹材料的分类

（一）按照内容主体来分类

一是先进个人，如先进工作者、优秀党员、劳动模范等的事迹材料；二是先进集体，如先进党支部、先进车间或科室、抗洪抢险先进集体等的事迹材料。

（二）按照材料性质来分类

一是典型经验材料，其内容主要是写个人或集体取得成绩的好经验、好做法；二是典型事迹材料，其内容以人物的先进事迹为主体。

事迹材料和典型经验材料的内容侧重点不同：事迹材料以先进对象的事迹和成绩为主要内容，侧重于"做了什么"；典型经验材料以先进对象的经验和做法为主要内容，侧重于"怎么做"。事迹材料可分为个人事迹材料和集体事迹材料，而典型经验材料主要指先进集体经验材料，应用中很少有先进个人经验材料。

三、先进事迹材料的特点

（一）真实性

先进事迹材料的内容必须真实、可靠，无论是介绍单位或个人的基本情况，还是材料中所反映出的先进思想、先进事迹和典型经验，都必须做到实事求是，绝不允许有任何虚构或想象。只有这样才能起到树立典型、教育群众、鼓舞群众的作用。

（二）感染性

先进事迹材料的写作目的是表彰先进人物或先进集体的先进事迹，树立典型，对大众的言行起到引导的作用。这就要求先进事迹材料能够吸引读者、感染读者，能够在读者心中留下深刻印象，能够使读者产生情感共鸣，从而发挥教育作用。因此，先进事迹材料一般具有具体、生动、形象、富有强烈的感染力等特点。

（三）时代性

先进事迹必须体现时代精神，与社会发展需求紧密结合，这样才能发挥积极的引领和推动作用。例如，科技创新中的突破、社会公益中的奉献，都应展现鲜明的时代价值，让读者感受到其背后的力量。

（四）独特性

先进事迹的感染力源于其独特性，体现在独特的经验、创新的方法或开创性的贡献。这种独特性使他们能够脱颖而出，打动人心、影响他人，成为值得学习的榜样。

四、先进事迹材料与通讯的主要区别

从内容实质上讲，先进事迹材料与通讯没有本质的区别，二者的差异主要在于以下几点：

（1）先进事迹材料一般用于本系统、本部门树立典型，奖励先进和激励后进；通讯的写作目的主要是引导舆论、弘扬正气、营造良好的社会氛围。

（2）先进事迹材料的素材以能够表现人物的精神品质或单位的事迹与经验为取舍原则，

对于时效性的要求不是十分严格;作为新闻体裁的通讯对素材的时效性要求较为严格。

(3)先进事迹材料一般从多角度表现先进主体的精神面貌,内容比较全面;通讯一般截取一个断面或者抓住一个或几个亮点加以表现。

(4)先进事迹材料的语言朴实、庄重,而通讯的语言生动、形象。

【写作指导与范例】

一、先进事迹材料的结构和写作要点

先进事迹材料一般由标题、正文和落款三个部分构成。

(一)标题

先进事迹材料的标题有三种写法:第一种是由先进人物姓名(或集体名称)、主题内容和文种名三个部分组成,如《×××同志教书育人先进事迹》;第二种是由人物姓名(或集体名称)和文种名两个部分组成,如《×××同志事迹简介》;第三种是新闻式标题,主标题概括事迹材料的中心思想,副标题与第一种或第二种写法相同,如《16秒的生死抉择——记兰州空军某部飞行员李剑英的事迹》。

(二)正文

先进事迹材料的正文由开头、主体及结尾三个部分构成。

1. 开头

正文的开头部分,简要介绍先进个人、先进集体的总体情况。对先进人物,主要介绍其姓名、性别、年龄、政治面貌、工作单位、职务、曾获得何种先进称号、主要事迹及群众评价等。此外,还要写明有关单位准备授予其什么荣誉称号,或给予哪种形式的奖励。对先进集体、先进单位,先要介绍其先进事迹材料产生的自然环境、社会背景,然后要概括说明其先进事迹的主要内容、突出成就。语言要简洁明了,不要冗长、啰唆。

2. 主体

主体部分是先进事迹材料的核心内容,是对先进人物或先进集体的事迹情况、典型经验的具体展开,尤其要突出先进人物或先进单位的感人事迹、闪光思想。为了增强先进事迹材料的说服力,起到树立模范形象的作用,还要注意选择那些具有代表性的具体事实来加以说明,在必要时还可运用一些数字。

写作这部分内容时,要详略得当,内容充实,突出重点。一般来说,这部分内容的表述,既要有思想,又要有具体做法或实例;既要有面上的综合,又要有点上的说明。

3. 结尾

先进事迹材料结尾的写法不固定,可以点明主体部分所叙述的先进事迹的意义,进行总体评价,也可以发出号召要求大家向先进人物或先进集体学习。

(三)落款

先进事迹材料一般在正文的右下方注明单位名称、写作日期,然后加盖公章。先进事迹材料不宜以个人名义署名,因为撰写先进个人和先进集体的材料,都是以本级组织或上级组织的名义,是代表组织意见的。所以,材料写完后,应经有关领导同志审定,由相应一级组织正式署名上报。

【范例 4-5】

一心为乡亲　倾力筑和谐
——×××同志先进事迹材料

×××同志自担任×××以来,始终牢记党的宗旨,全心全意为人民服务,以高度的责任感和使命感,扎根基层,无私奉献,为推动乡村发展、增进村民福祉作出了突出贡献,赢得了群众的广泛赞誉。

一、心系群众,真情服务暖民心

×××同志始终把群众的冷暖放在心上,把群众的事当作自己的事。他深知农村工作的重点在于解决群众的实际困难,因此,他经常深入田间地头,走访农户,了解群众的生产生活情况,倾听群众的心声。他积极协调各方资源,为村里争取项目资金,帮助村民改善生活条件。同时,他还组织村民开展技能培训,提高村民的就业能力,拓宽增收渠道,让村民的生活质量不断提升。

二、勇于担当,攻坚克难促发展

在任职期间,×××同志面对村里基础设施薄弱、产业发展滞后的现状,迎难而上,积极谋划发展思路。他带领村"两委"班子,修建了村里的道路,解决了村民出行难的问题;安装了路灯,让乡村的夜晚亮了起来;修建了灌溉设施,保障了农田的灌溉用水,提高了农作物的产量。在产业发展方面,他结合本村实际,大力发展特色农业,引进了优质农产品种植项目,成立了专业合作社,带动村民增收致富。他还积极发展乡村旅游,挖掘本村的自然风光和历史文化资源,打造乡村旅游品牌,吸引了大量游客前来观光旅游,为村集体和村民带来了可观的收入。

三、以身作则,廉洁奉公树形象

作为一名党员干部,×××同志始终坚守廉洁底线,以身作则,廉洁奉公。在工作中,他严格遵守各项规章制度,不搞特殊化,不以权谋私。在项目建设中,他坚持公开、公平、公正的原则,严格把关,确保工程质量,杜绝了腐败现象的发生。他用自己的实际行动,为村民树立了良好的榜样,赢得了群众的信任和支持。

四、凝聚力量,共建和谐新农村

×××同志注重发挥党组织的战斗堡垒作用和党员的先锋模范作用,团结带领全村党员群众,共同建设和谐新农村。他定期组织党员开展学习活动,提高党员的思想政治素质;积极开展文明创建活动,倡导文明新风,营造了良好的社会氛围。他还注重矛盾纠纷的排查化解,及时发现并解决村民之间的矛盾纠纷,维护了村庄的和谐稳定。

×××同志以对党的忠诚、对事业的执着、对群众的深情,扎根基层,无私奉献,用实际行动诠释了一名共产党员的初心和使命,为乡村振兴事业贡献了自己的力量。他的先进事迹,激励着更多的党员干部扎根基层,服务群众,为实现中华民族伟大复兴的中国梦不懈奋斗。

【提示】这份先进事迹材料既全面展现了主人公扎根基层、服务群众的突出表现,又通过具体事例生动体现了其勇于担当、廉洁奉公的优秀品质,结构清晰,语言简洁,具有较强的感染力和说服力。

二、写作先进事迹材料的注意事项

（一）事迹必须真实、可靠

先进事迹材料的先进事迹是否真实，直接关系先进典型的影响力。只有绝对真实才能使先进典型真正具有教育人、鼓舞人的作用。因此，凡是先进事迹材料中反映的先进思想、先进事迹，一定要认真核对清楚，不允许有半点虚假、拔高、拼凑及张冠李戴的情况，不能把道听途说、未经核实的东西写入材料。

（二）观点和提法要分寸恰当

在叙述先进典型的事迹和经验时，要注意摆正先进典型和其他群众、集体的关系。许多先进个人、先进集体的事迹，都不是单枪匹马干成的，是与周围群众和其他集体、单位的大力支持分不开的。因此，讲先进典型的事迹，一定要注意切不可讲那些脱离群众、脱离集体观念的过头话。否则，就不能起到先进典型的带动作用。

（三）文字要朴实、简明

整理先进事迹材料，主要是通过实实在在的事实说话，以叙事为主要表达方式。与此同时，在语言表达上，一定要善于选择那些实在、贴切的词语，不要过多选用做修饰成分或言过其实的形容词。不要讲空话、套话。语言要简洁明了，朴实无华，让群众易于接受。

【实战训练】

文明班级先进事迹材料的内容可以包括爱国爱党、勤奋学习、尊师爱生、遵纪守法和热衷公益等几个方面，每一个方面都要用典型事例来说明。请你根据这里的提示写一份你们班的先进事迹材料。

第六节 声　明

【话题与案例】

F学院学生马晓哈不慎将身份证丢失。两个月后，先是银行工作人员找到她，说她的信用卡透支了一万多元，到期未还，让她在规定时间内还款。接着是汽车租赁公司找到她，说她一周前租用了一辆汽车未归还……对此，马晓哈感到吃惊——因为她从未办过信用卡，也没有租过汽车。但银行工作人员和汽车租赁公司的员工都说办理相关手续的身份证是马晓哈的，这让马晓哈很头疼。请问，关于别人假借马晓哈身份证办理信用卡和租车之事，马晓哈有责任吗？身份证丢失时，应该怎么办？

【基础知识与范例】

在经济生活十分活跃、人们维权意识不断增强的情况下，作为集体和个人重要维权工具的声明这一文体使用越来越广泛。证件丢失、商标被假冒、名称被盗用、名誉被损害、著作权被侵犯等，这些都可以通过媒体发表声明，以防止或遏制侵权行为的发生或继续。

声明是指党政机关、企事业单位、社会团体以及公民个人就有关事项或问题表明自己的观点或态度，或者向侵害自身权益者发出书面警告，或者向社会公众说明有关情况时使用的一种事务类文书。

声明的发文主体没有限定，党政机关、企事业单位、社会团体以及公民个人均可发表声明。声明的发布途径广泛、发布形式灵活，可以在报刊上登载，可以通过广播、电台播发，也可以利用互联网发布，还可以进行张贴。

声明可以由声明人自己发布，也可以授权给律师，由律师代表声明人发布，还可以由声明人和律师共同发布。

一、声明的主要类型

从大的层面上讲，声明分为外交专用声明和一般性声明两大类。本书只讨论一般性声明。一般性声明主要分为以下三类：

（一）告启性声明

告启性声明是指在丢失了重要的证件、文件、印章、凭证等情况下，为了防止他人或不法分子冒领、冒用等行为发生，提醒相关单位和个人注意而发布的声明。这类声明的作用是预防侵害行为的发生，以避免或减少声明人的损失。如下面这则声明：

【范例 4-6】

遗失声明

马晓哈不慎于202×年5月4日将第二代居民身份证丢失，身份证号：××××××××××××××××××；发证机关：××市××区公安分局。

特此声明！

【提示】范例 4-6 是一则由个人发布的遗失声明，其发布目的是防止他人冒用自己的证件而给自己造成损失或带来麻烦。

（二）警示性声明

警示性声明是指自己的权益有可能受到侵害或已经遭到侵害时，为了防止或制止侵害行为、维护自己的合法权益而发布的声明。这类声明的作用主要是对实施侵权者进行警示或警告，防止侵权行为的发生或制止已经发生的侵权行为。如下面这则声明：

【范例 4-7】

××省食品进出口公司
授权××市律师事务所×××律师
郑重声明

"××牌"是××省食品进出口公司于××××年依法申请的注册商标，该公司享有此注册商标的所有权。"××牌"白砂糖是××省食品进出口公司享誉国际市场的名牌产品，深受国内外消费者的信赖。最近发现有单位未经该公司许可，擅自制造销售带有该公司"××牌"注册商标标识的白砂糖。此种行为是违反我国商标法的严重侵权行为。为维护该公司合法权益，本律师经××省食品进出口公司特别授权，郑重声明如下：

　　凡有上述商标侵权行为的单位，必须立即停止其非法行为。否则一经发现，本律师将诉诸法律，依法追究侵权者的法律责任。

××市律师事务所　×××律师
202×年6月10日

【提示】范例 4-7 是一则警示性声明，其发布目的是为维护企业的合法权益和信誉不受侵害，制止擅自制造、冒用注册商标的侵权行为。

（三）澄清性声明

澄清性声明是指本来与自己无关的行为或事件连累到自身的声誉，或者影响到自己业务的正常开展等情况发生时发布的，旨在澄清事实、还自己以清白的声明。例如，当别人利用与自己名称相近的商标制造假冒伪劣商品而累及自己的产品声誉时，就需要发表声明向公众说明情况，使公众明白事实真相。

【范例 4-8】

声　明

　　近来，我校个别教师以帮助学生联系工作为由，大肆收受家长和学生的钱物，在校内外造成了极坏的影响。为此，我校在此郑重声明：个别老师的行为纯属其个人行为，与本校无关。

　　特此声明。

××中医学院
202×年6月15日

【提示】范例 4-8 是一则澄清性声明，其发布目的是向公众说明个别老师的不良行为与学校无关，希望大家不要产生误会。

二、声明的文体特点

声明是为表明自己的态度，或说明事件与问题的真相，从而使自己的声誉或其他权益不受侵害或少受侵害所使用的一种事务类应用文。这一文体主要有以下几个特点：

（一）严肃性

不论是表明自己的态度，对侵权行为提出警告，还是说明事件或问题的真相，还自己一个清白，这些都是严肃的行为。这就决定了声明这种文体在使用上的严肃性，即措辞要严谨、事实要确凿、态度要坚决、语言要恰如其分。

（二）针对性

声明都是针对一定的侵权行为或问题而发布的，在写作时要指明具体的侵权行为或问题,这样才能对侵权者起到警告作用,或者使公众弄清事实真相。

（三）警示性

声明大多是为了防止侵权行为的发生或者制止侵权行为的继续而发表的,这类声明具有警示或警告的作用。

（四）说明性

为了澄清事实、消除公众对自己的误会而发布的声明以说明事实真相为主要内容,具有说明性的特点。

【写作指导】

一、声明的写作要点

声明由标题、正文和尾部三个部分组成。

（一）标题

声明的标题有三种写法：一是由单位名称、事由、文种名三个部分构成；二是由事由和文种名两个部分构成,如《遗失声明》；三是直接用文种名"声明"作为标题。

标题上有时加"严正"二字,如《××渊源文化传播有限公司严正声明》；有的声明单位授权××律师,在标题上也标明,如《××作文网授权法律顾问××律师声明》。

（二）正文

声明的正文部分一般由发表声明的缘由、声明事项和声明者的态度三个部分构成。

1. 声明的缘由

这一部分简明扼要地交代发表声明的原因。如"近一个时期以来,市场上出现了两种《怎样写好高考作文》的盗版书。盗版者严重侵害了原作者黄××先生和××大学出版社的合法权益。为此,黄××先生和××大学出版社共同授权律师×××发表声明如下"。

2. 声明事项

简明扼要地交代发表声明的缘由和目的之后,紧接着要直接陈述声明事项。

告启性声明要交代清楚受文对象须知的各种具体事项。如关于遗失重要票据、证件一类的声明,既要写清楚遗失了什么,又要写清楚票据的号码和银行账号,证件的签发机关和编号等重要信息,然后"声明作废"。

警示性声明重在向侵权行为人提出警告,责令其停止侵权行为。如"责令盗版者停止侵权盗版行为,希望图书销售者停止购进和销售盗版书"。

澄清性声明主要陈述清楚事实,使公众明白该事件或行为与声明人无关或并非声明人的真实意愿。

3. 声明者的态度

这一部分是在陈述声明事项的基础上,表明声明人的态度。例如,遗失类的声明在"声明作废"的同时,需提请公众注意有可能发生的他人冒领、冒用的行为,并明确表示自×声明发布之日起,因声明作废的证件所发生的一切责任与自己无关。警示性声明在向行为人发出警告的同时,表明将依法维权或保留追究责任权利的态度。澄清性声明表明自己将针对相关事件作出怎样的反应。

（三）尾部

声明的尾部包括署名、时间和附项三项内容。署名是指发表声明的单位或个人签署自己的名称,时间是指发表日期。有的声明正文中写有希望公众检举揭发侵权者,还应在署名项目的右下方附注自己单位的地址、电话以及电子信箱等,以便于联系。

二、写作声明应注意的问题

（1）声明是一种严肃庄重的文体,写作时一定要注意语言分寸,措辞要严谨、语气要坚定。不能言辞过激,更不能随意指责和谩骂。

（2）声明的写作要在简明扼要地陈述事实的基础上,直截了当地就有关事项和问题发表自己的意见、表明自己的态度。力求层次清晰、言简意赅。

（3）声明的内容要素必须齐全,行文要规范。发表声明的缘由要交代清楚,声明事项要具体、明确、合理、合法,态度要坚决。

（4）声明的写作要有明确的针对性,要直接点出事实,明确指出行为后果,但不对事实进行议论和评价。

【实战训练】

遗失声明

周××不慎于 2025 年××月××日将第二代身份证丢失,身份证号：××××××××××××××××××。特此声明！

这是一则由个人发布的遗失声明,其发布目的是防止他人冒用自己的证件而给自己造成损失或带来麻烦。请你思考,这份声明应该如何完善呢？

第七节 简　　报

【学习提示】本节为自学内容,读者可扫描文前二维码进行学习。

第八节 调查报告

【学习提示】本节为自学内容,读者可扫描文前二维码进行学习。

第九节 城市形象宣传语

【学习提示】本节为自学内容,读者可扫描文前二维码进行学习。

第五章 日常应用文

　　日常应用文是指个人在日常生活、学习和交往中所使用的各种应用文的总称。它在交流沟通、加强和改善人际关系、从事社会交往、表达愿望或意向、规范个人社会行为等各方面都起着十分重要的作用。

第一节 日常应用文概述

> 虽然时代发展了,信息的传播手段发生了很大的变化,但是我们在日常生活、学习和交往中所要用到的各种日常应用文的基本内容、文体特征都没有发生变化,而且其在我们生活、学习和交往中的作用显得更加重要。

一、日常应用文的特点

（一）及时性

日常应用文中的很多文种,有极强的时效性,写得晚了就失去了应用价值。例如,贺信、祝词等,要在事前或事中用,事情过了再写,就没有意义了。因此,日常应用文的写作要及时。

（二）有特定的对象和行文目的

日常应用文的对象是十分明确的,写给谁看,行文者一清二楚。日常应用文以某一个事件为主要内容,希望达到什么样的写作目的也是明确的。因此,日常应用文写给谁、写些什么、达到怎样的效果,写作者事先是知道的。

（三）简约性

日常应用文或为交往、交流和沟通而写,或为表达思想和读书时摘章撷句而作,都以简约为佳。简洁,使人一目了然,让人一看就懂,行文者的意图能够很好地体现。

二、日常应用文的写作要求

（一）书写格式要规范

日常应用文大多有规范的格式,写作时注意格式的规范性,不仅使应用文的内容和要点一目了然,而且也显示了对接收方的尊重。与此同时,格式的规范也便于迅速检索信息。如日记里所记的年、月、日、气候等,有时是很重要的资料,若略去不写,其作为历史资料的价值就大打折扣；书信要称呼在前、落款在后,这已是不成文的规定。

（二）语言要求精确、周密、生动、具体

日常应用文都要表达具体、准确的意思,因此,在语言的运用方面要求准确、周密,绝对不允许模棱两可。含糊不清,不仅是败笔,而且会影响内容的表达。有人认为,日常应用文只要语言准确、简洁,把意思表达清楚就行,语言生动不生动无所谓,这是一种错误的看法。日常应用文的语言同样要生动,语言生动了就会给人以强烈的美感,使人愉悦甚至兴奋,交际、交流的效果就会更好。当然,有些种类的日常应用文生动性不明显。但像书信、演讲稿之类的应用文,其生动性还是很突出的,如果写得枯燥无味,就缺乏感染力,很难收到好的表达效果。

（三）要注意感情色彩

有人认为日常应用文只要把事情说清楚、达到实用的目的就行了，是否有感情色彩无所谓，这是极其错误的看法。作为人与人之间思想与感情的交流工具，日常应用文的感情色彩特别重要。在这方面，林觉民的《与妻书》给我们树立了典范。首先，从日常交往的出发点来看，日常应用文的应用对象是"人"，而与"人"的交往没有感情是行不通的，也必然不会成功；其次，许多日常应用文写作本身就要求带有真诚的、浓郁的感情色彩，如感谢信、祝贺信、演讲稿等只有动之以情，才能增强表达效果。

第二节　感谢信

【话题与案例】

H医科大学的两位同学在实习结束返校途中，突然遇到一位老人晕倒在地陷入昏迷。两位同学毫不犹豫地走过去对老人实施人工呼吸和心肺复苏等急救措施。经过两位同学的施救，老人逐渐恢复意识，随后被送往医院接受进一步治疗。后来，老人经过多方寻找，终于找到了做好事不留名的两位同学。老人要给两位同学和其所在的H医科大学各写一封感谢信，你能帮他写一下吗？

【基础知识】

感谢信是指单位或个人，为了感谢对方的关心、支持和帮助而写的书信。感谢信带有表彰、赞扬、鼓励和感谢的特性。它把对方助人为乐、舍己为人的好思想、好作风写出来，起到树立新风和弘扬正气的作用。

感谢信可分为以单位名义写的感谢信和以个人名义写的感谢信两种。

【写作指导与范例】

一、感谢信的结构与写作要点

感谢信的结构包括标题、称呼、正文、结语、签署五个部分。

（一）标题

标题有两种写法：一是直接标明文种"感谢信"；二是受文对象与文种结合而成，如"致××的感谢信"。标题用稍大的字标在第一行正中的位置。

（二）称呼

在标题下一行，顶格写被感谢的单位名称或个人姓名。个人姓名后，应加上"先生""同志"或其他相应的称谓以表示礼貌。称呼之后加上冒号。

(三)正文

在称呼之后,另起一行空两格,写感谢的内容和感激心情。此部分应当分段写出以下两个方面的内容:

(1)简洁地叙述对方的好品德与所做的事情。在叙述的过程中,要交代清楚人物、时间、地点、起因、经过、结果,重点叙说在关键时刻对方的关心、支持、帮助所产生的结果。

(2)赞颂对方的可贵精神和产生的客观影响,并表明向对方学习的态度和决心。

(四)结语

结语部分应写上表示感激、敬意或祝愿的话,如"此致,敬礼""致以崇高的敬礼""致以最诚挚的敬礼"等。"此致"在正文后另起一行空两格写,其后的"敬礼"另起一行顶格写。

(五)落款

在结语之下的右方,空一行或两行写上发信方的单位名称或个人姓名,单位名称或个人姓名的下一行写上发信的年、月、日。

二、感谢信的写作要求

(1)要把被感谢的人物、事件,准确、精当地叙述清楚,使对方能够想得起来,组织上也能具体地了解是什么人在什么时间、什么地点做了什么好事,有什么好的影响。

(2)在叙述的过程中,要怀着感激的心情加以议论、评价,以便突出好人好事的意义。

(3)表示感谢的话要符合双方的身份,如年龄、性别、职业、境遇等。特别是要根据对方的具体情况表达谢意。感情要真诚、朴素,表达谢意的行动要符合实际,且说到做到,切实可行。

(4)文字要精练,评价要恰当,篇幅不宜过长。

【范例 5-1】

感谢信

××部队全体指战员:
  我市今年遇到了特大洪水灾害。在万分紧急的情况下,你部全体战士发扬了无私无畏的战斗精神,同我市全体人民并肩战斗,夜以继日地奋力抢救,赢得了抗洪斗争的胜利。你们这种助人为乐的精神是值得我们学习的。为此,特向你们表示衷心的感谢!
  我们决心在党中央和省委的领导下,努力搞好工农业生产,以实际行动报答你们的关心和帮助。
  此致
敬礼!

                ××省××市人民政府
                ××××年××月××日

【提示】这份感谢信首先点明事实,接着表达感谢之意,最后表明向对方学习的态度和决心。内容要素齐全,层次清楚。

【实战训练】

在开展"一帮一助学"活动中,田间中学初二(3)班的王新同学于 2025 年 6 月 20 日收到诚信建设公司李铭寄来的 5000 元助学金和衣服、文具等物品。请你以王新同学的身份给诚信建设公司的李铭写一封感谢信。

要求:① 符合感谢信的基本格式及内容要求;② 正文字数不超过 150 个字;③ 语言符合写信人的身份。

第三节 申请书

【话题与案例】

学生:老师,我想换个专业。

老师:你先写个申请,把申请的理由写充分。

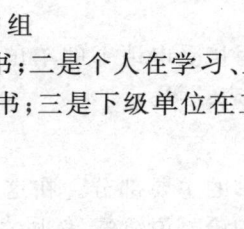

【基础知识】

申请书是指个人或集体向组织、机关、企事业单位或社会团体表达愿望、提出请求时使用的一种专用文书。

一、申请书的适用范围

申请书的使用情形主要有:一是个人或集体向组织、社会团体表达愿望、理想和希望时,可以使用申请书;二是个人在学习、工作、生活上对机关、社会团体、单位的领导有所要求时,可以使用申请书;三是下级单位在工作、生产方面对上级单位、领导有所要求时,可以使用申请书。

二、申请书的作用

申请书把个人或单位的愿望、要求向组织或领导表达出来,让组织或领导对自己或下级有一个了解,争取组织或领导的帮助与支持,密切了上下级之间、集体与个人之间的关系。具体来讲,申请书的作用主要有:一是下情上传的一种形式,二是一种良好的沟通手段,三是争取支持和帮助的一种途径,四是增加感情、引起重视的一种有效办法。

三、申请书的特点

申请书是个人或单位请求加入组织或是请求解决问题而向上级递送的一种特殊的书信,其主要特点如下:

（一）请求性

顾名思义，申请书是申述自己的理由，有所请求的意思。无论是个人志愿加入组织的申请，还是个人、单位在其他方面的申请，其写作目的都是表达某种请求和愿望。因此，请求性是申请书的一个重要特点。

（二）使用的广泛性

从国家层面来说，申请加入世界贸易组织，需用申请书；从一个城市来说，申请举办奥林匹克运动会，需用申请书；从一个单位来说，申请上级帮助解决困难，需用申请书；从个人来说，申请入队、申请入团、申请入党、申请调动工作、申请困难补助等都需用申请书。

（三）态度真诚，内容真实

申请书是请求上级同意、批准的应用文，不能因为希望获得上级的同意就编造或夸大事实，一定要实事求是。

（四）语言朴实，感情真挚、诚恳

申请书是表达自己意愿的专用书信，要让人一读就能明白你的真实意思和诚恳态度，所以用语要朴实，感情要真挚。例如，写入党申请书，就要把自己对党组织的真情实感写出来。

【写作指导与范例】

一、申请书的写作要点

申请书由标题、称谓、正文、结语和落款五个部分构成。

（一）标题

申请书的标题主要有两种形式：一种是由性质加文种构成，如《入团申请书》；另一种是直接用文种名"申请书"作标题。

（二）称谓

第二行顶格写接受申请书的单位或单位负责人名称，后加冒号。如"×××党支部：""系党总支领导同志："等。

（三）正文

正文是申请书的主要部分。在这部分里，要写清楚所申请事情的具体内容、理由和要求。用简短精练的语言说清楚，然后直接提出申请事项就可以了。

正文的层次安排一般按照以下顺序：首先开门见山、直截了当地向领导、组织提出申请；接着说明申请的目的及自己对申请事项的认识；最后进一步表明自己的决心、态度和要求，以便组织或领导了解写申请书人的认识和情况。申请书应写得具体、详细、诚恳且有分寸，语言要朴实准确、简洁明了。

（四）结语

申请书可以有结语，也可以没有。结语一般是表示敬意的话，如"此致，敬礼"等；也可以写表示感谢和希望的话，如"请组织考验""请审查""望领导批准"等。

（五）落款

在右下方署明申请人姓名，并在下面注明年、月、日。

【范例 5-2】

入党申请书

敬爱的党组织：

  我志愿加入中国共产党，拥护党的纲领，遵守党的章程，履行党员义务，执行党的决定，严守党的纪律，保守党的秘密，对党忠诚，积极工作，为共产主义事业奋斗终身，随时准备为党和人民牺牲一切，永不叛党。

  中国共产党是中国工人阶级的先锋队，同时是中国人民和中华民族的先锋队，是中国特色社会主义事业的领导核心。党始终代表中国先进生产力的发展要求，代表中国先进文化的前进方向，代表中国最广大人民的根本利益。党的百年奋斗历程深刻改变了世界历史的走向，深刻改变了中国人民的前途命运。党的十八大以来，以习近平同志为核心的党中央团结带领全国各族人民，实现了第一个百年奋斗目标，开启了全面建设社会主义现代化国家的新征程。我深刻认识到，只有在党的领导下，中华民族才能实现伟大复兴的中国梦。

  在大学期间，我始终将学习党的理论知识作为重要的精神追求，认真学习马克思列宁主义、毛泽东思想、邓小平理论、"三个代表"重要思想、科学发展观以及习近平新时代中国特色社会主义思想。通过学习，我深刻领会到新时代党的创新理论的科学性和实践性，进一步坚定了共产主义理想信念，明确了为人民服务的宗旨。

  作为一名新时代的大学生，我深知自己肩负的历史使命。在学业上，我勤奋刻苦，努力掌握科学文化知识，不断提升自身综合素质，以优异的成绩回报党和人民的培养。我连续获得校级一等奖学金，但这只是新的起点，我将继续努力，立志成为德智体美劳全面发展的社会主义建设者和接班人。

  在社会实践和日常生活中，我积极投身公益事业，关心集体，乐于助人，努力增强为人民服务的意识和能力。我深知，个人的成长离不开党和人民的支持，而我应将个人发展与国家命运紧密相连，为实现中华民族伟大复兴贡献自己的力量。

  我深知，成为一名合格的共产党员不仅要有坚定的理想信念，更要有实际行动。我渴望加入党组织，希望党组织考验我、接纳我。如果我暂时还未达到合格党员的标准，我将正视不足，继续努力，进一步完善自己，以实际行动争取早日加入中国共产党。

  请党组织在实践中考验我！

  此致

敬礼！

申请人：×××

20××年10月1日

【提示】这是一份申请加入中国共产党的申请书，开篇首先表达了自己志愿加入中国共产党的意愿，谈了自己对中国共产党的认识，接着陈述了自己在思想方面、学习方面和"增强为人民服务的意识"方面所作的努力，最后表达了渴望党组织接纳自己的愿望，表明了进一步完善自己的态度。全文层次清晰，意思表达十分清楚。

二、申请书的写作要求

（1）申请书要求一事一书。

（2）态度诚恳，内容真实，语言朴实。

（3）申请的理由必须充分，所陈述的事实要令人信服，要把申请事项、主要理由和具体要求写清楚，表述要详细明白，不能含混模糊。这样便于上级组织准确理解并进行研究处理。

【实战训练】

请你指出下列这则申请书存在的问题，并提出修改意见。

申请书

我通过团章、团组织以及团员同学的教育和帮助，认识到作为现时代的青年，应该积极争取加入共青团组织。

如果我被批准了，我决心遵守团的章程，执行团的决议，履行团员义务，争取早日成为一名共青团员；如果我一时未被批准，绝不灰心，争取继续努力入团。为此，强烈要求团组织考验我。

此致

敬礼！

申请人：张××
20××年5月4日

第四节 倡 议 书

【话题与案例】

我们每天生活在校园里，总希望校园洁净、舒适。然而，校园里到处是垃圾，墙壁上随处可见乱画的痕迹……于是，你想号召大家行动起来，共同创造一个良好的校园环境。这时，如果让你写一份倡议书贴出去，你该怎么写呢？

【基础知识】

倡议书是指个人或集体提出建议并公开发起，希望大家共同完成某项任务或开展某项公益活动时所用的一种专用文书。其主要用途是针对社会生活中的实际问题，或是为了完成某些重大任务，由个人或集体带头提出一些合理化建议，向公众发出一些公开性的号召，以引导大家积极参与。

一、倡议书的作用

倡议书具有广泛的群众性，可以在较大范围内调动群众的积极性，使大家心往一处想、劲往一处使，齐心协力共同做好一些有益于社会的事情或开展某些公益活动。

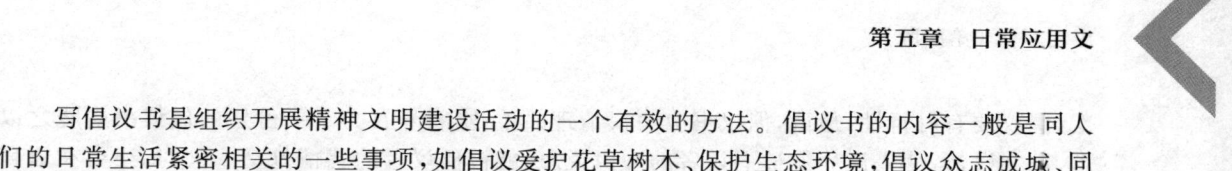

写倡议书是组织开展精神文明建设活动的一个有效的方法。倡议书的内容一般是同人们的日常生活紧密相关的一些事项,如倡议爱护花草树木、保护生态环境,倡议众志成城、同心协力等,所有这些都属于社会主义精神文明建设的重要内容。

二、倡议书的特点

（一）群众性

倡议书不是对某个人、某一集体或某一单位而言的,它往往面向广大群众,或对一个部门的所有人发出,或对一个地区的所有单位发出,甚至向全国发出。因此,倡议书具有广泛的群众性。

（二）对象的不确定性

倡议书是希望得到广大群众响应的,但其对象范围往往是不确定的。即便在文中明确了自己倡议的具体对象,但实际上有关人员可以表示响应,也可以不响应,而其中没有明确倡议的别的群众团体也可以有所响应。倡议书本身不具有约束力。

（三）公开性

倡议书是一种广而告之的书信,发布的目的是让广大人民群众知道和了解,从而使更多的人响应,以期在最大的范围内发挥作用。

【写作指导与范例】

一、倡议书的格式与写作要点

倡议书一般由标题、称呼、正文、结尾、落款五个部分组成。

（一）标题

倡议书的标题一般由文种名单独组成,即在第一行正中用较大的字号写"倡议书"三个字。另外,标题也可以由倡议内容和文种名共同组成,如《建设节约型机关的倡议书》。

（二）称呼

倡议书可依据倡议的对象而选用适当的称呼,如"广大的青少年朋友们""广大的妇女同胞们"等。有的倡议书也可不用称呼,而在正文中提出。

（三）正文

倡议书正文的内容包括以下几个方面：

（1）倡议书发出的背景、原因和目的。倡议书的发出重在引起广泛的响应,只有交代清楚倡议活动的原因、倡议提出的背景,并申明发出倡议的目的,人们才会自觉地响应。这些因素交代不清就会使人莫名其妙,难以获得响应。

（2）倡议的具体内容和要求。这是正文的重点部分。倡议的内容一定要具体。开展什么活动、都做哪些事情、具体要求是什么、它的价值和意义都有哪些均需一一写明。倡议的具体内容一般是分条开列的,这样写清晰明确、一目了然。

正文部分要写清楚三点：一是倡议做什么事；二是为什么要做这些事,即讲清目的和意义；三是怎么去做,提出初步设想。

倡议书有无效果,首先要看倡议的事情有无价值,这部分是否写得令人信服和感动；其次,倡议要有可行性;最后,倡议书应写得情理并重,富有号召力。一份好的倡议书应晓之以理,动之以情,使人读后能被倡议者的理由说服,能被倡议者的感情打动。同时,还要在语言上下功夫,有几句能震撼读者心灵的话。

(四)结尾

结尾要表明倡议者的决心和希望,或者写出某种建议。倡议书一般不在结尾写表示敬意或祝愿的话。

(五)落款

落款是在右下方写明倡议者,即单位、集体或个人的名称或姓名,署上发出倡议的日期。

【范例5-3】

倡议书

尊敬的老师、亲爱的同学们:

谁不希望在窗明几净的教室里畅游书海?谁不渴望在绿草如茵的操场上享受阳光?谁又不想在整洁的校园里畅想未来?为了满足我们共同的心愿,学校为我们打造了如此优美的学习和生活环境。然而,如今的校园里,绿茵茵的草地上却时常散落着矿泉水瓶、食品包装袋和废纸等垃圾。这样的校园,还能让我们感到舒心和惬意吗?

学校是我们共同的家园,我们每一位师生都是校园的主人。校园的环境需要我们共同守护,校园的美丽需要我们携手创造。为此,我们倡议全校师生积极行动起来,加入"爱我校园,清洁环境"行动,用我们的双手共同打造一个无垃圾、更美好的学习和生活环境。

在此,我们向全体师生发出以下倡议:

1. 从我做起,从现在做起

每一位师生都应成为校园环境的守护者,自觉养成良好的卫生习惯,不随意丢弃垃圾,将垃圾投放到指定的垃圾桶内。

2. 相互监督,共同进步

当我们看到不文明行为时,要勇于提醒和劝阻,以实际行动影响身边的人,形成良好的校园风气。

3. 积极参与校园清洁活动

主动参与学校组织的各类清洁行动,为校园的整洁贡献自己的一份力量。

老师们、同学们,校园的美丽需要我们每一个人的努力。让我们携手行动起来,用我们的热情和行动,共同守护我们美丽的校园,让校园的每一寸土地都干净整洁,让我们的学习和生活环境更加舒适、更加美好!

F学院学生会

202×年9月9日

【提示】这是一封倡导"爱护校园环境"的倡议书。一开篇连续使用了三个问句做铺垫,在此基础上提出问题,发出倡议。文章精短,构思巧妙。

二、倡议书写作的注意事项

写倡议书,所提的倡议必须是对国家、对人民有利的好事,这样才会有广泛的群众基础。所提的倡议又必须是简便易行的,这样才能吸引更多的人响应。与此同时,应注意以下几点:

（1）倡议书的内容要切实可行,并且不违背国家的方针政策;
（2）发倡议的背景、目的要写清楚,理由要充分;
（3）倡议书的措辞要恳切,情感要真挚,同时要富于鼓动性;
（4）倡议书的篇幅不宜太长。

【思路拓展】

谁说败局已定

〔法〕戴高乐

那些多年身居军界要职的将领们已经组成了一个政府。

这个政府以我们的军队吃了败仗为由,同敌人接触,意在谋取停战。

毫无疑问,我们确是吃了败仗,我们陷于敌人陆、空军的机械化部队的围困之中。我们之所以受挫,不仅是因为德军人数众多,更重要的是他们的飞机、坦克和战略。正是德军的坦克、飞机和战略使我们的将领们不知所措,置他们于今天的境地。

但是难道已一锤定音、胜利无望、败局已定吗？不,绝不如此！

请相信我,因为我对自己说的话胸有成竹。我告诉你们,法兰西并没有失败。我们完全可以以其人之道还治其人之身,并有朝一日扭转乾坤,取得胜利。

因为法兰西并不孤立,她不是在孤军作战！她绝不孤立！她有一个幅员辽阔的帝国作后盾。她可以同控制着海域并继续在战斗着的不列颠帝国结盟。同英国一样,她可以得到美国雄厚工业力量的取之不尽、用之不竭的资源。

这场战争不仅限于在我们这块不幸的土地上,战争的胜败不取决于法国战场的局势。这是一场世界大战。所有的过失、延误和磨难都不会改变一个事实,即世界上仍有种种锦囊妙计能够最终置我们的敌人于死地。我们今天虽然受挫于机械化部队,将来我们却可用更高级的机械化部队制胜。世界的命运正系于此。

我,戴高乐将军,现在伦敦向法国的官兵发出请求,不管你们现在还是将来踏上英国的国土,不管是否持有武器,都同我联系。我请求具有制造武器技能的工程师和技术工人,不管你们现在或是将来踏上英国的国土,都和我联系。

不管风云如何变幻,法兰西的抗战烽火都不会被扑灭,法兰西的抗战烽火也绝不可能被扑灭。

明天,我还会像今天一样继续在伦敦发表广播演讲。

【提示】从内容实质来讲,这篇演讲词相当于一份倡议书,因为作者发表这一番演说的目的是号召逃亡到英国去的官兵、工程师和技术工人等和自己联系,目的是将他们重新组织起来进行抗战。人们可以听他的,也可以不听他的。因此,这篇演讲词具有倡议的性质。

戴高乐将军依据充分的理由提出"法兰西并没有失败"这一观点,不仅令人信服,而且具有鼓动性和感召力,这样可以更好地达到倡议的目的。本文语言节奏明快,铿锵有力,掷地有声。

【实战训练】

作为新时代的大学生,我们肩负着推动社会进步和文化传承的重要使命。当前,随着数字化时代的到来,大学生的阅读习惯发生了很大变化,但传统阅读的价值依然不可替代。请你以"重拾书本,让阅读成为习惯"为主题,写一份倡议书,号召同学们积极参与阅读活动,共同营造良好的校园文化氛围,提升自身综合素质。

第五节 演讲稿

【话题与案例】

全国大学生演讲比赛给大学生们提供了一个展示自我的平台。怎样才能利用好这个平台使自己脱颖而出呢?写好演讲稿是其中关键的一环。

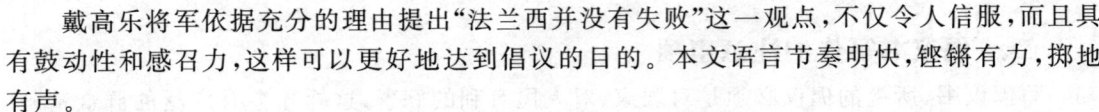

【基础知识】

演讲稿也叫演讲词,是演讲者在特定的场合、针对特定的问题向听众说明事理、发表见解和主张的讲话文稿。与一般议论文不同的是,演讲稿的内容最终诉诸听众的听觉而不是读者的视觉,要富有感召力、感染力和说服力,能够引起听众感情上和思想上的共鸣,起到宣传、鼓动和教育作用。

演讲稿具有以下几个特点:

一、针对性

针对性包括两个方面:一是根据特定的场合和特定的听众对象,即根据听众的文化水平、接受能力以及现场气氛来安排演讲内容;二是演讲内容的现实针对性,即演讲者提出的问题是听众所关心的问题,并且演讲者关于此问题的观点要能为听众所接受。

二、鼓动性

演讲的鼓动性主要依靠演讲稿思想内容的丰富、深刻和见解的精辟,以及语言表达的形象、生动,富有感染力。如丘吉尔任英国首相后的首次演讲:

你们问:我们的目标是什么?我可以用一个词来回答:胜利——不惜一切代价,去赢得胜利;不论多么可怕,也要赢得胜利;无论道路多么遥远和艰难,也要赢得胜利。因为没有胜利,就不能生存……我要说:"来吧,让我们同心协力,一道前进!"

这种富有激情的演讲,具有强大的感召力和鼓动性,不仅为听众树立了坚定的信念,而且也使他们产生了火热的情感。

三、感染性

演讲稿与一般议论文最大的不同是富于情感,具有极强的感染力。演讲稿在表达上要注意感情色彩,把说理和抒情结合起来,要情理交融。

四、哲理性

演讲不能仅仅满足于表达自己的观点和主张,而要能够启人心智,引发人的思考,丰富人的思想,这就要求演讲的内容必须富于哲理。因为哲理来自对人生、对世界独具慧眼的观察,来自认识的新颖、睿智、深刻,能以较强的冲击力刺激大脑,让读者获得快感,使其精神得到振奋。

五、口语化

演讲稿的写作既要符合书面语法规范,又要使用通俗易懂、生动形象的口语,语气要有一定的跌宕变化,要使人听得懂、记得住。

【写作指导与范例】

一、演讲稿的写作要点

演讲稿写作的要点可以概括为八个字:拟好标题、写好正文。

(一)标题

演讲稿的标题力求简洁、准确、生动,或揭示主题,如《大学生的使命与担当》;或提示内容,如《实习经历:从理论到实践的跨越》;或提出问题,如《如何平衡学业与兴趣爱好》。

(二)正文

演讲稿的正文包括开头、主体、结尾三个部分。其写作要点如下:

1. 开头

演讲稿的开头具有导入演讲的重要作用,对于演讲的成败至关重要。演讲稿的开头部分一般由称呼语和开场白两个部分构成。

称呼语是演讲者面对听众所作的称呼,在选择称呼时,要做到准确得体,即称呼要符合听众的特点;开场白是指演讲词开篇的内容,其作用是渲染气氛、沟通情感、提出问题、启发思考、交代背景、说明情况。演讲词的开场白一是要引人入胜,二是要言简意赅,力避冗长、拖沓。

开场白的表达方法多种多样,常见的有以下几种:

(1)开门见山。开头就直截了当地提出演讲的中心论题,说明演讲的意图,言简意赅,单刀直入。尤其是一些有时间限制的简短的演讲,更适合用这种开头方式。

(2)提出问题。提出问题也是一种常用的开头方法。通过提问,制造悬念,从而吸引听众的注意,或引发听众的思考。

(3)引用资料。引用资料是引用名人名言、故事、成语、格言、诗词等现成的语言材料作为演讲的开头。运用得好,既可以使演讲的论题深入浅出,收到出其不意的效果,也能激起听众的兴趣。

2. 主体

主体是演讲稿的核心部分。这一部分的写作不仅要求合情合理、条理清楚、逻辑性强，而且要求波澜起伏、扣人心弦、张弛有度。主体部分的撰写尤其要注意以下几点：

(1) 层次安排。在层次安排上，要根据演讲的时空特点，对演讲内容加以取舍和组合，使其结构严谨、逻辑顺畅。当演讲内容诉诸听众的听觉后，能呈现出层次清晰、条理分明的效果，让听众易于理解和接受。

(2) 节奏组织。在节奏上，要根据听众的心理特点，确定好节奏频率，既要鲜明，又要适度，做到张弛起伏、一波三折，始终吸引听众的注意力。

(3) 衔接自然。由于节奏调节的需要，要适时变换演讲内容，而内容的变换需要考虑衔接问题，使内容间的过渡更为巧妙自然，使整篇演讲稿浑然一体。

3. 结尾

演讲稿的结尾要言简意深。好的结尾可以起到突出重点、深化主题、收拢全篇、申明立场、发人深思等多方面的作用。常用的结尾形式有以下几种：

(1) 豪情鼓舞式。这种结尾常常能激发起听众的浓厚兴趣，使演讲达到高潮。这种形式的结尾常以生动形象、饱含激情的语言结束，热情洋溢、令人振奋，具有极大的鼓舞力量。

(2) 含蓄幽默式。这种结尾常常以幽默的语言巧妙照应严肃的主题，含蓄地道出演讲的意义所在，给人启迪。

(3) 哲理名言式。这种结尾为了强化演讲的效果，以名人名言、哲理名句作为演讲的结束，既发人深思，又留有余韵。

(4) 概括总结式。在演讲稿的最后总结归纳自己的见解、主张，强化演讲的中心内容，将气氛推向高潮，给听众留下深刻印象。

【范例 5-4】

语文本身就是文化

各位老师：

大家好！今天我演讲的题目是《语文本身就是文化》。

近年来，"文化"一词被人们津津乐道，似乎什么东西只要和"文化"二字联系起来，就会显得更有价值。一时间，语文教育界也出现了一股思潮，诸如"语文教学要和文化教育相结合""语文教学要重视文化传承""语文教学要注重文化渗透"等一大批所谓"新思想""新观点"见诸报端，流行于网络，刊发在各种专业语文教学杂志上……从表面上看，这些说法似无不妥，但细思之下令人惊惧。因为语文本身就是文化，语文教学就是文化教育。那些错误的观点大量出现在专业语文杂志上，并且被大肆推介，确实令人担忧。

在现代汉语中，"语文"一词有两个含义：一是指语言和文字，二是指语言和文学。不论是从哪个含义来看，语文所包含的内容都是文化。

首先,就文字而言。文字是人类进入文明的一大标志,这是世界各国学者一致认同的观点。既然文字是人类进入文明的标志,那么它就是人类文化的一个基本元素。汉字不仅是中国文化的一个元素,更是中国传统文化的核心内容之一。它的一点一划中体现着中国人的智慧,象形的结构深刻地影响着中国人的思维方式。汉字教学不是简单的文字认知,而是对中国文化的研习。一个"森"字,包含着"独木难成林"的道理;一个"人"字,显示着做人的哲理:既要脚踏实地,又要相互支持。汉字中蕴含着极其丰富的中国传统文化知识。

其次,就文学而言。文学是文化的一种形式。任何一个民族的文学都是其文化的基本组成部分。文学教育是文化教育的重要内容。特别值得一提的是,中国古代文学中的大量诗、词、曲、联作品,不仅是中国传统文化的重要组成部分,更是其精华之一。语文教学中的诗词解读、对联欣赏等,不仅是语文能力培养的手段,更是传统文化教育的重要载体。

最后,从语言教学的角度来看。无论是中小学语文教育,还是大学语文教学,都是通过语言材料的研读来培养学生的语言能力。课本中所选的语言材料包含着各种文化元素。《论语》选文中包含着儒家思想,《老子》选文中包含着道家思想,《韩非子》选文中包含着法家思想……语言教学过程中始终伴随着文化教育。

在这里,我要强调的是:虽然人类所创造的物质财富并非全是文化,或者说只有一部分具有文化特质,但人们所创造的精神财富都是文化的组成部分。因此,语文本身就是文化,语文教学就是文化教育。

谢谢大家!

陕西省旬邑中学 李艳丽

【提示】这篇演讲稿值得学习的地方主要有三个:一是选题贴近听众,从听众关心的问题入手,容易引起兴趣。二是立意角度好,论据充分,论证透彻,观点令人信服。三是语言浅显易懂,表达流畅,能够让人听得明白。

二、演讲稿的写作要求

一席成功的演讲,首先要能够从情感上打动人、鼓舞人,这样才能说服人、教育人。要取得这样的效果,演讲稿的主题要鲜明,例证要动人,感情要深厚,条理要清晰,结构要完整,节奏要跌宕起伏,语言力求灵活、朴实、形象、幽默。

(一)有的放矢

写演讲稿时,首先要了解听众的思想状况,了解他们所关心的和迫切需要解决的问题,确立符合他们意愿的主题,这样才能达到宣传、鼓励和教育的目的。

(二)以情动人

演讲的关键是打动人、感染人,从而起到宣传和鼓动的作用。因而,演讲稿要注重感情色彩,营造浓郁的情感氛围。

(三)注意内容节奏

演讲的节奏主要是通过演讲内容的变换来实现的。演讲内容的变换是在一个主题思想所统领的内容中,适当地插入幽默、诗文、逸事等内容,以使听众的注意力既保持高度集中,又不因为高度集中而产生兴奋性抑制。演讲的节奏既要鲜明,又要适度。平铺直叙、呆板沉滞,固然会使听众感到紧张疲劳,而内容变换过于频繁,也会造成听众的注意力分散。

（四）语言优美

演讲稿的语言既要有自然质朴、简洁明了的本色,又要具有准确严密、条理清晰、生动形象、平易亲切、圆润动听甚至幽默风趣等特点。有时在整散结合中显示出参差美,有时在平易中显示出绚丽美;有时曲折含蓄、峰回路转,有时明白晓畅、酣畅淋漓;有时庄重,有时诙谐;有时激昂,有时舒缓……凡此种种,都要各得其"体",恰到好处。

【实战训练】

演讲比赛是一种比较常见的活动,这类活动不仅能够检验一个人的口才、思维能力和思想涵养等,而且还能为人才脱颖而出提供一种平台。假如现在要举办一场全国性的演讲比赛,比赛的题目是"青春,在奉献中更加精彩",请你写一篇演讲稿,参加本校的选拔赛。

第六节 启 事

【话题与案例】

捡到东西要寻找失主,丢了东西要找回来;办一份校刊需要向同学们征求稿件;校学生会办公地址变动需要告知同学们……这些时候都要用到启事。那么,启事都适用于哪些情形?应怎么写?

【基础知识】

启事是机关、企事业单位、团体或个人需要向公众说明某事或希望公众协助办理某事时使用的一种文书。按内容分,启事有征文启事、招聘启事、招生启事、征订启事、开业启事、迁址启事、征婚启事、寻人启事等。按公布的形式分,启事有报刊启事、电视启事、广播启事、张贴启事等。

启事有以下两个特点:

一、告启性

启事面向大众告知事宜,只具有知照性,而没有强制性和约束力。

二、简明性

启事要求写得简洁明了。无论是登报,还是广播、电视发布,启事都必须写得十分简明。有的启事三言两语,有的启事用单行单句排列内容,竭力做到一目了然。

【写作指导与范例】

一、启事的写作要点

启事通常由标题、正文、结尾三个部分组成。

（一）标题

标题的写法主要有三种：第一种，只写"启事"；第二种，标明启事事项，如"招领启事""开业启事"等；第三种，如果事情重要和紧迫，可标明"重要启事"或"紧急启事"。有时将"启事"二字省去，只写"寻人"或"招聘"。

（二）正文

不同类型的启事的正文内容有所不同，一般包括：启事的目的、意义、具体办理方法、要求、条件等。正文是启事的主体部分，主要说明启事的事项。正文的写法形式多样，可以分段写，内容多的则应逐条分项写清楚。要写得具体、明白、准确、简练、通俗，千万不可模糊、含混，以免产生歧义。

（三）结尾

启事的结尾一般包括联系地址、联系电话、联系人或者签署启事者姓名、时间等。

【范例 5-5】

"创翼数字营销工作室"招聘启事

工作室简介：创翼数字营销工作室是一个专注于数字营销与社交媒体运营的大学生创业团队。我们致力于通过创新的数字策略，帮助企业和品牌在互联网时代实现高效传播与增长。目前，工作室正处于快速发展阶段，现面向全校招聘新媒体运营专员，期待你的加入，共同成长！

招聘岗位：新媒体运营专员（若干）

岗位职责：

1. 负责工作室新媒体平台（微信公众号、微博、抖音等）的内容策划与运营；
2. 制订并执行内容计划，撰写和编辑优质文案；
3. 跟踪热点话题，提升账号粉丝量和互动率；
4. 协助团队完成项目推广和品牌建设。

岗位要求：

1. 对新媒体运营有浓厚兴趣，熟悉社交媒体平台；
2. 具备良好的文案撰写能力和内容创作能力；
3. 有较强的执行力和团队合作精神；
4. 有相关经验或作品者优先。

待遇：面议。

申请方式：请将个人简历发送至×××102@qq.com，邮件主题注明"应聘新媒体运营专员＋姓名"。我们将在收到简历后尽快安排面试。

联系人：张同学　　　　联系电话：1381234××××

工作室地址：××大学创业孵化基地 A 座 101 室

加入我们，一起探索数字营销的无限可能！

二、启事的写作要求

（一）内容要严密、完整

启事的事项不仅要严密、完整，不遗漏应启之事，而且要表述清楚，切忌含糊不清。

（二）用语要热情、恳切、文明。

写作启事应态度诚恳，语言有礼貌，言辞恳切。

（三）不能将"启事"错写为"启示"

"启示"含有"启发指示，使人有所领悟"之意，它与"启事"的意义不同。

【实战训练】

依据下面提供的材料，请你以张晓的名义写一份招领启事。要求符合文体写作要求，表述简明，措辞得当。

2025年2月15日，王楠在返校途中不慎将一个黑色旅行包遗失。包内有人民币2200元，当日长春至北京的火车票一张，专业书籍5本，iPad一个。

王楠的黑色旅行包于当日被人拾到，并交给车站派出所民警张晓，车站派出所的电话：01×-65698×××。

第七节 海　　报

【话题与案例】

为了活跃师生的文化生活，本周六19:00，F学院的学生会在学校一号教学楼一楼大厅举办舞会，欢迎全校师生积极参加。请你写一则舞会的海报。你会写吗？

【基础知识】

海报是主办单位告知公众举办文化、娱乐、体育等活动的一种文书。海报中通常写明活动的性质，活动的主办单位、时间、地点等内容。海报的内容应简明扼要，其形式应新颖美观。按内容分，海报有演出海报、讲演海报、比赛海报、报告会海报、展览会海报等。按形式分，海报有纯文字海报和图文海报两种。

一、海报的特点

海报具有张贴性、宣传性和灵活性的特点。海报在某些方面与广告有相似之处，但也有很大的不同。海报的特点是重在告知和宣传；广告除了宣传外，目的重在营销。虽然两者都很注重创意和设计，但海报较广告更灵活。海报以宣传为根本目的，以张贴为主要发布手段，具有很强的灵活性，具体表现在：既可以设计为精美的艺术宣传招贴，也可以写在大小不等的纸上张贴；既可以用质量不错的展板设计制作，也可以用黑板写清楚告知的内容；重要的海报还可以通过报纸、杂志、电视台等媒体进行发布。

二、海报与启事、广告的异同

海报与广告、启事有相似点,它们都属于告知公众信息或情况的告启性文书,是请求人们支持、协助,希望人们参与和合作的,其表现形式也相似。但它们又有以下明显的区别:

第一,使用范围不同。海报以报道文化、娱乐、体育消息为主;启事可以反映政治、经济和生活等多方面的内容;广告大多涉及经济方面的内容。

第二,适用的场合不同。海报多用于热闹、轻松的场合;启事多用于比较庄重的场合;广告则什么场合都可使用。

第三,表现形式不同。海报除文字说明外,还可配上图片、图案或用各种色彩进行装饰;启事以文字说明为主;广告虽在表现形式上与海报有相似之处,但多属于商业性质。

【写作指导与范例】

一、海报的结构与写法

海报的告知性和宣传性,以及海报表现的特殊性,决定了海报的整体创意必须在一瞬间留给人强烈的印象,让人对海报的内容一目了然。

海报的文字稿由标题、正文和落款三个部分构成。

(一)标题

海报的标题要能表现其主旨或概括其主要内容。海报的标题主要有两种形式:一是直接采用"海报"做标题;二是根据活动内容拟定标题,适当使用修辞手法,突出海报的宣传效果。

(二)正文

正文是海报的主体,一般应写明活动内容,交代清楚具体事项。如开晚会,要写明表演团体、时间、地点等;报告会,要写明报告题目、报告人、地点、时间等。

(三)落款

结尾要写明举办单位或演出单位和发海报的日期,还可注明联系电话、联系人。如果标题已写上单位,落款处可省略。

【范例5-6】

青春诗会

这是诗歌的擂台
这是青春的精彩
这是激情的盛会
这是热情的澎湃

文采　口才　素质
浪漫　激情　比拼

> 时间：20××年11月9日下午2点。
> 地点：多功能厅。
> 欢迎参加！
>
> ××学院学生会基础部
20××年11月8日

二、海报的写作要求

海报的写作主要有以下要求：

（1）事项交代要清楚。对于活动的内容、时间、地点等具体事项，必须交代清楚。

（2）简洁明了。将具体事项交代清楚即可，切忌啰嗦和重复。

（3）一事一报。一份海报只写一件事。

（4）尽可能图文并茂，以吸引读者。

【实战训练】

著名学者李××教授将于202×年10月28日应邀到我校做"中国文化与中国精神"的专题报告，报告在图书馆学术厅进行，具体时间为上午9:00—12:00。请你写一份关于本次报告的海报。

第八节 一般书信

【话题与案例】

有人认为，现在使用手机通信十分普遍，再也没有必要学习一般书信的写作知识了。这种看法正确吗？

【基础知识】

一般书信是指在日常生活中，亲友、同学、同事之间，通过书面形式进行思想与情感交流、互通信息、商讨问题时所用的一种文体。

有人认为，如今电子邮件和微信如此普及，书信早已无人问津了。这种观点是片面的。电子邮件、手机微信等现代通信手段的广泛应用，只是改变了信息传递的方式，书信的本质和使用范围并未因此而改变。事实上，现代社会是一个高度协作的社会，人际交往和信息交流愈发频繁，书信的应用场景反而更加广泛。

一、一般书信的特点

（一）私密性

在多数情况下，一般书信的写作主体与阅读主体是一对一的，常常带有私密性。

（二）情感性

一般书信会表露作者的真情实感，下笔时大多抛开客套，或絮絮叨叨，或喷涌而出，亲切自然。

（三）稳定性

不管社会怎么发展，信息传递和传播手段怎样更新，书信的本质始终不变，在社会生活中的作用没有减弱。尤其是时代发展到今天，人们之间的交流日益重要，书信在人与人之间的感情维系、思想交流与沟通的作用更加重要了。

二、一般书信的作用及使用情形

一般书信是指个人之间来往的信件，是人们用书面形式互相谈话的一种工具。人们相隔两地或虽在一起但不便于面谈，就用书信进行问候，交流思想，讨论问题。它使用起来灵活、方便，是最常见的、运用得最广泛的应用文之一。

一般书信是维系人与人之间感情的纽带，是人们之间加强交流与沟通的桥梁。我们充分利用一般书信的这些作用，多交流、多沟通，不仅可以建立良好的人际关系，而且可以扩大和疏通信息渠道，使自己的人生与事业左右逢源。

【写作指导与范例】

一、一般书信的格式与内容要点

一般书信由称呼、问候语、正文、祝颂语、具名、日期和附言七个部分构成。

（一）称呼

称呼是写信人对收信人表示尊重的一项重要内容，在第一行顶格写。称呼后加冒号表示领启下文。

如何称呼，要视写信人和收信人之间的关系而定。一般来说，平时口头上怎么称呼，信上就怎么称呼。写给长辈的，一般照辈分称呼；写给平辈或晚辈的，可以直呼其名，也可以只写辈分称呼，或在名字后加辈分。同事、朋友间通信，一般称"同志""先生"或在姓的前面加"老"或"小"字以表亲切；对德高望重的人，常在姓后面加上"老"字，以表尊重。有时在称呼之前加"敬爱的""亲爱的""尊敬的"等修饰语，以表示对特定对象的尊敬或亲密之情。

（二）问候语

问候对方是对对方的关心和敬重，也是写信应有的礼节。问候语应根据收信人身份的不同来写。一般写在称呼的下面一行，空两格，单独成行，通常用"您好"。遇到节日，可以致以节日的问候，如"新年好""节日愉快"等。另外，还可以对收信人的工作、学习、生活、身体等各方面情况进行问候，如"近来身体好吗""精神好吗"。问候语的后面一般用感叹号或问号。

(三) 正文

正文在问候语之后另起一行空两格写起，转行时顶格，根据内容多少可以适当分段。每写一件事都要分段，做到条理清楚、一目了然。正文是一般书信内容的主体，也即一般书信所要说的事，所要论的理，所要叙的情。正文的内容一般应分段写，可分为缘起语、主体语、总括语三个部分。

(1) 缘起语。缘起语写明写信的原因和目的，用以引出主体语。

(2) 主体语。主体语是书信的主要部分，写信人要询问或要回答的问题，都在这一部分。如果事情较多，可按主次分段排列，一般一件事、一个问题为一段。如果回信，应先回答对方在信中提出的问题，再写自己的事情。回答对方的问题时要有针对性。

(3) 总括语。总括语大多用在内容较多的书信末尾，将正文的内容总括一下，使收信人对信的内容更清楚；若认为无必要，也可不写。

正文的内容十分广泛，形式也非常自由。政治、经济、文学、艺术、风土人情、社会风尚、家庭琐事等内容都可谈；描写、叙述、议论、抒情等表达方式均可采用。

正文部分的写作要做到以下两点：

(1) 意思要表达清楚。写信为了什么事，要对方办什么事必须明确。所谓清楚，是指在对方无法询问的情况下，一读信就明白写信人的意思。信件的内容一定要表达清楚，不要令对方产生误会。

(2) 内容要简明、扼要，语言、感情要真挚、亲切、诚恳。对长辈要尊重，应用商量的口吻；对平辈或较熟悉的人，可以写得热情一些。总之，措辞要根据对方的身份，使对方能够接受。

(四) 祝颂语

正文写完后，另起一行写表示祝愿或者敬意的话，即祝颂语。祝颂语虽然多用"此致""敬礼"，但事实上祝颂语可以丰富多彩，可根据收信人的不同身份及写信的目的和书信的内容来选择，如写给长辈可用"安康""福安"等，写给平辈可用"工作顺利"等，写给晚辈可写"希努力工作"或"愿你进步"等。

(五) 具名

写信的具名是有讲究的，给朋友写信具名时，一般不写称谓，只写名字。给长辈写信一般要写称谓。如给父母亲的信，则写"儿（女儿）×××上"，给老师写信，则写"学生×××上"等。

(六) 日期

在具名的后边或下边一行，写上写信的年、月、日。有的信在日期的后边，还写上写信的时刻与地点，如"伯阳2017年6月6日夜于北京颐和园休养所"。

(七) 附言

有的信写完后，发现还有些事情需要交代，或者有与此信内容相关的问题需要说明，就要在后边补写。补写的内容叫"附言"。在写附言时，先写一个"附"字，后边加上冒号，然后写补充内容，写完后，可用"另及""又及"说明。

【范例5-7】

陶行知给母亲的信

母亲：

　　家中从前寄来的信，如今都收到了，并未遗失，只是来得慢些。

　　儿从母亲寿辰立志，决定要在这一年当中，于中国教育上做一件不可磨灭的事业，为吾母庆祝并慰父亲在天之灵。儿起初只想创办一个乡村幼稚园，现在越想越多，把中国全国乡村教育运动一齐都要立它一个基础。儿现在全副的心力都用在乡村教育上，要叫祖宗及母亲传给儿的精神都在这件事上放出伟大的光来。儿自立此志以后，一年之中务求不虚度一日，一日之中务求不虚度一时；要叫这一年的生活，完全的献给国家，作为我父母送给国家的寿面，使国家与我父母都是一样的长生不老。

　　试验乡村师范开办费要一万五千元，经常费要一万二千元，朋友们都已答应捐助，只要款项领到，就可开办。阴历原想回家过年，无奈，一切筹备事宜必须儿亲自支配，不能抽身。倘使款项早日领到，或可来京两星期。如果到了腊月廿七还没有领得完全，那年内就不能来了。好在家中大小平安，儿亦平安健康，彼此都可放心。

　　昨日会见冬弟，知道金弟在西安尚好，可以告慰。冬弟亦较前强壮。

　　桃红、小桃、三桃、蜜桃给我的拜年片子都很有意思、很有价值，儿已经好好的深存了。

　　敬祝健乐。

行知

一月廿日

　　【提示】这封信格式规范，内容具体，条理清楚；语言平和而内蕴深厚，言辞恳切，其情感人，读来让人深受感动和鼓舞，同时给人以鞭策。

二、一般书信的写作要求

　　一般书信虽然是常见的、运用得最广泛的应用文之一，它每时每刻都可能与人们发生联系，但要真正写好一封信，并不容易。常常看见有些人写信，写了撕、撕了写，或写了涂、涂了写，直到将信发出去了，仍然感到不满意。造成这种情况的原因是多方面的，但没有掌握书信的写作要求是其中很重要的一个。

（一）目的明确

　　是叙情还是说理，是请托还是问候，是询问事情还是回答问题等，写信目的不同，内容、写法也各异。

　　关系不同，写信的目的不同，在语气和写法上都有不同。提出自己的主张和看法，应采用议论的方式；介绍某个事物，应采用说明的方法；反映某个事情，应采用叙述的方式；表示自己的喜怒哀乐，应采用抒情的方式；等等。这些问题都弄清楚了，才能做到有的放矢，明确地表达出写信人的意思。

（二）格式规范

　　称呼、问候语、正文、祝颂语、署名、日期等构成要素应基本完整，各就其位。通过前面的介绍，我们已经知道一般书信从称呼到署名、日期均有一定的格式，只有按其格式行文，才能让收信人看得清楚、明白,才能收到比较理想的沟通与交流效果。格式不规范,字迹不工整,都是对收信人不尊重的表现,这样的书信有时候写了不如不写。

(三)语言得体

措辞、语气要以"自谦而敬人"为原则,切合写信人与收信人的关系;语体风格要相对统一,尽量避免文白夹杂。

(四)表意明了

层次清晰,不可语无伦次;详略得当,不可没有重点;用语简洁,不可拐弯抹角。写信说事要开门见山,不要绕弯子;写信使用的语言要平直和口语化,平时话怎样说,写信时就怎样写,直截了当,让人看了一目了然。不要刻意地去"做"文章,堆砌辞藻,弄得华而不实。

(五)书写认真,字体规范,文面整洁,美观大方

总之,一般书信要求写得礼貌周全,语言简明,字迹工整,清楚明白。写后要仔细检查,看意思是否清楚,用词是否恰当,是否有漏字和错别字,经检查准确无误之后方可发寄。

【思路拓展】课外阅读林觉民的《与妻书》。

【阅读提示】这封书信是作者参加广州起义前夕给妻子写下的绝笔书。全文以感情为线索,通篇贯穿一个"爱"字,字里行间洋溢着对妻子的爱,对生活的爱,时时作安慰,时时作解释。但作者并没有停留在儿女之情上,而是由爱自己的妻子扩而大之爱"天下人",使对妻子的爱与革命需要统一起来。

与妻书

【实战训练】

当今社会是一个大协作的社会,人际交往十分重要。即使你学富五车、能力超凡,但若不善于交际或不重视交际,就可能会失去本应属于你的机会。书信是一种十分重要的交际工具,当有些事情不便于面谈,或无法实现面谈时,我们便可以借助于书信这一工具。

异地求学,出门在外,父母亲会时时牵挂着。我们应经常向父母汇报一下在学校的学习、生活等情况,好让父母放心。请你写一封信给自己的父母,汇报一下你近期在学校的学习和生活情况。

第九节 建议书

【学习提示】本节为自学内容,读者可扫描文前二维码进行学习。

第十节 承诺书

【学习提示】本节为自学内容,读者可扫描文前二维码进行学习。

第六章 职场应用文

职场应用文特指人们在求职、职位调整、岗位竞聘以及规划职业生涯时所使用的一类应用文书。它主要包括简历、自我鉴定、求职信、辞职信、竞聘演说词、劳动合同等。

第一节 职场应用文概述

当今时代,用人机制相对灵活,人才与用人单位都可以在一定的条件下自主选择。从人才的角度讲,不论是求职、辞职、申请岗位调动,还是岗位竞聘、述职演说等,这些都需要用到相应的职场应用文。因为写作能力的高低是由人的思维能力及其人文素养所决定的,职场应用文是用人单位衡量人才素质的重要依据,直接关乎着人才的职场前途与命运。因此,每一个步入社会的人都应该具备良好的职场应用文写作能力。

一、职场应用文的特点

(一)特定性

职场应用文的含义十分明确,使用范围是特定的,一般限于求职、职位调整、岗位竞聘和职业生涯规划等方面。

(二)自我评价性

职场应用文的一个共同特点是自我评价性,简历、求职信自不待言,就是职业生涯规划书的撰写也要以自我评价为前提。

(三)自我推荐性

职场应用文的写作在很多情况下是以自我推荐为目的的。不论是简历中写的自己干过什么,还是求职信中写的自己能干什么,抑或竞聘演说词中对自己能力的阐述,这些都带有自荐的性质。从另一角度讲,职场应用文的质量本身就是写作者的一张招牌——一份言辞优美、语言分寸恰当的简历或求职信可以使用人单位对求职者留下良好的印象。

(四)写实性

职场应用文一般都如实地描述自己的基本情况,这不仅是对自己负责,而且是对用人单位负责;既是诚信的表现,又是人品的体现。

(五)礼节性

职场应用文中的绝大多数都是写给别人看的,具有一种交流思想、拉近感情距离的作用,因此,语言一般很平和,措辞一般有理、有节。

二、职场应用文的写作要求

(一)客观真实

职场应用文写作的最基本的要求是客观真实。客观真实就是要如实地描述自己的基本情况,不夸大,不隐瞒,以便使受文者有一个正确的评判与选择,这样于人于己都有好处。

（二）条理清楚，重点突出

每一个人身上的闪光点很多，把这些闪光点都罗列出来往往会使最大的"亮点"黯然失色，因此，职场应用文写作中，要善于根据实际需要进行取舍，将自己身上所具备的，同时又是用人单位感兴趣的东西突显出来。

（三）不卑不亢，有理有节

由于现今职场竞争十分激烈，很多人在职场应用文中表现出不应有的谦卑，这常常会使用人单位觉得求职者平庸和缺乏自信。因此，职场应用文的写作要不卑不亢，有理有节。

（四）语言简洁、质朴，通俗易懂

职场应用文的语言既要言辞恳切、情真意切，又要简明质朴、通俗易懂。

第二节 个人简历

【话题与案例】

请看下面一则招聘启事——

L学校面向社会诚聘优秀教师

L学校位于A省B市世纪大道50号玫瑰花园社区内，建筑面积近3万平方米，是一所12年一贯制的全日制学校。学校拥有现代化的教学设施，环境优美，后勤保障完善。根据学校发展需要，现面向社会公开诚聘各类优秀人才。

一、招聘职位

1. 小学、初中、高中各科教师。
2. 有一定经验的教育教学管理人员。
3. 行政人员、文秘、文印员、图书管理员、档案管理员。
4. 水电工、司机（A1驾照）、生活老师。

二、应聘条件（略）

三、应聘办法

1. 应聘者请于20××年5月15日前将一份个人简历和身份证、学历学位证书、职称证书、教师资格证、普通话水平测试等级证书、国家计算机等级考试证书的复印件，以及其他能证明个人能力和水平的相关材料复印件送交L学校人力资源部。
2. 应聘材料经初审，符合条件者将通知参加面试和笔试。

学校地址：A省B市世纪大道50号玫瑰花园社区内。

联系电话：029-×××××××。

在这则招聘启事中，招聘方要求应聘者提交个人简历。个人简历要写哪些内容？重点是什么？这些同学们都要弄清楚，因为毕业后大家都要去求职，都需要写一份恰到好处的个人简历。

【基础知识】

个人简历是每个人职业生涯中都要用到的文体，不仅找工作、评职称、升迁时要用，而且在接受公众评选、推举等方面也要经常用到。一份能够突显个人亮点的简历，不仅能够使自己的付出得到肯定，而且会给自己带来进一步发展的机遇。

一、个人简历的内容及其作用

个人简历，也称个人履历，是指求职者在求职、评聘时向用人单位或评审团提供个人情况的一种应用文书。它的主要内容是对自己的学历背景、技能专长、以往工作经验和工作业绩及其他个人情况的简洁概括，其写作目的是把自己介绍给用人单位或评审团，供用人单位或评审团参考。

二、个人简历和求职信的区别

个人简历和求职信是有区别的：求职信的写作目的是吸引用人单位招聘负责人去看后边的简历，使其更具体地了解自己的情况；个人简历相当于推销自己的广告文稿，其作用如同产品介绍那样，把自己优秀的一面突出地展示给对方，目的在于引起用人单位对自己的浓厚兴趣，最终选聘自己。

【写作指导与范例】

一、个人简历的写作要点

标准的个人简历主要由以下四项基本内容组成：

（一）基本情况

基本情况包括姓名、性别、年龄、籍贯、政治面貌、毕业学校及专业、婚姻状况、健康状况、身高、爱好与兴趣、家庭住址、联系方式等。

（二）教育背景

按时间顺序列出自己曾在某某学校、某某专业或学科学习，以及学习的起止时间，同时列出所学主要课程及学习成绩，在学校和班级所担任的职务，在校期间所获得的各种奖励和荣誉，以及所参加的各种专业知识和技能培训情况。

（三）工作资历情况

按时间顺序列出参加工作至今所有的从业记录，包括单位名称、所任职务、就任及离任时间，应该突出所任每个职位的职责、工作性质等，这是个人简历的重点部分。

（四）业绩与成就

这一部分重点写自己参加工作以来所取得的骄人业绩，以及自己在本学科的著述、建树和影响力等。

个人简历的写法比较灵活，无论采用哪种形式，都要突出个性、富有创意，以便更好地向用人单位展示自己，达到成功推介自己的目的。

值得注意的是，大学生用于求职的个人简历与一般情况下使用的个人简历不尽相同，现举例如下：

【范例 6-1】

大学生求职个人简历范式

一、个人基本情况

姓名：秦××   性别：女

毕业院校：××师范大学   学历：本科

主修专业：汉语言文学   辅修专业：新闻学

年龄：22 岁   身高：166cm

政治面貌：中共党员

移动电话：186887785××

电子邮箱：huang1995@163.com

二、教育经历

2021 年 9 月—2025 年 7 月：××师范大学汉语言文学专业。

三、知识与技能

1. 主修专业主干课程：文学理论、现代文学、古代文学、外国文学等。
2. 辅修专业主干课程：新闻采访学、报纸编辑学等。
3. 计算机能力：能熟练应用各类报刊排版和平面设计软件。
4. 外语能力：具备较强的听说读写的能力，达到公共英语六级水平。
5. 其他能力：拥有 C1 驾驶证。

四、在校期间担任的职务

2022—2023 年   ××师范大学文学院学生会宣传部   部长

2023—2025 年   ××师范大学文学院本科党支部   组织委员

五、实践经历及业绩

1. 在校期间兼任校报编辑，独立编辑报纸 15 期。
2. 参与 2 届校园歌手大赛和演讲比赛的组织和宣传工作。
3. 在各类报刊上发表作品 26 篇。

六、个人评价

具备团队合作精神，生活态度积极、乐观，有进取心和责任感，善于与人沟通交流，有一定的工作组织能力。

七、特长与爱好

羽毛球   读书   民族舞

【提示】这份个人简历的内容要素齐全，重点突出。特别值得一提的是，这份简历突出了较强的文字功力，这是汉语言文学专业学生最大的能力点，也是大部分用人单位十分看重的能力点。

二、个人简历的写作要求

（一）简历要"简"

个人简历贵在简明扼要，各个部分内容较多时，选择其中最重要的几项介绍即可。例如,论文选择发表刊物级别最高的写,获得的奖项选择颁奖单位级别最高的写,等等。总之,个人简历应条理清晰、简洁明了,给人留下深刻且清晰的印象。

（二）有的放矢

用人单位通常会根据预先设定的招聘条件筛选候选人。因此,在撰写个人简历时,务必仔细研究用人单位的招聘要求,并在简历中突出与这些要求相关的内容。与应聘职位无关的信息应尽量避免提及,以免分散重点。

（三）突出个人优势

在撰写个人简历时,要着重展示自己的优势,尤其是那些与众不同的特质。同时,应根据应聘职位的特点,有针对性地突出相关的特长和能力。避免面面俱到地罗列所有技能,这样反而会掩盖自己的核心优势,降低竞争力。

（四）注重艺术性和个性特色

怎样使个人简历在最短的时间内吸引用人单位的注意？一是要精心设计表现形式,力求达到让人"眼前一亮"的效果；二是关于个人特长的描述要实在而巧妙,让用人单位感到你的思维水平不同一般。

【实战训练】

个人简历不仅在求职时要使用,而且在专业技术职务评聘、岗位变动、行政职务提升等各种职场事务中都经常使用,不论是哪方面使用的个人简历,写作时都要突出两点：一是资历,二是能力。资历不仅仅代表的是经验,而且常常标志着人的专长和职业定位；能力决定着人做事的效率和成功指数等,是用人单位十分看重的素质之一。这两项内容是个人简历的重点,一定要写好。

第三节 求 职 信

【话题与案例】

某酒店因工作需要,需招聘大堂经理,公关助理,餐饮、客房部领班,服务员,保安员数名。有一位35岁的下岗女工毅然前往应聘保安员。她认为自己有如下优势：在原单位担任过保卫干事,熟悉保安工作的规律与特点；女性善于察言观色,非常细心；受过专门训练,学过擒拿格斗的基本技巧,而且还业余学过柔道；体格健壮；等等。

请你根据以上材料代她写一封求职信。

【基础知识】

顾名思义,求职信就是用来表达求职者求职意向的书信。写求职信是为了激起招聘者阅读求职者个人简历的兴趣和争取到面试机会。招聘者从求职信中获得对求职者的第一印象,依据求职信和求职者的个人简历作出选择。因此,写好求职信是求职成功与否的关键。

一封好的求职信,能够给用人单位留下良好的第一印象,为求职者争取到面试的机会。那么,什么样的求职信才算好的求职信呢?内容充实,中心突出,尤其是把求职者的实力与优势充分地展示出来,就是一封好的求职信。一般来说,求职信应包括下面几项主要内容:

一、求职目标

写求职信是为了找到一份自己满意的工作,因此求职目标必须明确。确定求职目标要从自身的实际出发,以使自己的专长能够得到发挥为原则。因为只有当求职者所干的工作能使自己的专长得以充分发挥时,求职者才有可能在工作中取得较大的成绩,也只有这样,求职者才能真正成为一个单位的骨干,受到用人单位的重用。职业目标确定不好,用非所学,尽管工作很卖力,也很难有所成就,这样不但得不到用人单位的肯定,而且会浪费自己的大好青春。

从另一个方面讲,求职者结合自身实际确定自己的求职目标,还可以提高求职的成功率。

二、求职理由

在明确求职目标的前提下,要充分地阐明自己选择这一目标的理由。理由是否真实、充足,是决定求职者能否被录用的关键,因此,陈述求职理由既要实事求是,又要机智灵活。所谓实事求是,是指既要从符合自己的专业特长、未来发展出发,同时也要从满足用人单位需求入手。所谓机智灵活,是指避免讲一些可能引起对方反感的话,适当迎合对方自豪、自尊的心理,争取收到"正效应"。

三、求职条件

求职条件是求职者在众多竞争者中脱颖而出的关键。一旦条件不能满足用人单位的要求,求职就只能成为泡影。因此,在求职信中,必须特别重视这一部分内容的写作。要针对自己求职的目标,扬长避短,具体陈述自己的主要成绩、专业优势、技术特长、年龄优势,还可以讲明自己的有关爱好、业余兴趣,也不妨提及自己已取得的成果及所受奖励,对某些问题和难题的看法以及解决办法或方案等。对于应届大学毕业生来讲,也可写进与求职有关的其他有利条件,如有过哪些实习经历,参加过哪些有成就的社会工作等。总之,要力求"立体展示",突出优势,引起用人单位的注意和考虑,从而促进求职愿望的实现。

当然,应该注意在陈述自己的求职条件时要实事求是,恰如其分。既不夸夸其谈、漫无边际,也不卑怯谦恭、唯唯诺诺。否则就不会起到好效果,甚至会适得其反。

四、附件

由于受篇幅限制,求职信不可能把所有材料都写进去,但为了证明求职者的能力,可以另外准备一些材料,作为附件随求职信一起寄给或发送给对方。附件的内容主要有以下几项:① 学历证书复印件。② 职称证书复印件。③ 学术成果证明文件复印件。凡本人的著作、论文、译文、报纸杂志发表的短文,均应复印成集,并注明出版社、报刊的名称及题名、刊出时间,或虽未发表但有一定水平的论文及有关专家的评价材料。④ 科研成果证明。它包括设计研究项目及开发新产品的照片、简介、设计的图纸,发明专利证书等。

对于刚步出校门的大学生,除了学历学位证书、发表的文章外,校园内参加各类比赛的获奖证书,获得奖学金情况,获得"三好学生""优秀干部"等荣誉的证书也同样可作为自荐资料。另外,社会名流、导师、专家学者以及实习单位为求职者写的评语、实习证明等亦可作为求职自荐材料。这些附件对于争取面试机会是非常重要的。但是,要根据具体情况,选择最有代表性的、最能说明求职者优势的材料。不一定每封求职信都要附上全部材料。

【写作指导与范例】

一、求职信的写作要点

求职信是针对特定的用人单位而写的。写求职信要集中突出个人的特长与求职意向;书写要清晰、简明;态度要诚恳,用语要得当,要能打动招聘者的心。求职信的格式和一般书信大致相同,由开头、正文、结尾、落款四个部分组成。

(一)开头

信的开头,要写明收信人的称呼。对于称呼不甚明确的收信人,可写成"人事处负责同志""尊敬的××公司领导"等;对于明确了用人单位负责人的,可以写出负责人的职务、职称,如"尊敬的赵教授""尊敬的毛处长""尊敬的朱经理"等。

和一般书信一样,称呼在第一行顶格书写,以示尊重和有礼貌。称呼之后用冒号,然后另起一行写上问候语"您好",接着写正文。

(二)正文

正文是求职信的主体部分,应写清楚三个方面的内容:① 求职意向;② 个人基本情况,如姓名、就读学校、专业名称、何时毕业等;③ 个人所具备的条件,这是求职信的核心。

正文主体可分为两个部分来写:第一部分开宗明义,自报家门,直截了当地说明求职意图,使信的主旨明确、突出,引起对方注意。如"我是××大学即将毕业的学生,想在贵公司找一份工作",一目了然,要言不烦。切忌在开头客套问候,给对方留下矜持或莫名其妙之感。另外,表达力求简洁、生动,以便吸引对方读下去。

第二部分先讲自己求职的理由、目标。求职者要说明自己愿意来用人单位效力的理由,理由要合乎情理,合乎实际,充足、可信;目标要具体明确。接着要重点介绍自己应聘、应征或寻求工作的条件。注意要突出自己的重要成绩、特长、优势,同时要有的放矢,阐明自己对该单位的特殊价值,重申个人简历中已经提到的那些主要成就。在信中,求职者可以更详细地介绍某一专长和成绩;对于大学毕业生来讲,也可以多提一下自己的几个有代表性的工作经历,但要具有吸引力和新鲜感。总之,根据自己的求职目标,这一部分只要做到告知情况、突出重点、言简意赅、语气自然就行了。

(三)结尾

求职信的结尾,主要是进一步强调求职的愿望。就其愿望而言,或者希望能给予考虑,给予明确答复;或者请求同意前往面谈;或者希望试用,以供用人单位进一步考察,等等。无论如何表述,都要注意用语恰当、得体,掌握分寸,以免造成不好的印象。

(四)落款

落款包括署名和日期。署名应写在结尾祝词的下一行右后方,日期应写在名字下面。

若有附件,可在信的左下角注明。例如,"附1:个人简历""附2:成绩单"等。

【范例6-2】

求职信

××学院人事处负责同志:

　　您好!

　　我是一个具有8年工作经验的文秘工作者,想应聘你们单位的办公室主任一职。现将个人情况做一个简单的介绍:

　　本人从小学起就喜欢文学,语文成绩一直很好,大学时就读于××大学汉语言文学专业。大学期间,在省级报刊发表了6篇小说、19篇散文,在《光明日报》发表了《大学生暑假调查报告》一篇,获得了学校硬笔书法比赛一等奖(正楷)。

　　本人大学毕业后被录用到××市政府办公室从事文字工作,写过的计划、总结、报告等无数,××市所推荐的国家级、省级先进单位和先进个人的事迹材料很多都是由我执笔的。

　　半年前,我爱人从国外回来后被贵校聘用,现担任贵校电子信息科学与技术系主任。欣闻贵校招聘办公室主任一职,为了生活和工作方便,征得相关领导同意,我决定应聘到贵校工作。

　　此致

敬礼

求职者:×××
××××年××月××日

【提示】 这封求职信的正文部分,作者分两段陈述自己的专长、业绩和工作经验,最后一段简要说明应聘理由。全文条理清晰,重点突出;语言简洁,意思表达清楚。

二、求职信的写作要求

(一)简明扼要,重点突出

写求职信一定要做到简明扼要、重点突出、点到为止。每一个用人单位收到的求职信都非常多,如果求职信内容拖沓冗长,或是喋喋不休,那么用人单位的招聘人员很难耐着性子看完,这样求职者即使非常优秀,得到面试机会的可能性也是非常小的。

(二)格式规范,条理清晰

格式规范,条理清晰,会使阅读者心情愉悦。确保条理清晰最有效的办法是将不同的内容用一空行隔开,这样求职信的内容层次就能十分清晰。

(三)语言简洁、优美

语言是思维的外壳。一个人的语言表达能力可以反映出他的思维水平,而一个人思维水平的高下又决定着他创造能力的强弱,因此,绝大多数用人单位都很重视求职者的语言表达能力。写求职信时,应反复推敲词句,力求语言简洁、生动。

(四)"自我推销"与谦虚应适当

写求职信就是为了"推销自己",就要强调自己的专长与成绩,强调自己对用人单位的价值,这就少不了自我介绍。谦虚是一种美德,一个谦虚的人,可以使对方产生好感。但对于求职者来说,过分谦虚,又会使人觉得你什么也不行。所以,写求职信应遵循"适度推销"的原则,将自己的优势突显出来。

(五)富有个性,不落俗套

写一封求职信,正如精心策划一则广告,不拘泥于成法,立意应新颖,以独特的语言及多元化的思维方式,给对方以强烈的印象,引起对方的注意,激起对方阅读的兴趣,这样才能最终达到求职的目的。

【思路拓展】

写求职信一定要把自己的才能和美德展示出来。在这一点上,达·芬奇的《致米兰大公书》为我们树立了典范——

致米兰大公书
〔意〕达·芬奇

显贵的大公阁下:

我对那些冒充作战器械发明家的人所进行的试验作了观察和思考,发现他们发明的东西与平常使用的并无两样,故此斗胆求见阁下,以便面陈机密,但对他人不抱任何成见。

一、我能建造轻便、坚固、搬运便利的桥梁,可用来追逐和击败敌军;也能建造坚固的桥梁,用以抵御敌军的炮火和进攻,这种桥梁装卸非常方便;我也能焚毁、破坏敌军的桥梁。

二、在围攻城池之际,我能从战壕中切断水源,还能制造浮桥、云梯和其他类似设备。

三、一个地势太高,或坚不可摧,因而无法用炮火轰击的据点,只要它的地基不是用石头筑的,我能摧毁它的每一个碉堡。

四、我还能制造一种既轻便又易于搬运的大炮,可用来投小石块,犹似下冰雹一般,其中喷出的烟雾会使敌军惊惶失措,因而遭受沉重损失,并造成巨大混乱。

五、我能在任何指定地点挖掘地道,无论是直的或弯的,不出半点声响,必要时可以在战壕和河流下面挖。

六、我能制造装有大炮的铁甲车,可用来冲破敌军最密集的队伍,从而打开一条向敌军步兵进攻的安全通道。

七、在必要情况下,我能建造既美观又实用的大炮、迫击炮和其他轻便军械,不同于通常所使用者。

八、不能使用大炮时,我能代之以弹弓、投石机、陷阱和其他效果显著的器械,不同于通常所用者——总之,必要时我能提供不胜枚举的进攻和防御器械。

九、倘若在海上作战,我能建造多种极其适宜于进攻和防守的器械,也能制造可以抵御最重型火炮炮火的兵船以及各种火药和武器。

十、在太平年代,我能营造公共建筑和民用房屋,还能疏导水源,自信技术决不次于他人,而且保君满意。

> 此外，我还善于用大理石、黄铜或陶土雕塑；在绘画方面，我也绝不逊色于当今任何一位画家。
>
> 　　我还愿意应承雕塑铜马的任务，它将为您已故的父亲和声名显赫的斯福尔扎家族增添不朽的光彩和永恒的荣誉。
>
> 　　如果有人认为上述任何一项办不到或不切实际的话，我愿随时在阁下花园里或您指定的其他任何地点实地试验。
>
> 　　谨此无限谦恭之忱，向阁下候安。
>
> 达·芬奇
××××年××月××日

【提示】这封求职信将自己的一专多能表述得十分清楚，内容实实在在，层次十分清晰；语言平实、质朴，毫无夸张、溢美之嫌。正文最后一个自然段的补充交代，加强了文章的可信性。写求职信就要像《致米兰大公书》这样，把自己的实力充分地展示出来，以使自己在众多的求职者中脱颖而出。

【实战训练】

写作求职信的关键是要有的放矢，即根据个人的专长和兴趣、针对用人单位的招聘条件来写。本节【话题与案例】中要求代写的求职信是针对保安员一职来写的，因此要突出两个方面的内容：一是具备擒拿格斗等专业技能和相关业务知识，二是具备相关从业经验和忠于职守的工作作风。【话题与案例】中的求职者具备这两个方面的素质，所以写起来就比较容易。请你根据提示写作这封求职信。

第四节　辞　职　信

【话题与案例】

　　W大学计算机应用专业毕业生小王一毕业就找到一份还算不错的工作——在一所民办大学计算机中心从事校园网维护工作，但干了一段时间后他发现这份工作并不适合自己，于是想辞职另找一份对自己未来发展有利的工作。他把这个想法告诉了人事处的赵处长，赵处长让他写一份辞职报告交到人事处。这份辞职报告该怎样写呢？

【基础知识与范例】

　　辞职信是员工向供职单位表达辞职愿望的文书。辞职，意味着离开原单位，人虽走了，但感情和友谊是长存的，所以辞职信是处理个人与单位关系的一种应用文书。

　　辞职信的结构与求职信大体相同，即同样有标题、称呼、问候、正文、结尾、落款等部分，但正文的写法不同。

【范例6-3】

> 尊敬的领导：
> 　　您好！我怀着复杂的心情，郑重地向您提出辞职申请。
> 　　在公司工作的这一年多时间里，我收获颇丰。衷心感谢公司这个平台，它帮助我完成了从学生到职场人的角色转变。公司领导的关怀与支持，以及与同事们的和睦相处，都让我倍感温暖。然而，我深知自己所学有限，能力尚有不足，在工作中时常感到力不从心。
> 　　我深知，成长需要经历挫折与磨砺。或许只有重新作出选择，去迎接新的挑战，我才能真正实现自我提升与成长。因此，我决定寻找一份新的工作，进一步磨炼自己。
> 　　我也清楚，此时提出辞职对公司和我自身都是一种考验。公司目前正处于新项目启动的关键时期，急需人力支持，而这个项目对我来说也极具挑战性。如果我选择留下，虽然对我个人来说利大于弊，但可能会给公司带来一定的用人风险。经过深思熟虑，我决定辞职。
> 　　离开公司，告别与我并肩作战的同事们，我心中满是不舍。但我也明白，有时候离开是为了更好地成长。希望我的离职不会给公司带来过多不便。
> 　　最后，衷心祝愿公司在新的征程中蓬勃发展，蒸蒸日上！
>
> 　　　　　　　　　　　　　　　　　　　　　　　　　辞职人　王明
> 　　　　　　　　　　　　　　　　　　　　　　　　　20××年5月20日

【提示】 从范例6-3中可以看到，辞职信的标题、称呼、问候和落款的写法，跟求职信都是相似的，主要不同的是正文。辞职信的正文，要写明两层意思：一是辞职的原因。这一层要写得简明扼要，合乎情理。就算是为了表示抗议而辞职，也要委婉一些。二是对单位和同事表示感谢。人虽离去，友谊犹存，所以要处理好人际关系。

【写作指导】

有关辞职信的写作要求如下：

（1）辞职的理由，既要写得清楚，又要写得得体。辞职的理由大体有两种：一是个人原因，二是单位问题。不管是哪一种都要写清楚。如果确属不便公开说出的理由，属于个人的就用"由于个人原因"；属于单位的，也要注意用词的分寸，尽可能避免意气用事、言辞过激。

（2）辞职信带有请求的性质，在写作时，除了充分说明理由、书写有条理外，还应态度恳切。

（3）辞职是一件非常严肃的事，因此在写作前，应对单位和个人双方的利益作周密的考虑。

（4）详略要恰当。有关部门和领导已经了解的情况，可以不写或略写；了解不详细、不清楚的情况，要详写；全然不了解的情况，要重点写。

第六章 职场应用文

【范例6-4】

敬爱的公司领导：

　　您好！

　　写下这封信，是想郑重地向您提出辞职申请。作出这个决定，我内心十分纠结，也经过了反复的思考。

　　在公司工作的这几个月里，我收获颇丰。感谢领导和同事们的帮助，让我在短时间内掌握了大量非本专业的知识，不仅开阔了眼界，也增长了阅历。公司的工作氛围十分融洽，同事们工作努力，领导也体谅下属，让我在这里感受到了家的温暖，这段经历我将永远铭记。

　　然而，经过慎重考虑，我不得不提出辞职。客观上，我家即将迁往××市××区，距离公司较远，上下班通勤时间过长，这将严重影响我的工作和生活。主观上，我深知自己在剧本写作方面的能力还有待提升。虽然我有多年的小说、散文及新闻写作经验，但剧本写作与之有很大不同，我在这方面几乎是新手。尽管我一直在努力追赶，但可能由于自身天资有限，目前仍很难跟上公司的工作节奏。我不想继续给领导添麻烦，也不想拖同事们的后腿，经过深思熟虑，我决定辞职。

　　我深知此时提出辞职可能会给公司带来不便，我会尽我所能完成手头的工作交接，确保工作的顺利进行。希望您能理解我的处境，批准我的辞职申请。

　　最后，衷心祝愿公司在未来的发展中蒸蒸日上，取得更加辉煌的成就。感谢公司给予我的一切，也感谢领导和同事们对我的关心与支持。

×××
20××年3月20日

【提示】范例6-4中的辞职信这样写，不仅可以达到辞职的目的，而且能够取得"来得愉快、走得高兴"的效果，同时还可以维系好原有的人际关系，使自己在事业发展上的路子更加宽广。这封辞职信对要离开的公司只有感激，没有抱怨，言辞恳切、语气委婉，既不会使公司领导看了心里不舒服，同时又给同事们留下良好的印象。

【思路拓展】课外阅读李密的《陈情表》。

陈情表

【阅读提示】从内容方面来讲，《陈情表》是一封辞职信。这封辞职信的呈送对象是晋武帝，写不好就可能招来杀身之祸。为了打消晋武帝可能有的猜忌，作者在文中申明自己作为故旧遗老，现在不奉诏绝非忠于前朝，而是实属无奈，是为尽孝而难以远行的，因此反复强调"逮奉圣朝，沐浴清化"，特蒙"国恩"，"凡在故老，犹蒙矜育"，"过蒙拔擢，宠命优渥"等，以表达自己对当今皇帝的感情，同时表达"生当陨首，死当结草"以报答皇恩的诚心。无奈，祖母"日薄西山，气息奄奄，人命危浅，朝不虑夕"，所以实难从命。入情入理，使人无由驳回。李密最终打动了晋武帝，晋武帝答应了他的辞职请求。

【实战训练】

　　很多人一生会从事多个不同的职业，随时面临着职业的重新选择，若目前所从事的职业不能发挥所长,或者不利于自己未来的发展,或者眼下有更适合自己的工作机会等,这些情况下都可能发生辞职行为。这时就需要写一封言辞委婉、意思表达到位的辞职信。请你根据下面这段文字,帮梁馨同学写一封辞职信。

大德学院毕业生梁馨毕业后到一家医药公司工作。工作中,她发现这家医药公司不仅故意夸大一些新药的疗效,而且还卖假药,于是,她决定辞职。

第五节 竞聘词

【话题与案例】

竞聘上岗制度的普遍实施给人才提供了脱颖而出的机会,使真正有思想、有才能、有抱负的人有了获得用武之地的途径。竞聘主要是通过竞聘演说来实现的,而竞聘演说是否能取得成功在很大程度上取决于演说词的写作。

【基础知识】

竞聘词,也叫竞聘演讲稿、竞聘演说词,它是竞聘者为了竞争某岗位或职位而作的演说词,其写作目的和演说目的都是为了展示自己的实力。竞聘词写作的关键是能够将自己所具有的优秀品德、知识才干充分展示出来,给选拔者和选举者良好的"第一印象",使自己从众多的竞争者中脱颖而出。

竞聘词的写作与演说词大致相同,只是在写法上必须突出它自身的特点——竞聘者的竞聘条件。这里说的竞聘条件,包括个人优势、特长和竞聘者提出的未来的任期目标、施政构想、责任要求、措施等。

一般来说,一份完整的竞聘词主要由以下三个部分构成:

一、标题

标题有三种写法:第一种是文种标题法,即只标"竞选演说""竞聘词";第二种是公文标题法,由竞聘人和文种名构成或竞聘职务和文种名构成,如《关于竞聘××公司××部主管的演讲》;第三种是文章标题法,可以采用单行标题的形式,也可采用正副标题的形式,如《根在矿大,情系中文系——在学生会主席竞选大会上的演讲》。

二、称呼

称呼是指对评委或听众的称呼。

三、正文

正文是竞聘词的重点和核心,包括以下三个部分的内容:

（一）开头

简单叙述竞聘的职务和竞聘的缘由。

（二）主体

先简介自己的年龄、政治面貌、学历、现任职务、工作经历等一些自然情况；再摆出自己竞聘的优势，如政治素养、业务能力、工作水平等；最后提出自己任职后的施政目标、施政构想、施政措施等。

（三）结尾

结尾要表明竞聘者的决心、信心和请求。

竞聘词中介绍个人简历时要讲求真实性、简要性，突出特殊性；突出工作成绩、优化工作思路；提出的施政措施要目标明确、实在，语言上要做到情真意切。

【写作指导与范例】

一、竞聘词的写作要点

（1）竞聘词在写作之前要做好调查研究，要深入细致地了解所就职部门面对的焦点、难点、热点问题，要深入细致地了解面对的群众情况，仔细分析他们的观点、态度、希望和要求。

（2）竞聘词的写作要实事求是，通俗易懂，不能讲假话、大话、空话，也不能讲过于抽象的话；既不好高骛远，也不墨守成规，给人留下严谨、朴实又锐意进取的印象。

（3）竞聘词既要有热情的鼓动，又要有冷静的分析，给人的感觉是既不打官腔，又不卑微，语言亲切感人，并适当暴露自己的缺点，以求得大家的帮助，这样才能产生较强的感染力和号召力。

二、竞聘词的写作要求

（一）开头要新颖

竞聘词的开头要新颖、生动，富有吸引力和感召力，这样才能给人以良好的第一印象，为自己在众多的竞争者中脱颖而出奠定基础。

（二）自我介绍要有针对性

要将自己的学历、经历、政治素质、业务能力、个性特征以及曾获得的荣誉称号、奖励等，简洁、清楚地介绍给听众，引导听众自然而然地认识到这个岗位非你莫属。在注意针对性的同时，还要言之有物，让人们确信你有能力承担起这个岗位的职责。

（三）应聘后的目标要有感召力

工作目标和措施要明确，对解决工作的热点、难点问题要提出明确、切实可行的措施，力求达到客观性、可行性和前瞻性的统一；做到目标高低适度，措施得当，令人信服。

（四）缺点和不足要点到为止

对于自己的缺点和不足，可适当提及，但不要过于详细。要知道，竞聘词不是自我批评的检讨书，此时少提及自己的缺点和不足并不意味着不谦虚。

【范例6-5】

竞聘词

同学们：

　　大家好！

　　今天我站在这里，就是想来"挑战"一下班长这个职位！我觉得自己还挺适合的，而且也想为大家做更多事。

　　首先，我之前当过两年班长，对这份工作已经轻车熟路啦。这两年下来，我积累了不少经验，知道怎么把班级的事儿安排得明明白白。

　　其次，我和大家相处一直很融洽。我觉得自己就像一个"翻译官"，能把同学们的想法准确地传达给老师，也能把老师的建议及时反馈给大家。我始终觉得，班长得站在大家的角度想问题，做到"想大家所想，急大家所急"。

　　再者，班长肯定要有点"领导力"和"责任感"。这两年，我在学习上一直挺努力的，成绩也还不错，还连续两年被评为校级"三好学生"。我觉得自己完全有能力把班级带得更好！

　　我真心觉得，班长不是一个"官"，而是一个为大家服务的角色。我有信心，也有决心，用我的勇气和能力，和大家一起把班级建设得更棒！

　　如果大家愿意给我这个机会，投我一票，我一定不会让大家失望！我会用实际行动证明，我能把这个班长当得有模有样！

　　最后，感谢大家愿意听我唠叨这么多，希望大家支持我！谢谢！

【提示】这篇竞聘词语言风格轻松幽默，贴近大学生日常交流实际，开篇直入主题，表达清晰且充满活力。竞聘者用"挑战班长职位""翻译官"等表述，生动体现了自身优势和对班级工作的理解，展现出真诚和热情。结尾以"希望大家支持我"收尾，简洁有力，整体给人留下积极、亲切的印象，具有很强的感染力。

【实战训练】

　　怎样写好竞聘词？美国历届总统的竞选演说就是可以参考的范例。从这些竞选演说词中，我们既可以吸收很多的思想养分，又能够受到多方面的启示，学会巧妙、生动、有效地表达自己思想的方法和各种组织语言的技巧。

　　大家都知道，在上大学时担任班长，这既是人生的一段重要的经历，又是一个十分难得的锻炼机会。很多人都想争取这个机会，都想拥有这样一段经历。那么，怎样才能竞聘上班长这一职务呢？请你拟写一篇竞聘词，参加班长的竞选。

第六节　自　　传

【话题与案例】

　　F学院能源工程系学生姚进步要加入党组织，在填写志愿表时看到上面有"自传"一栏，不知怎么填好，便去问教他们应用写作课的老师。恰好，老师也在填写"职称评审表"，那上面有"业务自传"一栏。于是，姚进步问老师："我们这两份表上的自传内容要素相同吗？"老师说："不完全相同。"接着，老师便给他讲了两种自传的写作要点。

【基础知识】
自传是指作者对自己生平的自述。具体来说，自传是将自己的经历、思想演变过程、工作业绩或专业成就等系统地记录下来的文字材料。自传的应用比较普遍：加入一个组织或团体、申请一个项目、专业职务晋升、竞聘某个职位等常常都需要写自传。通过自传可以使组织、团体、新单位以及相关部门对自己有较充分的了解。

一、自传的特点

（一）纪实性

自传以记叙、介绍为主，真实记录个人生活经历，要求客观准确、不虚构，确保内容真实可靠。

（二）亲历性

资源素材来源于作者的亲身经历、所见所闻，具有独特视角和真实质感，具有可信度与感染力。

（三）目的性

自传写作有明确目的，如总结经验、激励他人或留存记忆等。作者围绕目的突出重点，使主题鲜明、针对性强。

二、自传的类型

（一）根据表现形式的不同划分

1. 小说体自传

小说体自传最主要的特点是它所记录的内容已不是客观事实的真实，而是艺术的真实。它对作者的生活作了一定的艺术加工。但小说体自传与一般的小说不同：一般的小说往往主要是从作者的自身经历之外，去集中概括大量的生活原型以创造人物形象，而小说体自传则主要以作者的亲身经历为依据，再拿其他类似的人物来补充，以创造出典型人物形象。一些有着特殊经历或有典型意义的人物，常用自身的素材写作这种小说体自传。

2. 回忆录体自传

回忆录体自传最主要的特点是真实而又较为全面系统地追记本人过去的生活经历和社会活动。它排斥任何的虚构与合理想象。它与一般回忆录的不同在于较为全面系统地叙述本人的生平事迹。

3. 小品体自传

小品体自传又称自传小品，它最大的特点是往往在短小的篇幅中，采用独特的形式与生动的语言去述说自己的经历。

如漫画家方成写的自传："方成，不知何许人也。原籍广东省中山，但生活在北京，讲一口北京话，自谓姓方，但其父其子都是姓孙的。非学画者，而以画为业。乃中国美术家学会会员,但宣读论文是在中国化学会,终身从事政治讽刺画,因不关心政治屡受批评。"这则自传寥寥数语,道出了方成的人生态度和艺术造诣,读后耐人寻味。

小品体自传的写作讲究文艺笔调,它是用散文的笔法来写自传,因此它的表现手法是极为灵活自由的,常常运用打比方、联想、幽默诙谐、夹叙夹议的方法,形象、生动地自述生平。

4. 文书体自传

这种自传是为了让组织或别人了解自己而写的,要写明作者的一般情况,诸如姓名、性别、年龄、籍贯、家庭出身、学历、工作经历、社会关系、个人思想情况、工作成果以及优缺点等,这就使自传有了一定的规定格式和写法,需要作者按照有关规定的提纲来写。一般"干部履历表""入党志愿书""入团志愿书"上所要求写的自传,就属于这种文书体自传。

文书体自传的内容多根据作者工作的性质而定,如作家主要记述自己的创作经历,一般干部则写自己的工作经历。文书体自传应注意以作者本人的思想发展过程贯穿生平的各个阶段,以便于组织和别人了解自己。文书体自传还要有选择、有重点地介绍自己的生平事迹,不能堆砌材料。文书体自传的语言要简明朴实,忌渲染夸张。

我们在本节中主要介绍文书体自传的基本知识及其写作要点。

(二) 根据自传内容侧重点的不同划分

1. 一般性自传

一般性自传是指将自己的经历、思想演变过程、工作业绩或专业成就等系统而又有重点地记录下来的文字材料。

2. 业务自传

业务自传是以第一人称来叙述自己从事某种专门事业或学问的经历和主要贡献的文章。

【写作指导与范例】

一、 一般性自传的写作要点

一般性自传主要用于加入组织、团体和向用人单位介绍自己的基本情况等情形,其内容主要是将自己的生平历史和思想演变过程予以客观的介绍。一般性自传的基本格式及写作要点如下:

(一) 标题

一般性自传的标题部分应居中写"自传"两字。

(二) 正文

一般性自传的正文部分主要包含以下三个方面内容:

(1) 写明个人和家庭主要成员、主要社会关系的情况。个人情况包括姓名、性别、民族、出生日期、籍贯、文化程度、政治面貌、现从事的工作以及担任的职务等。家庭主要成员情况主要是指父母、配偶和子女的职业和政治面貌等。主要社会关系情况是指与本人在政治、经济上有直接联系的亲友的职业和政治面貌等。

(2) 写明自己的经历。一般从上小学写起,要写明何时、在什么学校读书或在何地从事什么活动;何时参加工作,在哪些单位工作过,担任过什么职务。每段经历的前后时间应衔接,还要提供证明人。此外,还应写明加入过什么民主党派、进步团体以及担任过何种职务;是否有其他政治、历史问题,结论如何;受过何种奖励或处分;需要向组织说明的其他问题等。

(3)写明自己的思想演变过程,这是一般性自传的主体部分。一些年岁较大、经历较复杂的作者,可把自己的历史分成若干阶段,写明各段时间的思想变化。通过这些思想演变过程的回顾和梳理,总结经验教训,提高思想觉悟,明确今后的努力方向。

写作一般性自传应该注意的问题有三点:

(1)要坚持实事求是的原则。要如实写自己的经历,实事求是地评价自己,不夸大,不缩小,不编造,不隐匿,包括时间、地点都要写清楚,一些重要事件要有证明人。

(2)要从实际生活中总结经验教训。写自传不单单是实录自己的生活经历,还应该从自己思想变化的分析中,明辨是非,把握方向,增添前进动力。经验教训不要写成干巴巴的几条,要寓理于叙事之中。

(3)写自传与填写"履历表""党员登记表"是不一样的,自传要求写得更加详细,对主要的经历、情节要交代清楚。既要避免只直述经历而不触及思想,又切忌事无巨细地什么都写,重点不突出、记流水账似的做法,应力争达到简繁得当、主次分明。

【范例 6-6】

> 著名作家老舍在 40 岁时写下了一份自传,全文如下:
> 舒舍予,字老舍,现年四十岁,面黄无须,生于北平。三岁失怙,可谓无父;志学之年,帝王不存,可谓无君,无父无君,特别孝爱老母,布尔乔亚("资产阶级"的法文音译)之仁未能一扫空也。幼读三百篇,不求甚解。继学师范,遂奠教书匠之基。及壮,糊口四方,教书为业,甚难发财;每购奖券,以得末彩为荣,示甘于寒贱也。二十七岁时发愤著书,科学、哲学无所懂,故写小说,博大家一笑,没什么了不得。三十四岁结婚,今已有一男一女,均狡猾可喜。闲时喜养花,不得其法,每每有叶无花,也不忍弃。书无所不读,全无所获,并不着急。教书做事,均甚认真,往往吃亏,也不后悔。如此而已再活四十年也许能有点出息!不过不可能了。

【提示】这篇自传仿佛闲谈,仔细品味,其旁敲侧击,妙趣横生,给人以阅读快感。

二、业务自传的写作要点

在专业技术职务评聘工作中,规定专业技术人员必须向各级评审组织提交专业工作"业务自传"。

业务自传是以第一人称来叙述自己从事某种专业的经历和主要贡献的文章,是各级职称评审组织考核专业人员工作,衡量其是否有资格获得某种专业技术职称的重要依据。

业务自传分为技术性工作业务自传和研究性工作业务自传两大类别。根据专业系列职称申报的要求,可以分为履历型业务自传、总结型业务自传和综合型业务自传三种类型。

履历型业务自传以叙述个人基本情况、工作经历为主,配合工作总结、各种相关报告,方能形成代表个人学识水平、专业技术水平和工作能力的完整材料。

总结型业务自传以叙述个人专业经历、总结个人专业工作为主,而与其他材料共同形成代表个人学识水平、专业技术水平和工作能力的完整材料。

综合型业务自传能同时容纳个人各方面有关内容,能说明申报人是否属于规定的申报

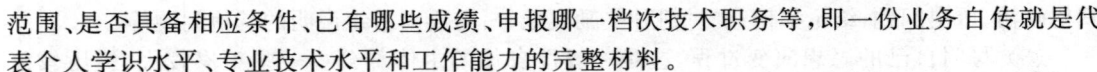

范围、是否具备相应条件、已有哪些成绩、申报哪一档次技术职务等,即一份业务自传就是代表个人学识水平、专业技术水平和工作能力的完整材料。

业务自传一般由标题、正文、结尾、署名及日期组成。各部分的写作要点如下:

(一)标题

业务自传的标题一般由所从事的专业名称和文种名两个部分构成,如"教育教学业务自传"。有时省去专业名称,只用文种名标注,如"专业工作自传""业务自传"等。

(二)正文

业务自传的正文包括个人基本情况、政治思想表现、专业知识和学识水平、业务能力和主要工作成绩五个方面的内容。

(1)个人基本情况大致包含姓名(曾用名)、性别、年龄(出生年、月、日)、民族、籍贯、家庭出身、文化程度(最终学历)、学位、外语、专业进修、政治面貌、参加工作时间及工作单位、现任职务、技术职称等内容,以及工作简历和应说明的受奖励情况。通过上述内容说明个人属于某职称系列某档次的申报范围。

(2)政治思想表现是确定和晋升技术职称的主要考核内容之一,包括专业思想、遵纪守法、职业道德等。

(3)专业知识和学识水平包括专业理论知识和技术知识、相关专业基础理论知识学习和掌握的广度、深度,政策水平的高低,通过总结个人对客观规律不断认识的提高过程,表明自己符合某种职称规定"应知"的要求(有的专业还强调总结出从事专业工作的经验)。

(4)业务能力是指完成专业工作的本领,不仅包括具体规定的"应会"技能,而且包括从事某种专业工作所必需的心理特征。业务能力是在业务实践中形成和发展起来的能力,所以,应该对个人专业活动进行恰当的分析,表明自己已经具备与准备申报或晋升的职称相应的科研技术工作能力并能够履行相应的岗位职责。

(5)主要工作成绩体现个人的工作贡献。主要工作成绩不仅是对个人学识水平和业务能力的补充说明,而且标志个人在专业领域的地位。因此主要工作成绩是确定或晋升业务职称的主要依据,是确定"特殊贡献"的主要标准。在必要的情况下,主要工作成绩可以包括个人在相近、相关专业取得的主要成绩。

(三)结尾

业务自传的结尾应在正文记述的基础上,恰如其分地提出申报要求。

(四)署名和日期

署名和日期位于结尾部分的右下方,分两行署申报者的名字,注明年、月、日。

三、自传写作的一般要求

(一)真实

自传的真实是指自传的内容要完全真实。时间、地点、人物、事件等重要细节都必须真实,即使一个细节失真,也会导致自传全面失真,使自传失去其应有的价值。

(二)以叙述为主要表达方式

由于自传是自己写自己的经历,因此在表达上要求用叙述性的语言,客观、真实、公正地叙述,尽量不用抒情、议论、描写等手法。

【实战训练】

自传的写作比较灵活,内容根据实际需要而有所侧重。一般来说,不论是用于加入各类团体或组织的自传,还是用于业务考评的自传,都以德与才的描述为重点。试以加入某组织作为模拟情境为自己写一份自传。

第七节 述职报告

【话题与案例】

晚清时期,湘军主帅曾国藩奉命镇压太平军,但最初几年总是打一仗败一仗,特别是在鄱阳湖口一役中,连自己的性命也险些送掉。他不得不上疏皇帝表示自责之意,在他的上疏书里有一句"臣屡战屡败,请求处罚"。手下的一个幕僚建议把"屡战屡败"改为"屡败屡战"。这一改,果然成效显著,皇帝不仅没有责备他屡打败仗,反而还表扬了他。在这一典故中,曾国藩的上疏就是我们今天所要介绍的述职报告,而将"屡战屡败"改为"屡败屡战",实质上反映出我们应该关注述职报告的写法这一问题。

【基础知识】

述职报告是指机关、团体、企事业单位的主管领导、部门负责人或者某一岗位的工作人员,就自己任职期间履行岗位职责情况,向上级领导部门、人事管理部门、专家组或本单位职工群众进行汇报陈述和自我评价的一种事务文书。

述职报告的使用主体是在某一岗位任职的个人,既包括党政机关的各级领导干部和一般干部,又包括企事业单位的各级负责人和其他业务人员;既包括经组织任命的公职人员,又包括由企事业单位招聘的受聘人员。

一、述职报告的作用

述职报告是述职者向上级领导部门、人事部门或本单位的职工群众陈述自己在一定时期内的工作实绩、存在的问题和今后设想的自我述评性的报告文书。其作用主要有以下几个方面:

(一)有利于改进工作,提高自身素质

通过述职,对过去的工作进行回顾,总结经验,吸取教训,改进工作方法。这些,不仅有利于改进工作,而且有利于提高述职者的自身素质。

(二)为上级领导部门和人事管理部门考核提供科学依据

上级领导部门和人事管理部门根据述职报告,全面掌握述职者的工作情况,对其进行考核,作出评价。

(三)接受群众监督,密切干群关系

述职报告是群众评议干部的主要依据。干部向群众述职,由群众评议,接受群众监督,有利于干群间的思想沟通,密切干群关系,提高领导干部的威信,鞭策、激励领导干部奋发上进。

（四）作为人事调整的依据

述职报告可以全面反映述职者德、能、勤、绩的情况,为上级组织量才用人提供依据。

二、述职报告的特点

述职报告的内容主要是对任职期间工作的自我回顾、总结和评价,其特点主要表现为以下几个方面:

（一）自述性

所谓自述性,是指述职者采用自述的方式述说自己在一定时期内履行岗位职责的情况,向有关方面报告自己的工作实绩,即个人在一定时期内按照岗位职责的要求,做了哪些事情,达到了什么目标,取得了什么成绩。

（二）自评性

所谓自评性,是指述职者依据岗位规范和职责目标,对自己任期内的德、能、勤、绩等方面情况作自我评估、自我鉴定和自我定性。

（三）规定性

述职者的述职内容是有规定的,即述职者必须根据自己所在岗位的职责和目标,述说做了哪些工作、取得哪些成绩、工作效率如何、哪些地方存在不足、工作是否有失误、工作作风如何,等等,不能偏离或超出自己的工作职责范围。

（四）客观性

述职报告作为干部考核、评优、晋升的一个重要依据,要求述职者必须客观地陈述自己履行岗位职责的情况,不允许随意夸大事实,也不允许虚构事实,更不允许刻意掩盖工作中的失误。

（五）法定性

述职报告的使用主体是法定的,即只有担任一定职务者才能向特定对象陈述自己履行岗位职责的情况,不任职者,不存在"述职"的情况。此外,任何人都不得代替他人述职。

三、总结与述职报告的区别

总结和述职报告虽然都是对自身某一时期工作的回顾、总结和自我评估,但二者的区别十分明显。

（一）写作目的不同

总结的写作目的是回顾过去、总结经验、吸取教训,以利于今后更好地工作;而述职报告的写作主要是根据某一职位的要求,着重汇报个人在一定时期内履行岗位职责的情况,主要回答自己称职与否的问题。

（二）作用不同

总结的主要作用是总结成绩,发现问题,寻找解决的办法,以利于推动工作向前开展。其中虽然也评价总结者的业绩,但对个人职务和职称的升迁不一定构成直接影响。述职报告是上级主管领导和有关评审组织对述职者任职实绩和能力考核的依据之一,也是群众评议的基础,从某种程度上讲,具有鉴定的意义,直接影响述职者的升迁和去留。

四、述职报告的分类

依据不同的分类标准,述职报告可分为以下几种:

（一）依据内容划分

综合性述职报告:报告内容是对自己一个时期所做工作全面、综合的陈述与自我评价。

专题性述职报告:报告内容是对自己某一方面的工作所作的专题汇报与自我评价。

（二）依据时间划分

任期述职报告:这是对任现职以来的全部工作所作的述职报告。这类报告涉及的时间较长,涉及面较广,一般要写出一届任期内的全部情况。

年度述职报告:这是一年一度的述职报告,其内容是写本年度岗位职责的履行情况。

临时性述职报告:这是就担任某一项临时性的工作所作的述职报告。

（三）依据表达形式划分

口头述职报告:向专家组或本单位职工群众所作的口头述职。

书面述职报告:向上级领导机关或人事部门呈报的书面述职报告。

【写作指导与范例】

一、述职报告的写作要点

述职报告由标题、称谓、正文和落款四个部分组成。

（一）标题的写法

述职报告的标题,主要有以下几种写法:

1. 文种式标题

此种标题只写"述职报告"四个字即可。

2. 时限＋文种式标题

文种名前加上述职的时间范围,如《2024年度述职报告》。

3. 公文式标题

此种标题由"任职时限＋所任职务＋文种名"构成,如《2024年度教学院长述职报告》。

4. 文章式标题

此种标题用正题或正副题配合的方式标明,如《培养大学生的人文素质是大学教育的第一职责——××旅游学院执行院长述职报告》。

（二）称谓的写法

在正文上方一行顶格书写主送单位或听取述职报告的人员的称呼,如"××人事部""××领导";如果是在一定的场合口头述职,则应用"各位领导""各位评委""各位同志"等称呼。

（三）正文的写法

述职报告的正文由前言、主体、结尾三个部分组成。

1. 前言

前言又叫引语，一般交代任职的自然情况，包括何时任何职，变动情况及背景；岗位职责和考核期内的目标任务情况及个人认识；对自己工作尽职的整体估价，确定述职范围和基调。这部分要写得简明扼要，给听者一个大体的印象。

2. 主体

这一部分是述职报告的中心内容，主要写实绩、做法、经验、体会或教训、问题。写作者要重点写好以下几个方面：

（1）对党和国家的方针政策、法律法规的贯彻执行情况。

（2）对上级领导交办事项的完成情况；对分管工作任务完成的情况；在工作中采取了哪些措施，解决了哪些实际问题，纠正了哪些偏差，做了哪些实际工作，取得了哪些成绩。

（3）个人的思想作风、职业道德、廉洁从政和关心群众等情况。

（4）存在的主要问题，并分析问题产生的原因，提出今后改进的意见和措施。

（5）述职者今后的努力方向、有关的态度等。如对个人进退的态度，对上级领导和群众的感谢等。文字要简朴，态度要诚恳。

主体部分要写得具体、充实，有理有据、条理清楚。由于这部分内容涉及面广，写作者宜分条列项写出，并注意安排好内在的逻辑关系。

3. 结尾

述职报告末尾还应有结束语，如"述职完毕，谢谢大家""以上报告，请批评指正"等。这类习惯用语既显示了对上级领导或下属群众的尊重，又在一定意义上表达了自己做好工作的愿望，绝不是可有可无的。

（四）落款的写法

全文结束之后要有落款，即署明述职者职务、姓名和成文日期。如在标题下已有署名，此处应略。

【范例 6-7】

语文教师述职报告

各位领导、全体同人：

本学期我担任××级药学和计算机电算化两个专业三个班的语文课。受就业指挥棒的影响，这些学生普遍重视专业课，看轻文化基础课，加上教材选文的审美性欠佳，致使他们对语文课的兴趣不浓。再加上长时间以来（指在中小学阶段）过重的课业负担等原因造成的厌学情绪，加大了教学实施的难度。在这样一种情况下，我采取了以下几个措施，取得了比较理想的效果。

1. 培养学生浓厚的学习兴趣。只要兴趣培养起来，热情激发出来，学生在课堂上互动起来，教学实施就容易了。那么，怎样培养兴趣呢？首先，我采用了"避实就虚"的办法。

第一堂课一开始,我问:大家喜欢唱歌吗?"喜欢"的回答是主流声音。于是,我以《追梦赤子心》和《孤勇者》两首歌为例作了这样的引导:第一步,先让学生唱,唱完我来评点,就此引出一个话题——怎样才能进入情境,把歌曲要表达的感情完美地表现出来?第二步,指导学生反复诵读歌词,然后就歌词进行分析。第三步,让学生在透彻理解歌词的基础上再唱。通过这三个步骤,学生普遍有所感悟。其次,课内外结合,精选配有曲子的古典诗词让学生反复诵读、歌唱,感受语言的魅力。最后,见缝插针,给学生讲精彩的神话故事,如《女娲补天》《夸父逐日》和《干将莫邪》等,让学生体验想象的乐趣。通过这些,学生学习语文的兴趣得到了培养,上语文课的热情高涨,我自己教得很轻松,学生也学得很愉快。

2. 以用促学。在让学生获得强烈的审美体验的基础上,让学生充分认识到语文能力的重要性,这是增强学生自觉地学习语文内驱力的关键。所以,在培养学生对语文课兴趣的同时,我采用了以用促学的办法来引导学生自觉地学习。如在写作指导课上,我让学生随堂编写手机短信,编完后同学间互改,让学生实实在在地认识到遣词造句能力的重要。

3. 让学生在感动中不断进取。语文课有一个重要功能是培养和强化学生的人文素质。强化学生的人文素质,说明白一点就是要学生有一颗善良的心,使他们富于爱心,真诚、善良,尊重别人,能够与人和谐相处。这一教学目标一旦实现,不仅学生的灵魂得以纯洁,而且他们自觉学习的内驱力也将大大增强。为此,我在教学实施过程中从课外选了一些催人泪下、令人感奋的优美文章让学生读,让学生在动心的同时动情,使他们在感动中不断进取。

4. 让学生体验到成功的快乐。职业院校的学生普遍基础较弱,常常对自己缺乏信心。针对这一情况,我在教学过程中做了两个方面的工作:一是讲究教材处理的艺术,努力寻找文章所写内容与学生实际生活的最佳切入点,让学生对文章产生"似曾相识"的感觉;二是力求讲解浅显易懂——不求讲深,但求讲透,让学生听得懂,学有所获,增强他们学习的自信心。在作文训练方面,我尽量采用"小"题目,让学生人人都能做,都有兴趣做,稍加用心都能做好,使他们真切地体验到成功的快乐。

5. 反思与改进。尽管本学期的教学工作取得了一定的成绩,但仍有一些需要改进的地方。一是在引导学生进行课外阅读方面,尤其是在杜绝学生阅读不健康读物方面,还需要采取更有效的措施和方法。二是随着网络文学的兴起,学生接触网络文学的机会增多。如何引导学生正确对待网络文学,还需要进一步研究。三是在丰富和提升学生的思想修养方面,还需要开展更多形式多样的活动,如主题班会、读书分享会等,帮助学生树立正确的价值观。

总之,作为一名语文教师,我将继续努力,不断改进教学方法,提升教学质量,为学生的成长和发展贡献自己的力量。

谢谢大家!

××国际商贸学院　×××
××××年12月29日

【提示】这份述职报告详细地总结了个人在教学工作中的具体实践与成效,并进行了客观的自我评价,同时也指出了需要改进的方向。全文内容扎实,表达清晰,给人以客观、务实的印象。

二、述职报告的写作要求

（一）实事求是

述职报告不是一般的表态或思想汇报，写作时不要过分谦虚，而是应该将工作业绩理直气壮地全部摆出来。同时，不回避问题，不讳言失误。无论讲成绩或问题，都应客观、真实，是成绩就是成绩，是问题就是问题。用事实说话，必要时列出实际数字加以说明；实事求是，有一说一，有二说二，既不过分谦虚，也不浮夸。只有这样，群众和考核者才能对述职者作出客观、公允的评价。

（二）突出重点

述职报告的内容涉及德、能、勤、绩几个方面，面面俱到势必会使文章冗长，令人生厌。因此，述职报告的写作要突出重点，重在"述绩"。与此同时，"述绩"也要抓主要之点，精心选择。对其中的重点部分，要写得详细、具体、充分、全面；次要部分，则可约略提及，一笔带过。

（三）突出个性

不同的岗位有着不同的职责要求，即使是相同的岗位，也由于述职者个人的个性差异，其工作方法、工作业绩也不相同。这就是说，每个述职者都有与别人不同的情况，因此，写述职报告，应根据自己的实际情况，写出自己特有的做法和独有的贡献。同时，不同时期或阶段写的述职报告要在前面述职的基础上有所突破，每次述职要总结出一些新鲜经验，写出一些新意，这是衡量述职者是否具有创新意识、进取精神和开拓能力的一个重要方面。

（四）行文得体，语言通俗

述职报告的行文要庄重朴实，措辞要严谨，态度要谦恭，使人易于接受。与此同时，语言要精练、通俗，要尽可能让个性不同、情况各异的与会代表都能听懂、听明白。

【实战训练】

述职是接受群众监督、使上级主管部门和领导了解自己工作情况的重要途径，不仅关乎自己的群众威信，而且还决定着自己的升迁、去留等，关乎自己的职业前途和命运。因此，在写作述职报告稿时要把自己的成绩客观地摆出来，突出自己与众不同的个性与亮点，以获得群众或上级的认可。试模拟一个礼仪公司营销经理的身份写一份述职报告。写作时可以大胆想象，比如为了展示公司形象、提高公司知名度，经常在街头开展公益性礼仪示范活动等。

第八节 劳动合同

【学习提示】本节为自学内容，读者可扫描文前二维码进行学习。

第九节 小 传

【学习提示】本节为自学内容，读者可扫描文前二维码进行学习。

第七章 经济应用文

经济应用文也称为经济文书,是经济部门、企事业单位用于处理经济事务、信息传递与活动协调的具有相对固定格式的一类专用文书的总称。

应用写作（第四版）

第一节 经济应用文概述

> 经济应用文广泛应用于生产、交换、流通、消费等经济活动的各个环节,直接服务于生产和经营,在企业生产和经营管理中起着指导、控制、协调、促进等作用。

一、经济应用文的作用

经济应用文之所以备受重视,是因为它符合市场经济发展的需要,在经济活动中发挥着极其重要的作用。概括起来,经济应用文的作用主要表现在以下几个方面：

（一）信息传递作用

在市场经济中,信息起着至关重要,甚至决定性的作用。一方面,科学的经济决策是建立在大量经济信息基础上的。从一定意义上说,决策的水平在很大程度上依赖于经济信息的质量。另一方面,市场竞争的关键是知己知彼,而知己知彼的关键在于掌握足够的信息。信息的传递必须借助于一定的载体,经济应用文就是这样的载体。

（二）联系与纽带作用

市场经济条件下,各经济部门之间,无论是进行一般业务询答,还是协调彼此之间的关系,或者是建立受法律保护的经济协作关系,都需要借助于经济应用文,诸如商务函件、合同、协议书、招标书、投标书等。经济应用文是各经济部门相互沟通的纽带,是经济领域人们相互交往、沟通、协调、制约的重要手段和工具。

（三）凭证作用

在频繁的经济交往中,难免会出现经济矛盾,如经济合作中权利和义务的冲突,执行合同过程中的违约、债务纠纷等,这些问题的解决常常要求助于仲裁机构和人民法院。仲裁机构和人民法院解决这些问题的依据,就是双方往来的函件、标书,签订的合同、协议,以及商品广告、商品说明书等文字材料。

二、经济应用文的特点

（一）经济性

经济应用文的经济性主要体现在三个方面：一是直接服务于经济活动；二是以讲求经济效益为写作的出发点和归宿点；三是遵循经济规律,维护经济秩序。

（二）合法性

经济应用文的合法性主要表现在两个方面：一是以党和国家的方针、政策为指导,符合党和国家在一定时期内的经济政策；二是依法拟制,如合同、公司章程、商品广告等的撰写,要遵守相关的法律规定。

（三）时效性

经济应用文是经济信息的载体,而经济信息,特别是市场信息瞬息万变。经济应用文作为信息载体,必须及时、准确地反映急速变化的经济活动情况,要写得及时、发得及时、办得及时。

（四）规范性

经济应用文肩负着及时传递经济信息、准确反映经济活动情况的重任,所以,必须严格遵循格式规范。规范的格式能够确保内容清晰明确、重点一目了然,同时为信息检索提供极大便利,从而保障经济活动的高效开展。

三、经济应用文的分类

根据其内容及作用,经济应用文可以分为以下几类:

（一）经营管理类经济应用文

经营管理类经济应用文是在经营管理过程中产生并对经营管理起促进作用的文书。经营管理涵盖企业管理的各个层次、各个环节、各项职能,因此,经营管理类经济应用文的应用场景非常多。比如,涉及经营决策方面的有市场调查、市场预测、经营决策方案等;决定内部管理体制的有股份制文书等;合作协调方面的有商务函件、招标投标文书、协议、合同等。

（二）评估检查类经济应用文

评估检查类经济应用文是在对经济活动进行调控、管理过程中产生的文书。评估检查是政府或主管部门对社会经济活动的宏观调控手段之一,主要体现在生产经营过程中定期或不定期地进行财政、税务等检查,以及对经营状况进行评估,对经营效果进行分析评价等。这类经济应用文包括审计文书、税务文书、财务分析报告等。

（三）传播推广类经济应用文

传播推广类经济应用文是指借助一定传媒,通过一定渠道,将经济发展动向、生产经营过程中的供需情况和商品动态等,向生产经营管理者、消费者进行广泛宣传的文书。这类应用文可提供信息、记录与分析成果、介绍商品等,如商品广告、商品说明书和服务说明书等。

（四）涉外类经济应用文

随着经济全球化步伐的进一步加快,我国与世界各国的商贸活动、经济合作与技术交流更加频繁,涉外类经济应用文的使用频率越来越高,使用范围越来越广。中外合资意向书、中外合资建议书、涉外仲裁申请书、涉外贸易索赔书与理赔书等都属于这一类。

四、经济应用文的写作要求

（一）要合理合法

经济应用文的内容要符合国家的方针政策和遵守相关的法律法规,要建立在不损害公共利益的基础之上。

（二）深入实际,广泛获取信息

经济应用文以信息为基础,这就要求写作者必须深入实际,充分了解并掌握经济活动过程中的各种信息资料。只有这样才能写出内容翔实、有指导价值的经济应用文。

（三）真实准确

经济应用文承载的信息必须真实准确，这样才能发挥出应有的作用。引用的数据要准确无误，使用的材料要反复核实。

（四）表达得体

表达得体包括两个方面：一是经济应用文常常涉及大量的数据和分类信息，要善于使用表格等表现形式，使表达条理清晰；二是语言运用要严谨、准确，忌用"大约""大概"等模糊表述。

第二节 经济合同

【话题与案例】

当今时代，合作是谋求更好、更快发展的重要途径。而任何一项合作关系的形成，都要经历表达意向、磋商、洽谈和签约等过程。其中，签约是十分关键的一个环节。

【基础知识】

合同也叫合约或契约。《中华人民共和国民法典》（以下简称《民法典》）规定，合同是"民事主体之间设立、变更、终止民事法律关系的协议"。

一、合同在经济生活中的作用

合同在经济生活中的作用主要表现在以下三个方面：

（一）有利于稳定社会经济秩序

合同明确了当事人的权利和义务，当事人按照合同规定享受权利、承担义务，使得经济活动在依法有序的状态下进行，减少了不必要的混乱，有利于社会经济秩序的稳定。

（二）有利于保护当事人的合法权益

依法签订的合同，一经成立，便具有了法律效力，对于在合同的履行过程中由于当事人恶意破坏合同条款而给另一方造成损失的，可依《民法典》的规定进行追偿甚至诉诸法律，以保护当事人的合法权益。

（三）有利于当事人经济目的的实现

合同的签订是为了实现当事人的经济目的，对合同条款的履行过程，也就是经济目的的实现过程。

二、合同的基本内容

《民法典》第四百七十条规定:"合同的内容由当事人约定,一般包括下列条款:(一)当事人的姓名或者名称和住所;(二)标的;(三)数量;(四)质量;(五)价款或者报酬;(六)履行期限、地点和方式;(七)违约责任;(八)解决争议的方法。当事人可以参照各类合同的示范文本订立合同。"

(一)当事人的姓名或者名称和住所

姓名是指公民个人在身份证或户籍登记上的正式称谓,名称是指法人或其他组织在登记机关登记的正式称谓。住所,对公民个人而言,是指其户籍所在地或经常居住地;对法人和其他组织而言,是指其办事机构所在地。

合同中标明当事人的姓名或者名称,也就确定了责任人和义务人;写明住所,也就明确了债务履行地点。

(二)标的

标的是指合同当事人各方权利、义务共同指向的对象,即指某种实物、劳务、行为或货币。例如,购销合同的标的是某种产品,货运合同的标的是某种劳务活动,保管合同的标的是保管行为,借款合同的标的是货币,等等。

任何合同都要有标的,否则当事人的权利、义务就不能实现,也就无法履行合同。

(三)数量

数量是指标的的计量,如产品数量、完成的工作量、借款的金额等。它是衡量合同当事人各方权利、义务大小的尺度。数量是通过计量单位来表现的。

(四)质量

质量是指标的的特征,如产品的品种、成分、性能、规格、款式,工程项目的标准等。它是检验标的内在素质和外观形态的标志。

(五)价款或者报酬

价款或者报酬就是标的代价,即取得对方的产品或接受对方的劳务所应支付的代价,以货币数量来表示。它是有偿合同的主要条款,是标的的价值反映。如果标的是货物,应标明货款;如果标的是劳务,应标明报酬。标的的价金,政府有规定的,按规定计价;有政府指导价的,当事人可在指导价规定的幅度范围内确定价格;政府没有规定的,由当事人议定。在我国,除法律、行政法规另有规定外,以货币履行义务时,必须用人民币计算和支付;除国家允许使用现金履行义务的以外,必须通过银行转账或者票据结算。

(六)履行期限、履行地点和履行方式

履行期限是指合同履行的时间范围,也就是支付标的或支付价金的时间。履行地点是指当事人实现承担义务的地方,即交付、提取标的的地方。履行方式是指履行义务的具体方式,即当事人采取什么方式、手段来履行合同中的义务。这几项是标的运行的时间和空间及其运动形式的具体化,关系到合同履行的程度和各方的利益。

（七）违约责任

违约责任是指不履行或不完全履行合同约定的义务所应负的责任。这是对违约的一种制裁措施，包括继续履行、采取补救措施，支付违约金、赔偿金，罚没定金等。

（八）解决争议的方法

当事人之间在履行合同过程中发生争议，需要采取一定的方式或途径来解决。一般情况下解决争议有三条途径：一是和解或调解，前者是指由当事人双方通过友好协商的方式解决争议，后者是指当事人双方共同邀请第三者作为调解人主持调解；二是仲裁，即当事人双方将争议提交仲裁机构，由仲裁机构依法仲裁；三是诉讼，即当事人向人民法院起诉，由人民法院依法进行审理、判决。仲裁与诉讼分属两种不同的解决争议的方法，二者只能选一种，因此当事人在订立合同时要约定解决争议的方法。

【写作指导与范例】

一、合同的写作要点

（一）标题

标题一般要写明合同性质，即标明是哪一类合同，如"买卖合同""运输合同"。有的合同还要进一步写出内容，如"食用油订购合同"。

（二）立合同人

在标题下面空两格并列写出当事人各方的姓名或名称和住所，也可一行连着写，并注明一方为"甲方""供方""卖方""发包方""出租方"，另一方为"乙方""需方""买方""承包方""承租方"。

（三）正文

正文是合同的中心部分，除前面所介绍的几项内容外，还应标明以下几点：

（1）签订本合同的目的或依据。依据，多指法律依据及实际情况。如"根据国家规定，借款方为进行基本建设所需贷款，经贷款方审查同意发放。为明确双方的责任，恪守信用，特签订本合同，共同遵守"。既有"根据"，又有"目的"。而多数合同只要写出签订本合同的目的即可。

（2）合同的有效期限。如"本合同有效期自2025年1月1日至2030年12月31日，过期作废"。

（3）合同的份数和保存方法。如"本合同一式四份，甲乙双方各执一份，副本两份，送双方上级主管机关存查"。如有附件，可写在或附在正文后面，并注明附件名称、序号、份数。

（四）落款

落款处当事人各方及代表签名盖章。最后写上签订日期，有的合同还要注明生效日期。

【范例7-1】

订货合同

　　买　　　方：××市××商贸有限公司(以下简称"甲方")
　　地　　　址：××省××市××区××街道××号
　　卖　　　方：××省××电子厂(以下简称"乙方")
　　地　　　址：××省××市××区××街道××号
　　甲方向乙方订购货物,经双方协商,订立合同如下：
　　货物名称：××牌×××毫米遥控落地电风扇
　　规　　格：××××-×××型
　　订购数量：×××台
　　货物单价：×××元
　　货款总额：××××元
　　交货日期：××××年××月××日以前全部交清
　　交货地点：××市×××火车站
　　交货方式：铁路托运,由乙方负责办理,费用由乙方支付。如有运输损失由乙方承担。
　　付款方式：银行托收。本合同签订后,一周之内一次付清。
　　误期交货处罚办法：误期七天以内,每台按原价百分之五交付罚款；超过七天,按百分之十罚款；超过一个月,按百分之二十罚款；超过三个月,按百分之五十罚款。
　　合同变更：中途如甲方要求增加订货,双方另行商定；如要求减少订货,乙方按减少台数原价百分之六十退款。
　　损失赔偿：交货后如发现产品确因质量问题造成甲方减价销售的损失,由乙方负责赔偿；无法销售的,乙方负责更换。
　　本合同在执行中发生纠纷,合同双方不能协商解决时,可于三个月内向仲裁机构申请裁决。
　　签订合同日期：××××年××月××日
　　本合同自签订之日起生效。货款两清后,其效力终止。
　　本合同一式两份,双方各执一份。

××市××商贸有限公司(公章)　　　　　　××省××电子厂(公章)
经办人：×××　　　　　　　　　　　　　经办人：×××
××××年××月××日　　　　　　　　　　××××年××月××日

　　【提示】这份条款式订货合同格式规范,条理清楚。标题点明合同性质,立合同人也一目了然,正文内容齐全。购销合同应有的条款基本具备,所列事项规定具体,特别是对卖方(乙方)的责任规定明确、细致。缺点是：如果买方(甲方)没有在规定付款期限内付清货款,怎么处罚？这一违约责任不明确。另外,条款少了"开户银行"和"银行账号",如何通过银行托收？

二、合同的写作要求

（一）要合理合法

所谓合理，是指合同的签订要满足三点：一是必须遵循自愿、公平的原则。合同当事人享有自愿订立合同的权利，应通过平等协商，公平地确定各方的权利和义务，不允许任何一方把自己的意志强加给对方。二是必须遵循诚实信用的原则。当事人在合同活动中要讲诚实、守信用，以善意方式履行合同义务，不得以分割他人利益来实现自己的利益。三是要注意合同的可行性，即要从本单位生产能力、经济基础和市场需求出发，这样签订的合同才是科学的、合理的。

所谓合法，就是"订立、履行合同，应当遵守法律、行政法规，尊重社会公德"，必须符合国家政策的规定。合同内容不得与国家法律相抵触，不得扰乱社会经济秩序，不得损害国家利益和社会公共利益，也不能超越自己的经营范围。当事人必须具备相应民事权利能力和民事行为能力，代理人不能超越代理权限，不能在没有授权委托书的情况下签订合同。

（二）要审慎

签订合同一是要弄清楚签约人身份，弄清当事人是否具备签订合同的资格。二是要弄清签约人履行合同的能力，其中包括弄清对方的经营范围与所要订立的合同内容是否一致，弄清对方有没有支付大笔款项的能力、信誉如何，等等。这些弄不清楚，就可能会上当受骗。

（三）要完备、具体

合同的条款不仅要完备，而且要具体，不能有遗漏和疏忽。比如，标的物不仅要写明数量，而且要明确计量单位；不仅要标明品种、规格型号，而且要说明质量的技术要求和标准。价款和报酬，要有计算标准、结算方式和程序。

（四）概念明确，防止歧义

合同中使用的概念，尤其是关键性概念都具有法律效力，必须做到概念明确，否则就可能引起经济纠纷。如同是经济制裁，"违约金""赔偿金""罚金"的概念不同，处理的结果就各异。

（五）手续要完备

依法订立的合同受法律保护，合同中规定的债、权、利，当事人各方必须遵守和全面履行，以维护合同的严肃性。任何一方不得从自身的经济利益出发，擅自修改或终止合同，否则应负赔偿责任和违约责任。如需变更或终止合同，必须经各方协商同意，并签订修订或撤销合同的协议书，加盖公章报鉴证机关备案，方为有效。

【实战训练】

请你根据下面谈判情况，写一份承揽合同。

深圳市××铝合金厂（甲方）的代表雷××于2025年5月15日与香港××建筑公司（乙方）的代表陆××签订了一份合同。经过协商：乙方不作价，来料按样委托加工电热器40万只，单件加工费每只为2.5元（港币）；铝合金窗框30万副，单件加工费每副为5元（港币）；铝锅60万只，单件加工费每只为1.4元（港币）。乙方每月提供原料×吨，厂房及设备由甲方负责,原料及包装物料由乙方运至甲方工厂,运输和装卸由乙方负责。产品由甲方运至香港乙方公司,运输和装卸费由甲方负责,损耗率为2‰。甲方加工的产品于2025年10月15日以前交完给乙方验收,每月交电热器不少于3.3万只,铝合金窗框不少于2.5万副,铝锅不少于5万只,交货须经双方在出货单上签字生效。由乙方负责投保,加工费以支票付款,每月结算一次。乙方的开户银行是香港××银行,账号是8319320774321××××。甲方的开户银行是深圳市××银行,账号是955991784809564××××。若乙方未按量提供原料,则乙方负有承担甲方损失的责任,按来料不足部分价值的10‰赔偿加工费;若甲方未按时、按质、按量交付产品,则甲方应负乙方损失的责任,按未能如期交付产品价值的10‰赔偿。合同期为一年。本合同一式五份,正本两份,甲乙双方各执一份,副本三份。

第三节 协 议

【话题与案例】

张某于2021年7月应聘进入A市一家机电股份有限公司。进入该公司后,他与公司签订了为期三年的劳动合同。在合同执行了两年的时候,公司决定派张某到某大学进修。公司与张某在平等自愿的基础上签订了一份《继续教育协议》。协议约定:公司出资8万元送张某至某大学进修,张某在进修结束后,继续为公司服务三年,原劳动合同的期限也随之延长;若三年内张某要求解除劳动合同,应承担相应的赔偿责任。2024年7月,张某完成进修后回到公司,在公司只工作了一年,于2025年7月提出解除劳动合同。公司同意解除劳动合同,但要求张某赔偿公司为其支付的学习费用8万元。张某以公司提出的赔偿数额过高为由,拒绝履行相关承诺,双方遂产生争议。现在,双方原来签订的《继续教育协议》就成了解决争议的重要依据。

【基础知识】

协议是国家、政党、社会团体、企事业单位或个人,对某一事项、某个问题或某项工作,经过谈判协商,取得了一致意见之后,用书面形式表现出来,共同签订的具有政治的、经济的或其他关系的契约性文书。

协议是由双方(或三方以上)当事人为了共同实现一定的目的,明确相互之间的权利、义务关系而制定的书面契约。协议书作为一种契约、信用文书,它的应用范围十分广泛。在经济活动、涉外经济合作、民事活动中,它有时可直接代替合同,对双方当事人的合作事项及权利义务作出规定。有时,它作为合同的补充形式,或用于合同履行一段时间后,对某些条款进行补充和修订;或用于发生纠纷后,经双方协商,提出处理意见,为仲裁、解决纠纷提供依据。协议与合同具有同样的法律效力。

一、协议的特点

(一)契约性

协议是一种具有合同性质的契约,它与合同具有相同的法律效力,但使用起来又不像合同那样详尽、严谨,它只是为了使合作双方协商一致的意见更加明确和具体,因此,体现着契约性的特点。

（二）一致性

协议是双方当事人在平等互利的原则基础上,经协商一致后所订立的,其反映的主要内容是合作双方真实的意思表示,任何一方都不可能将自己的意思强加于对方,否则,就失去了合作的可能。

（三）约束性

协议是合作双方协商的结果,双方对协议的内容都负有履行的义务,并要保证其按共同意愿逐步得以实现。从这个意义上说,协议对双方的行为均有一定的约束力。如经公证机关予以公证,它就具有法律上的约束力,任何一方违约,都要依法承担相应的法律责任。

二、协议的种类

协议的种类很多。按涉及的经济活动对象分,协议可分为一般（或称国内）协议书、涉外协议书。按内容分,协议主要有经济协议、技术协议、人员聘任协议、文化交流协议和社会服务协议等。

三、协议与合同的区别

合同与协议的概念虽然接近,但适用范围不同。从集合的角度讲,合同是协议的一个子集。也就是说,合同一定是协议,而协议不见得都是合同。具备合同成立要求的、具有强制执行力的协议才是合同。一般来说,协议与合同的区别主要表现为以下几点：

（一）从适用范围来看

"协议"和"合同"经常用作同义词,但"协议"这一术语含义更广。合同的适用范围较窄,多用于经济领域；协议不仅用于经济领域,还用于其他领域,如政治、军事、文化、教育等,适用范围更加广泛。

（二）从立约主体的角度来看

合同的立约主体有较为严格的限制,法律规定必须是平等主体的自然人、法人和其他组织。协议的立约主体没有限制,国家与国家之间、单位与单位之间、单位与个人之间、个人与个人之间等都可以签订。

（三）从内容方面来看

协议的内容一般比较概括和原则,合同的内容一般比较详尽和具体；合同的内容较为全面、规范,协议的内容比较单一；实际使用当中,协议可不受必备条款的限制,而合同肯定少不了必备条款。

（四）从表达形式来看

合同写作可采用条款式、表格式、条款和表格结合式；协议写作一般只采用条款式,协议的条款多少不受任何约束,可以有一项,也可以有多项,篇幅不受限制。

（五）从使用外延上看

协议的外延比合同更加宽泛,比如"离婚协议",若是说"离婚合同"就可能闹笑话。

【写作指导与范例】
一、协议的写作要点

协议一般由标题、当事人名称、正文和落款四个部分构成。

（一）标题

标题要写明协议的性质，如"赔偿协议""代理协议""委托协议"等，也可以只写"协议"两个字。

（二）当事人名称

在标题下、正文之前，写明签订协议各方当事人的单位或个人的名称，并在立约各方当事人名称之后注明哪一方是甲方，哪一方是乙方，便于在正文中称呼。

（三）正文

协议的正文包括签订协议书的原因、目的和双方商定的具体内容。签订协议的原因、目的是正文的开头部分，即导言。交代完签订协议的目的、原因、依据之后，紧接着可用程式化语言，如"现就有关事项达成协议如下"，转入双方商定的具体内容，这是协议的主体部分。主体部分要求就协议有关事宜作出明确、全面的说明，尤其要着力写好协议双方的权利和义务。协议的主体部分大多用条款罗列，不同类型、不同性质的协议所包括的条款也不一样，都由双方协商的结果而定。接着是结尾，如"本协议的书面形式是手抄件或打印件、份数、有效期、保存人或单位等"。

（四）落款

落款即签名和日期，协议最后必须写明签订协议双方的名称，或者单位及其负责人的名称，并加盖公章。若有中间人的，中间人也要签字盖章。如果是内容重要的协议，可送到公证处进行公证，并签署公证意见、公证人姓名、公证日期、加盖公证机关印章。最后写上签订协议的日期。

【范例 7-2】

科研合作协议

甲方：××市橡胶厂　　　　　乙方：××科技大学

为共同协作解决××市橡胶厂帘布复胶厚度自动测量显示、自动调整控制这一研制课题，双方订立协议如下：

一、客体的目的、要求

帘布复胶厚度自动测量显示、自动调整控制是××市橡胶厂生产实际中迫切需要解决的科研课题之一，也是在化工系统内橡胶、胶卷等许多行业有实际推广价值的重大科研项目，双方本着科研为生产服务、为发展国民经济服务的原则，一致协议，共同承担这一研制课题。要求在协议生效后一年半投入使用。

二、实现途径：初步方式和主要技术指标

经××科技大学有关领导、教师在××市橡胶厂实地调研考察，与××市橡胶厂领导、技术人员、工人等进行了详细讨论，提出了以下的初步方案和主要技术指标要求：

1. 初步方案

以现有放射性同位素测厚探头作为自动测厚的基础,在半年内调研、试验全套厚度显示,控制线路,然后进行现场试验,共同确定最后实施方案。

2. 主要技术指标要求

(1) 测厚仪每10秒钟给出厚度平均值显示,便于操作工人监测。

(2) 厚度超过工艺要求时,给出超差控制信号。偏厚、偏薄分别予以控制。

(3) 控制信号启动滚动筒间隙调整电机,每次控制微动量0.02～0.03毫米。

(4) 在联机试验中,要求解决通过窗布接头时,自动控制不动作,解决干扰问题。

(5) 仪表工作性能要求稳定可靠,操作方便。

(6) 以上确定的各项技术指标作为试验的数据,现场试验时根据实际工艺要求需要再予调整。

三、协作分工

1. 双方必须密切协作,齐心协力,共同配合,完成任务。各方组织必要的人员,共同组织课题协作组。

2. ××科技大学主要负责自动控制的技术方案,研制并提供自动控制主机,除在本校作必要试验、调整外,要组织人力、物力来厂做现场试验,结合生产实际解决问题。

3. ××市橡胶厂主要负责现场联机试验,提供现有测厚仪灵敏度响应数据,控制电机脉冲数据,屏蔽壳设计制作和现场安装等工作,必要时,也派人去××科技大学参与共同研制,了解研制全过程。

四、时间进度

1. 协议生效后半年内,要求××科技大学完成电子电路设计试验,提供现成试验线路。要求××市橡胶厂完成现有测厚仪灵敏度响应和提供控制电机脉冲驱动数据。

2. 用三个半月的时间进行现场试验,进一步改进试验线路和进行样机设计,要求××科技大学来人和××市橡胶厂在现场共同试验、工作。

3. 从第十个月开始:完善工艺,制作样机,××市橡胶厂完成仪器屏蔽壳设计和制作以及控制电源装置安装工作。

4. 从第十四个月开始:共同进行调试和现场安装试验。选择两台样机留厂运行,一台样机留××科技大学继续进行后期改进试验和完善全套技术资料,为鉴定做技术准备。

五、经费来源

1. 双方共同申报,提请科学技术部拨款伍拾万元人民币、伍万外汇作为科研试验费,双方再按任务分工合理分配。

2. 在科学技术部经费下达以前,××市橡胶厂先垫款叁拾万元给××科技大学,负责采购元件,试制整机;××科技大学最后向××市橡胶厂提供自动控制样机。

六、双方应积极创造条件,保证该项目试验和生产应用的成功,双方必须按期完成,不能半途而废,否则各方应承担经济责任。

七、因帘布复胶自动控制投入正常生产具有推广意义,对该技术项目资料,各方不得随意向第三方提供。确需提供时,须双方协商确定转让技术的一些问题。

八、项目投入生产以后,××科技大学应把有关技术数据和图纸提供给××市橡胶厂,以便有利于维修工作的进行。

九、本协议经双方领导机关盖章、鉴定生效。

十、其他未尽事宜,可由双方进一步商定补充协议。

××市橡胶厂(公章)　　　　　　　　××科技大学(公章)
负责人:×××　　　　　　　　　　　负责人:×××
××××年××月××日　　　　　　　××××年××月××日

【提示】这是一份科研合作协议,其中就双方的权利、义务及经费来源问题都作了详细的约定。值得注意的是,其中一些条款写得比较概括,不像合同那么具体。如其中的第六条"双方应积极创造条件,保证该项目试验和生产应用的成功,双方必须按期完成,不能半途而废,否则各方应承担经济责任"。这一条中的"积极创造条件""承担经济责任"都是原则性的条款。

二、协议的写作要求

(一)突出主要内容

协议是合作的各方进行洽谈磋商后签订的,有不同的类型,既有综合的,又有单项的;既有等同于合同的,又有作为合同的补充协议,或订于合同之前,或订于合同之后的。写作时,其内容不要面面俱到,只需写明各方议定的有关事项即可。

(二)语言表达简明

协议的条款必须是订立协议的当事人双方或多方协商一致的结果,是建立在平等互利原则的基础上的,故条理要清晰,语言表达要简洁、明确、周密、严谨,要把握好分寸。

【实战训练】

B软件公司(甲方)与F学院(乙方)达成协议,协议的基本内容如下:

(1)甲方为乙方在校生提供实习岗位,不收取实习费,也不向实习学生支付劳动报酬;甲方向乙方毕业生提供合法的就业岗位,按国家法律法规提供劳动保护、社会保险等。

(2)乙方为甲方提供订单式教育方便,按照甲方要求制订培养计划,确保毕业生达到高等教育本科毕业生水平。

(3)甲乙双方可在对外宣传中宣称对方为自己的合作伙伴。

请根据以上资料拟定一份合作协议。写作要求:① 协议的构成要素要齐全;② 除写清主要协议条款外,要根据法律法规的规定,结合实际情况进行合理的补充;③ 所有的协议条款不能违反《民法典》的有关规定。

第四节 广告文案

【话题与案例】

推销人的广告词:新配方益智饮品,喝了记忆力倍增。你想一天牢记500个英语单词吗?你想过目不忘吗?新配方益智饮品帮你成就梦想。

众学生:"给我来一瓶""我两瓶""我要一箱"……

【基础知识】

广告是指企事业单位或个人,以公开介绍或者说明、说服、劝诱的方式,通过特定的传播媒介,有计划、有目的地引导消费者或服务对象对商品、劳务、文化活动的信息产生需求,以便开展业务或扩大销路所采取的大众化的宣传手段。

广告文案是指广告作品中为传达广告信息而使用的全部语言符号所构成的整体,即广告文本(它与非语言符号共同构成有效传达信息的广告作品)。

广告具有传播信息、加速流通、促进生产、指导消费等作用。广告有广义和狭义之分。广义的广告是指为了达到某种目的,通过一定形式的媒介物,公开、广泛地向社会公众传递信息的一种宣传手段。狭义的广告则特指商品广告,即为了达到促销的目的,通过一定形式的媒介物,向社会公众传递某种商品、劳务、商业服务等方面信息的一种宣传手段。

一、广告的特点

(一)商业性

广告是企业传播信息、提升品牌知名度和美誉度的重要手段,旨在促进销售,获取商业利益。通过精准投放,广告能有效触达目标客户,激发购买欲望,提升市场占有率。

(二)文化性

广告不仅是商业传播工具,还承载着丰富的文化内涵。它通过创意和视觉呈现传递价值观与生活方式,为观众带来精神享受,同时弘扬文化精神,提升文化价值。

(三)沟通性

广告连接生产、流通、交换和消费环节,促进信息传递和市场互动。它帮助消费者了解产品,同时为企业提供市场反馈,实现生产与消费的良性循环。

二、广告的作用

在商品经济空前繁荣的今天,广告在生产、流通及人们的生活中起着重要的作用。

（一）促进生产,推广技术

广告有利于沟通生产、流通、交换、消费的各个环节,从而促进生产,加速资金的周转,有利于新产品的研发和新技术的推广。

（二）加强交流,活跃经济

广告可以借助各种媒体广泛地传递商品信息,有利于企业之间、地区之间的信息交流。人们可以借助广告信息各供所有、各取所需、盘活资金、活跃经济生活。

（三）指导消费,方便生活

广告可以帮助消费者认识和了解商品的性能、特点、用途等,从而方便快捷地购买自己所需的商品。

（四）发展国际贸易

通过广告,国外消费者可以了解我国出口的商品,进而引发他们购买和使用的兴趣,有利于发展对外贸易,开拓国外市场。

三、广告的分类

根据不同的分类标准,广告可分为以下多种类型:

（1）根据发布媒介,广告可以分为电视广告、报刊广告、广播广告、路牌广告、网络广告等。

（2）根据所采取的表现形式,广告可以分为文字广告、图像广告等。

（3）根据所承载的信息,广告可以分为商品广告、劳务广告、租赁广告、旅游广告等。

【写作指导与范例】

一、广告文案的一般结构及写法

广告文案是广告内容的文字化表现。在广告设计中,文案与图案、图形同等重要,图形具有前期的冲击力,文案具有后期的说服力。

广告文案的结构一般包括标题、正文、随文、标语四个部分。

（一）标题

标题是广告文案的主题。标题一般传达广告作品中最重要或最能引起消费者兴趣的信息,往往在最显著的位置以特别的字体、特别的语气或特别的语句来表现。它的作用在于吸引人们对广告的注意,引起人们对广告的兴趣。因为只有当消费者对标题产生兴趣时,才会阅读正文。广告标题的设计形式有情报式、问答式、祈使式、新闻式、口号式、暗示式、提醒式等。

（二）正文

正文是广告文案中承接标题,对广告信息展开说明,对诉求对象进行深入说服的文字。广告文案的正文是广告标题的具体化,向消费者介绍广告的具体内容和细节性信息等,借以

增加消费者对产品或服务的了解和认识。

广告文案的正文一般由引言、主体、结尾三个部分组成。

1. 引言

引言又称前言、开头,它紧扣标题简要阐释,引起下文。好的引言既能吸引消费者,又利于下文的展开。如《轻松愉快学写作》一书广告文案的引言:

不论从事什么工作,都需要有基本的写作技能。还在为不会写发愁吗?《轻松愉快学写作》一书能使你花很少的精力、在短时间内学会写作。

这则广告正文的引言抓住了人们希望花很少的精力、快速培养起写作能力的心理,既能激起人们的阅读兴趣,又便于广告下文的展开。

2. 主体

主体即中心段,是广告信息最集中且最具有说服力的部分。它根据广告的目的,对商品的某一方面或某几个方面的优点,如质量优势、实际消费优势等进行较详细的阐明。如《轻松愉快学写作》一书广告文案的主体:

《轻松愉快学写作》一书不仅讲述了写作能力构成的三大要素,指出了写作学习的正确路径,而且讲授了一系列切实可行且行之有效的写作能力训练方法。按照本书所讲学习写作,不仅能学得轻松愉快,而且可以学得事半功倍,在短期内培养好写作能力。

3. 结尾

结尾用简洁精当的语言激发读者的消费欲望,鼓动读者施行消费的行为。如《轻松愉快学写作》一书广告文案的结尾:

学会写作,人生如虎添翼!

在主体部分对《轻松愉快学写作》一书的精彩内容进行介绍的基础上,结尾部分进一步激发读者学习写作的欲望,引导读者选择《轻松愉快学写作》一书。

(三)随文

随文也叫附文,用来补充说明正文,一般包括厂名、厂址、电话、传真、标价、时期、销售地、银行账号、联系人等。

(四)标语

广告标语又称广告口号、主题句、标题句,是为了加强诉求对象对企业、产品或服务的印象而在广告中长期、反复使用的简短口号性语句。它是企业长期使用的能表现企业理念或产品特性等的宣传语。

广告标语一般长期不变,在反复的宣传过程中,可以给人留下深刻的印象,从而在消费者消费的时候,起到潜在的导向作用。时下不乏这样的成功标语,如"怕上火,喝王老吉",当我们熬夜加班,享受辛辣美食,或是感到身体燥热、口干舌燥时,很容易就会受到"王老吉"广告语的影响,在琳琅满目的饮品中选择"王老吉"。又如康师傅方便面的广告语"香喷喷,好吃看得见",海尔系列广告标语"海尔,真诚到永远",都给我们留下了深刻的印象。

以上所讲广告的标题、正文、随文、标语,是广告文案写作的完整结构,但在实际写作中,由于受种种因素(如版面、时间)的限制,各部分内容不一定齐备,应具体情况具体对待。

【范例 7-3】

Keep 健身 App 广告文案

广告标语：自律给我自由。

标题：大学生的健身计划，从 Keep 开始！

正文：

大学生活是自由的，也是充满挑战的。你是否想在课余时间塑造更好的自己，却总是找不到合适的方式？Keep 作为你的健身伙伴，为你量身定制专属的健身计划。

无论你是健身小白，还是运动达人，Keep 都能满足你的需求。从简单的拉伸到高强度的 HIIT 训练，从瑜伽冥想到力量塑形，丰富的课程让你随时随地开启健康生活。

利用碎片化时间，Keep 帮你养成自律的习惯。每一次坚持，都是对自我的突破。自律给你自由，Keep 伴你成长。

加入 Keep，让健身成为你的生活方式，让大学生活更加精彩！

【提示】这是一则内容要素比较完备的广告文案，其中包括标题、正文和广告标语等几个部分。

二、广告文案的写作要求

（一）内容客观真实

《中华人民共和国广告法》规定："广告应当真实、合法，以健康的表现形式表达广告内容，符合社会主义精神文明建设和弘扬中华民族优秀传统文化的要求。""广告不得含有虚假或者引人误解的内容，不得欺骗、误导消费者。""广告主、广告经营者、广告发布者从事广告活动，应当遵守法律、法规，诚实信用，公平竞争。"在撰写广告文案的过程中一定要按照《中华人民共和国广告法》的要求，客观、真实地反映商品特点，不可以为了达到促销的目的而进行不切实际的夸张，不可以使用"国家级""最高级""最佳"等词语。

（二）创意新奇、雅俗共赏

广告的目的是要引起消费者的注意，激发消费者购买的欲望。因此，广告设计要讲究创意，要独具匠心，既不流俗，又为群众所喜闻乐见，具有沁人心脾的艺术魅力，从而激起消费者对广告的阅读兴趣。

（三）言简意赅、通俗易懂

广告面对不同类型的消费者，文字要写得简洁通畅，好认好记，中心明确，便于传诵，使广大的消费者都能接受。广告中的文字部分切忌晦涩难懂，拖沓冗长。否则，就达不到预期的广告目的。

（四）语言精练

人们在初读广告时，往往是在无意状态下，并无明确目的，若语言烦冗则很难读完。因此，在撰写广告文案时，从标题到正文都应该做到语言精练。

【实战训练】

感恩是中华民族的传统美德。同学们不仅要感恩父母、感恩老师,还要感恩母校……向他人推介母校、宣传母校,是感恩母校的一种重要方式。请你根据自己对母校的了解,为母校写一则推介性的广告文案。

＊第五节 意向书

【学习提示】本节为自学内容,读者可扫描文前二维码进行学习。

＊第六节 产品说明书

【学习提示】本节为自学内容,读者可扫描文前二维码进行学习。

第八章 实习与毕业考核应用文

在大学学习的过程中,无论是哪个专业的学生,都不可避免地会应用到实习报告、自我鉴定、毕业论文这三种应用文的写作;对于理工类专业的同学以及需要完成毕业设计的学生而言,毕业设计报告的撰写也是一项重要的任务。这些应用文不仅是大学学业的重要组成部分,更是同学们顺利毕业的关键环节。将这些应用文写好,不仅能确保顺利毕业,还可能为同学们带来意想不到的收获。

在本章中,我们将系统地介绍实习报告、自我鉴定、毕业论文和毕业设计报告四种文体的写作知识和要点,帮助同学们更好地掌握这些应用文的写作技巧。

第一节 实习报告

【话题与案例】

实习是把学到的理论知识拿到实际工作中去应用和检验,是大学生在校期间的一种实战性技能培训。实习对于大学生来讲,主要有四个方面的作用:一是验证自己的职业兴趣,培养职业意识;二是了解目标工作内容,在知识与能力方面查漏补缺;三是熟悉工作规程、学习行业标准;四是培养实际工作能力。实习结束,按照规定,每个同学都要写实习报告。那么,实习报告都写些什么呢?

【基础知识】

实习是大学生在校期间由学校组织或个人联系,到工作岗位参加社会实践的过程。实习结束时,对实习过程、结果以及体会用书面文字写出来的材料就是实习报告。

一、实习报告的特点

（一）作业性

实习是教学过程中理论联系实际的一个重要环节,实习结束后写作的实习报告实际上是大学生上交给学校和指导老师的一次作业。

（二）实践性

实习实际上是通过实践检验自己的专业知识掌握情况,是专业知识的应用实践活动。实习报告是对专业知识初步应用于实践的一种总结,其撰写必须以实习实践为基础,体现自己所掌握的基础理论和专业知识在实际工作中的应用情况,必须写出自己在实习过程中的感悟、体会和收获,以及对本专业的进一步认识。

（三）总结性

实习报告的实质是对实习工作的一种总结,其重点是写出参加实习后自己经历过什么、收获了什么、感受到什么。

（四）概括性

实习报告要记录实习的过程,但是要有目的、有重点地记录,不能事无巨细,有事必录,是用概括的方式总结实习过程的点点滴滴,反映出将知识化为能力的过程。

二、实习过程的记录

丰富的第一手资料是撰写实习报告的基础。为了写好实习报告,学生必须注重做好实习记录,尤其是以下几方面内容:

（1）在实习期间,详细记录自己参与的实习项目、学习的内容以及采用的学习方式。反思学习后的收获,分析这些经历如何帮助自己提升专业知识和实践能力。例如,记录所学内容对专业知识的深化作用,以及在实际操作中遇到的困难和解决方法。

(2) 关注专业知识在实际工作中的灵活运用。以法律专业为例,观察法官或法律工作者在执法过程中如何精准运用法律条款,以及如何借助法律以外的手段解决民事纠纷,提高结案率。这些实际案例有助于理解专业知识在复杂情境中的应用。

(3) 仔细观察周围同事和前辈如何处理问题、解决矛盾。实习不仅是体验社会生活的过程,更是将理论转化为实践技能的重要环节。通过学习同事和前辈的工作方法,总结经验教训,为自己的职业发展提供参考。

(4) 记录实习单位的工作作风、工作纪律和办事规程,思考这些制度对自己职业素养和行为习惯的启发。例如,实习单位的高效工作流程或同事严谨的工作态度,可以为个人职业发展提供有益的借鉴。

【写作指导】

一、实习报告的内容要素与写作要点

实习报告一般由标题、前言、主体、结尾四个部分构成。

(一) 标题

实习报告的标题一般有三种写法:一是可以直接用"实习报告"四个字作为标题;二是由实习报告的性质加"实习报告"组成,如《毕业实习报告》;三是由实习的岗位名称加"实习报告"组成,如《秘书岗位(工作)实习报告》。

(二) 前言

前言部分一般简要叙述实习的目的、意义和要求,扼要介绍相关的知识背景,实习的时间、地点或实习的单位和部门,主要实习内容,以及自己的实习表现等。

(三) 主体

实习报告的主体部分具体写实习内容、主要做法和实习结果。

叙述实习内容,重点放在如何将所学理论知识应用到实际工作方面,包括向他人请教和学习工作方法等。

叙述实习结果,一是要突出实习体会和经验;二是对实习中发现的问题进行分析,提出解决问题的对策、建议等。

(四) 结尾

在谈感受和体会的基础上,谈谈本次实习对自己今后的学习以及将来走上工作岗位会产生哪些影响等。

二、实习报告写作的要求

(一) 要如实报告

实习报告要反映实习活动的真实过程,用实实在在的事实来验证和丰富课本所学的理论知识,描述自己获得的经验和体会。

(二) 要突出重点

实习报告不是工作日记,写作时不能事无巨细,必须围绕报告的主旨,突出重点。

（三）要条理清晰

写作实习报告，要对材料、数据、事例等分层次、依顺序、按类别地加以归纳提炼，确保条理清晰。

（四）选好下笔的角度

实习报告要根据个人的实际情况，选择好报告的角度和内容，可全面记录实习情况，也可着重记录某一方面的具体情况。

【实战训练】

F学院中文系学生张林在毕业前夕被安排到一家出版社进行编辑实习。实习期间，他认真工作、勤奋好学，在工作中遇到不懂的地方，就虚心向有经验的前辈请教；与周围的人和谐相处，遵守出版社的各项规章制度。在一个多月的实习时间里，他将在校所学的知识灵活应用到具体的工作中去，很好地完成了指导老师交给的工作任务，收获很大。与此同时，他还发现了自己在知识和能力两个方面的薄弱点，决定在今后的学习中弥补和加强。

请根据以上情况，帮张林拟写一份实习报告提纲。

第二节 自我鉴定

【话题与案例】

大学毕业前，每个同学都要填写一份《毕业生登记表》，其中有一栏"自我鉴定"是很多同学都感到比较难填的。主要难在两点：一是不知道写些什么，二是不知道怎样写好。于是，有的同学干脆随便填写一下了事。这是对自己极不负责任的一种做法，因为《毕业生登记表》是要进入个人档案的，"自我鉴定"是别人对你进行考察的重要参考，可能会影响你一生的职业选择与发展。

【基础知识】

自我鉴定是对自己在一个时期或一段时间里的生活、学习和工作等各方面的表现情况进行的自我总结和自我评价。自我鉴定将同组织鉴定、学习成绩单、学位学历证明等一起归入个人档案。由于自我鉴定是给用人单位的第一印象材料，所以，每个同学都应该高度重视，实事求是、恰如其分地写好自我鉴定。

一、自我鉴定的基本内容

自我鉴定一般包括以下四个方面的内容：

（一）思想政治方面

思想政治方面主要包括对国家在新时期的路线、方针、政策的认识和态度，以及在各项社会活动中自己的思想认识和表现等。

（二）道德风尚方面

道德风尚方面主要包括能否自觉地遵守公共行为准则和学校的各项规章制度，以及尊敬师长、团结同学、爱护集体、遵守公共道德等方面的情况。

（三）学习和健康方面

学习和健康方面主要包括学习目的、学习态度、学习成绩，以及课外体育锻炼、身体健康、心理健康等方面的情况。

（四）存在的主要缺点和今后的努力方向

多数毕业生在谈到自己的优点时，往往会列举出许多事例，并且津津乐道，可一旦说到缺点时，则往往避重就轻，好像说到缺点就意味着一个人犯有严重错误似的，其实不然。事实上每个人都有优点和缺点，所谓缺点即不足之处，不一定就是原则性的问题，完全可以坦而言之。不过，表达时定义要准确，用词要恰当。

二、自我鉴定的作用

（1）总结以往的思想、工作、学习，展望未来，发扬成绩，克服不足，指导今后的工作。

（2）帮助领导、组织、评委了解自己，做好入党、入团、求职、职称评定、晋升的材料准备工作。

（3）作为个人生活历史中的一个阶段性小结，具有史料价值，将被收入个人档案。

【写作指导与范例】

一、自我鉴定的格式及写作要点

自我鉴定篇幅短小，语言概括、简洁、扼要，具有评语和结论性质。一份完整的自我鉴定一般由标题、正文和落款三个部分构成。

（一）标题

自我鉴定的标题有两种形式：

（1）由"内容性质＋文种名"构成，如《学年教学工作自我鉴定》。

（2）用文种名"自我鉴定"直接作为标题。如果是填写自我鉴定表格，可以不写标题。

（二）正文

正文由前言、优点、缺点、今后打算四部分构成。

（1）前言。概括全文，常用"本学年个人优缺点如下""本期业务培训结束，为发扬成绩、克服不足，以利今后工作学习，特作自我鉴定如下"等习惯用语引出正文主要内容。

（2）优点。一般按政治思想表现、业务工作、学习等内容顺序逐一列出自己的成绩和长处。

（3）缺点。可从主要缺点写到次要问题，或只重点阐述主要缺点，对次要问题可简略提及。

（4）今后打算。用简洁明了的语言概括今后的计划和目标，表明改进态度，如"今后我将……，努力争取更大进步"等。

自我鉴定的正文可采用一段式或分段式结构。内容应实事求是、条理清晰、用语准确。

（三）落款

在右下方署明鉴定人姓名，并在下面注明年、月、日。

二、如何写好自我鉴定

（一）广泛听取意见

撰写自我鉴定时，应认真听取老师和同学的意见。老师对问题的洞察力较强，对学生各方面的表现有全面的了解；同学之间长期相处，彼此熟悉，能够真诚地提出建议。充分听取他们的意见，将为自我鉴定的撰写提供有益的参考，使其更加客观、全面。

（二）坚持实事求是

自我鉴定应真实反映个人情况，做到具体、准确。鉴定内容应使读者能够清晰地了解你的品质、能力、性格等，以便组织或他人对你有准确的认识和合理的评价。避免夸大或隐瞒事实，确保鉴定内容真实可信。

（三）保持认真态度

撰写自我鉴定时，态度要端正，字迹要工整。部分同学对自我鉴定不够重视，导致条理不清、文笔不畅、字迹潦草，甚至敷衍了事。这种态度会给人留下缺乏责任心、不认真或能力不足的印象，进而影响他人对你的评价。因此，撰写自我鉴定时应认真对待，确保内容清晰、表达准确、格式规范。

【范例 8-1】

自我鉴定

四年的市场营销专业学习与一年有余的房地产公司营销岗位见习经历，让我在房地产营销领域收获颇丰，实现了从青涩懵懂到成熟稳重的蜕变，专业素养与综合能力均得到了显著提升。

在专业知识方面，我系统地掌握了市场营销的核心理论与房地产营销的实战技能，构建了扎实的专业知识体系。同时，我注重全方位能力的培养，计算机应用水平、英语能力以及社交技巧均有了长足的进步，为我未来的职业发展奠定了坚实的基础。

在个人素质方面，我具备吃苦耐劳的精神，工作积极主动，能够独立思考并高效完成任务。我勤奋诚实，注重团队协作，善于与他人沟通交流，能够充分发挥团队的力量。此外，我身体健康、精力充沛，能够适应高强度的工作节奏，始终保持良好的工作状态。

在实践经历中，我深刻体会到房地产营销的复杂性与挑战性。通过多角度了解客户的购买需求，我学会了如何全方位地为客户提供优质服务，积累了丰富的客户服务经验。在工作中，我秉持着埋头苦干的求实精神，面对各种突发情况，能够迅速调整策略，灵活运用推销技巧，展现出较强的应变能力。这些宝贵的经验不仅提升了我的专业技能，也让我更加深刻地理解了团队协作的重要性。

"朝夕耕耘，图春华秋实；十年寒窗，求学有所用。"在今后的工作中，我将不断学习、勇于创新。我相信，在前辈的指导与自身的不懈奋斗下，我一定能够胜任本职工作，为公司的发展贡献自己的力量，实现个人价值与职业理想的完美融合。

周××
20××年5月20日

【提示】这份自我鉴定紧扣自己的专业来写,角度选得较好。这样下笔,一是入口小,能够写得具体、实在;二是容易理顺思路,使文章层次清晰,主旨明确、突出。

【思路拓展】

> 黑格尔的鉴定
>
> 健康状况不佳,中等身材;不善辞令,沉默寡言;天赋高,判断力健全,记忆力强;文字通顺,作风正派,有时不太用功;体质一般;神学有成绩,虽然定式讲道不无热情,但看来不是一名优秀的传教士;语言知识丰富,哲学上十分努力。

【提示】这是1793年黑格尔从图宾根神学院毕业时,神学院为他写的一篇鉴定。这篇鉴定虽然篇幅简短,却生动地勾勒出了黑格尔的形象。值得注意的是,这篇鉴定中约五分之二的内容集中于对黑格尔的不足之处进行描述。从这篇鉴定中,我们可以获得重要的启示:只有将一个人的真实优点和缺点都客观呈现出来,才能全面地反映其真实面貌,从而有效避免或减少在人才选拔与任用过程中可能出现的失误。

【实战训练】
大学生毕业时都要做自我鉴定,这份自我鉴定会载入你的个人档案,并在一定程度上影响你的前途和事业,所以一定要写好。毕业自我鉴定写什么?简单来说,就是对自己作自我评价,看自己是否达到了一名合格的大学毕业生的要求。其中包括自己在知识与技能、思想品德修养、人文素质以及身体和心理素质等方面所达到的程度。请你根据提示,假设自己是一名即将毕业的大学生,为自己拟写一份自我鉴定。

第三节 毕业论文

【话题与案例】
大学毕业前,每个人都要写毕业论文,这是检验大学生知识掌握程度,考查其分析问题和解决问题能力的综合测试。毕业论文质量的好坏直接影响到毕业成绩的评定。那么,怎样才能写好毕业论文呢?

【基础知识】
毕业论文是对某一专业领域的现实问题或理论问题进行科学研究探索的具有一定意义的论文。它一般安排在修业的最后一学年(学期)进行。学生须在教师指导下,选定课题进行研究,撰写并提交论文。

毕业论文是大学生完成学业的标志性作业,是对大学学习的综合性总结和检阅,是大学生从事科学研究的初步尝试,同时也是检验大学生掌握知识的程度,考查其分析问题和解决问题能力的一个综合测试。

一、毕业论文的特点

毕业论文是一种特殊的学术论文,它既有学术论文的共性,又有自己的特殊之处。就其与学术论文的共性来看,毕业论文具有以下几个特点:

(一)科学性

所谓科学性,是指毕业论文所阐述的理论要有大量的事实和实验结果作为依据,关于解决某一实际问题所持的观点、见解必须有科学理论作为根据,能够反映事物发展的客观规律,要能经得起实践的检验。

科学研究的目的在于揭示事物发展的客观规律,得出真理性的结论,帮助人们认识世界、改造世界。毕业论文的写作过程实际上是一个研究、探讨过程和对研究情况进行记录的过程,这就要求作者必须本着实事求是的态度,对客观事物进行深入、细致、周密的观察、研究、分析和总结,寻找规律、揭示本质,得出真理性的结论。

(二)理论性

毕业论文的理论性首先表现在其论述的系统性和完整性。毕业论文的写作过程也是一个从感性认识到理性认识的过程,从问题的提出、材料的分析到结论的获得都要进行科学系统的推理,过程必须严谨、完整。其次,毕业论文的观点反映的是客观事物发展的规律和本质,有一定的深度。它是在对事物的表面现象的感性认识基础上上升到理性认识,通过对具体材料的分析、具体问题的论证抽象出具有普遍性、规律性的深层次的东西。这是毕业论文与一般的议论文根本的区别。

(三)创造性

所谓毕业论文的创造性,是指论文中要提出新问题,解决新问题,得出新观点,即在原有理论的基础上要有新发现、新见解,提出新观点,解决实际问题要有新思路、新办法。

(四)习作性

大学生撰写毕业论文就是运用自己已有的专业基础知识,独立进行科学研究活动,分析和解决一个理论问题或实际问题,是把知识转化为能力的实践训练,写作的主要目的是培养大学生具有综合运用所学知识解决实际问题的能力,为将来作为专业人员撰写学术论文做好准备。从这个意义上讲,毕业论文实际上是一种习作性的学术论文。

(五)层次性

毕业论文与学术论文相比要求比较低。专业人员的学术论文,是为了记载和表述科研成果而撰写的,一般反映某专业领域的最新研究成果,具有较高的学术价值,对科学事业的发展起一定的推动作用。而大学生的毕业论文是一种作业性质的论文,要求大学生完成毕业论文的主要目的是培养大学生独立进行科学研究的能力、掌握科学的思维方法和形成科学的思维方式等。

第八章　实习与毕业考核应用文

（六）考查性

毕业论文作为大学生毕业前的最后一次综合性作业，旨在考查毕业生对专业知识的掌握情况，检验其运用所学专业知识进行科学研究以及解决实际问题的能力。毕业论文不仅能反映出作者对专业知识的掌握情况和运用能力，还可以反映出作者的思维能力、创造能力、文字表达水平等。

二、毕业论文写作的意义

指导学生撰写毕业论文是高校教育教学的重要环节，其核心目的在于培养学生运用所学知识分析和解决实际问题的能力。具体而言，毕业论文写作旨在向学生传授科学的思想方法，训练其科学的思维方式，使其能够熟练运用所学知识解决实际问题，并具备初步的科学研究能力。在此过程中，毕业论文写作还肩负着培养学生的创新意识与创新能力、提升其自主获取新知识能力的重任，同时锤炼学生严谨求实、刻苦钻研、勇于探索的学术精神。

需要明确的是，毕业论文并非一项简单的作业，而是一项综合能力训练。它不仅是对学生知识储备的检验，更是促使学生将所学知识转化为实际应用能力的重要途径。通过毕业论文写作，学生能够系统地梳理专业知识，深化对学科的理解，同时提升逻辑思维、语言表达和问题解决等多方面的能力，为未来的学习和职业发展奠定坚实基础。

三、毕业论文写什么

许多学生在面对毕业论文写作时，常常感到无从下手，主要原因在于对毕业论文应写什么内容感到迷茫。实际上，毕业论文的内容大致可以归纳为以下三个方面：

（一）解决学科问题

针对学科中的某一具体问题，通过自己的研究和分析，提出完整的解决方案或结论，以回答该问题。

（二）提出研究方向

在综合前人研究成果的基础上，梳理现有研究的不足或空白，指明该领域未来进一步探讨的方向。

（三）部分回答问题

对于学科中的复杂问题，可能难以在一篇论文中完全解决，此时可以提出对该问题的部分见解或阶段性解决方案，为进一步研究奠定基础。

毕业论文的核心是对客观事物进行理性分析，揭示其本质，提出个人的学术见解或解决问题的方法。其写作类似于撰写议论文，由论点、论据、论证三大要素构成。毕业论文注重在大量事实和实验数据的基础上，通过深入分析和严密推理，得出令人信服的结论。

【写作指导】

毕业论文的写作过程可以分为三个阶段：准备阶段、写作阶段和修改定稿阶段。

一、准备阶段

准备阶段包括选择课题、研究课题和谋篇布局三个部分。

（一）选择课题

选择毕业论文的论题，即确定"写什么"，明确围绕什么问题展开研究和论证。选题是毕业论文写作的第一步，也是至关重要的一步，选题的合理性直接关系到毕业论文的质量和价值。一般来说，选题应遵循以下三个原则：

1. 价值性原则

选题应具有价值，包括实用价值和理论价值。实用价值是指研究课题应与现实生活密切相关，聚焦于现实生活中亟待解决的问题。研究的最终目的是更好地认识世界、改造世界，推动社会的不断进步和发展。因此，毕业论文的选题应以促进科学事业发展和解决现实问题为出发点和落脚点。从另一个角度看，理论来源于实践，理论研究可以反过来指导实践、服务实践。因此，课题研究应紧密结合实践需求。

科学研究旨在探讨事物发展的客观规律，基于事实并通过逻辑思维展开严谨的推理，得出可靠的结论。一些选题的研究结论可能暂时无法直接应用于实践，但它们可以帮助解决其他理论难题，或为其他理论提供依据，从而推动科学和文化的发展，这便是其理论价值的体现。

遵循价值性原则选题，可以从以下三个方面入手：

（1）从现实问题出发。专业知识的学习不应仅停留在书本和理论层面，而应与实际问题相结合，运用所学知识解决现实中的紧迫问题。

（2）关注学科空白与边缘领域。任何学科都存在尚未被充分研究的空白领域，这些空白点往往是极具研究价值的课题来源。此外，学科交叉的边缘领域也常常蕴含大量值得研究的问题，从这个角度入手，更容易取得创新性成果。

（3）从已有研究的不足或错误入手。在前人的研究中，由于时代背景、研究方法或数据限制，可能存在研究不透彻、片面甚至错误的结论。随着社会的发展和技术的进步，对这些问题进行补充、完善或纠正，具有重要的学术价值。

2. 可行性原则

毕业论文能否顺利完成，取决于主观和客观两方面的条件。在选题时，应结合自身对专业知识的掌握程度、分析问题和解决问题的能力，选择难易适中的课题。同时，还需考虑资料的充足性——资料是写作的基础，资料不足将严重影响论文的质量和完成度。

3. 创新性原则

选题应尽量具有创新性，选择能够提出新观点、新见解的课题。例如，可以开辟尚未被充分研究的新领域，对传统课题运用新的数据、方法或视角进行重新论证，甚至对已有结论提出新的质疑或挑战。创新性不仅体现在研究内容上，也体现在研究方法和视角上，通过创新性的研究，为学科发展注入新的活力。

（二）研究课题

选好课题后，接下来的工作就是研究课题。研究课题主要包括搜集资料、研究资料、明确论点和选择材料。

1. 搜集资料

搜集资料是研究课题的基础工作，主要通过以下三种途径进行：

(1) 查阅图书馆、资料室的资料。在数字化时代,除了传统的图书分类法、书目和索引外,还可利用图书馆的电子资源平台,通过关键词检索获取大量相关文献。此外,学术数据库(如知网、维普等)和在线学术搜索引擎也为资料搜集提供了便捷。

(2) 做实地调查研究。实地调查能获取最真实、最可靠的第一手资料。调查研究需明确目的、对象和内容,可采用普遍调查、重点调查、典型调查或抽样调查等方法。同时,借助数字化工具(如问卷星、调研派等)可以更高效地收集和分析数据。

(3) 实验与观察。实验与观察是获取科学研究数据、获得感性知识的基本途径,也是形成、产生、发现和检验科学理论的实践基础。在实验过程中,可利用专业软件(如 SPSS、MATLAB 等)进行数据处理和分析。

2. 研究资料

研究资料是研究课题的重点工作。研究资料的主要目的是判定资料的价值和对资料进行分类。这就要求对已经搜集到手的资料进行通读、选读和研读。通读是对搜集到的所有资料进行浏览,判定其价值的大小,对其进行分类;选读是在通读的基础上对有用的部分或有用的内容进行再阅读,以便对其价值作出更为准确的判断;研读就是对与研究课题有关的内容进行全面、认真、细致、深入、反复的阅读,目的是从中发现研究问题的线索,理顺研究问题的思路。

对资料进行通读、选读和研读的最终目的是对所搜集到的资料进行鉴别。所谓"鉴别",是指对资料的认识——对资料表象和实质的认识、典型和一般的认识、真伪和主次的认识、本质义和旁属义的认识等。

3. 明确论点和选择材料

这是研究课题的核心工作。论点是在对资料进行分析、研究的基础上确立起来的。一篇成功的论文,其中心论点与分论点共同构成一个完整的体系,即毕业论文论点的确立就是从整体上确立一个论点体系——首先要确立文章的中心论点,接着确立支撑中心论点的分论点,最终依据写作的目的将各个分论点合理地组织起来。

论点确定之后,接下来的工作就是围绕论点来选择典型的、真实的、可靠的材料。

(三) 谋篇布局

所谓谋篇布局,是指考虑和安排文章的整体结构。结构是文章的骨架。确定了主题,选定了材料,接着就要把文章的框架搭起来。一般来说,毕业论文是遵循"提出问题→分析问题→解决问题"这样一个顺序来安排结构的,开头处有摘要,结尾处有结论,当然也不能一概而论。但是不管怎么安排,都必须做到脉络清楚,逻辑推理严密;有详有略,重点突出;层层深入,行文流畅,赏心悦目。

安排结构的基本要求是:围绕中心论点安排结构;层次清楚,条理清晰;各部分内容之间有着密切的联系,全篇论文形成统一的整体。

1. 确定好毕业论文的结构类型

毕业论文的结构主要有三种类型:纵式结构、横式结构和纵横式结构。

(1) 纵式结构。纵式结构是清晰地体现总论点、分论点和小论点三者的层次关系以及分论点之间、小论点之间的逻辑顺序的一种结构方式。

一篇毕业论文为了阐述总论点,需要列出几个分论点,每个分论点扩展为一个部分,各个分论点之间,各个部分之间,应有内在的逻辑联系。每个分论点又分为几个小论点,每个小论点又扩展为一段,各个小论点之间、各个段之间也应有内在联系。这样,全篇论文的纵向逻辑关系便体现出来,并且形成完整而严谨的结构。

(2) 横式结构。横式结构是把每一个完整的论证单元作为一个部分,将各个部分按并列式或近似于并列式的关系排列起来的一种结构方式。所谓一个完整的论证单元,是指一个分论点及其论据借助于论证凝聚而构成的一个相对完整的部分。

毕业论文要具有说服力,就必须做到论点明确、论据充分、论证严密,充分揭示出论点和论据的必然联系。首先,只有把总论点和材料有机地结合起来,毕业论文才有生命力,才能收到令人信服的效果;其次,处理好分论点和材料的关系以及小论点和材料的关系,通过直接证明分论点或小论点,间接地为突出总论点服务。

(3) 纵横式结构。这是毕业论文采用最多的一种结构方式,其特点是既体现出总论点、分论点和小论点三者的层次关系,又体现出各个部分之间的紧密联系。采用这种结构的毕业论文,有的以纵向展开为主,有的以横向展开为主。以纵向展开为主的毕业论文,以"总论点→分论点→小论点"为主脉,各个部分的内部结构关系又是分层并列式的;以横向展开为主的毕业论文,从大的层面上看,各个部分之间是一种并列式或近似于并列式的关系,而各个部分的内部结构又是按照"提出问题→分析问题→解决问题"的顺序来安排的。

2. 以意为线,首尾贯通

一篇毕业论文要用到的材料很多,安排不好,就会使文章显得杂乱无章或材料堆砌,设置行文线索是解决这一问题最为有效的办法。毕业论文写作最好的行文线索是文章的"意",即文章的中心论点。抓住中心论点,紧扣不放,一线到底,中途不转换论题,不停滞,不跳跃,就能使毕业论文首尾贯通、中心突出。

一篇毕业论文,从思想的表达来说,意思要一层一层地讲,讲透了一层,再讲另一层。开头提出的问题,当中要有分析,结尾要有回答,这样毕业论文就显得逻辑严密、论证透彻,令人信服。

3. 层次清楚,条理清晰

层次清楚、条理清晰是对毕业论文结构安排最基本的要求,只要达到了这一要求,毕业论文就能给人以十分清晰而深刻的印象。而要做到层次清楚、条理清晰,首先要处理好材料之间的相互关系。一般来说,写进毕业论文中的材料之间具有以下几种关系:① 平行关系。毕业论文各部分材料之间,没有主从关系,在顺序上谁先谁后都可以,影响不大。② 递进关系。毕业论文各部分材料之间是一种一层比一层深入的关系,颠倒了就会造成逻辑混乱。③ 接续关系。前一部分与后一部分有直接的逻辑联系,前一层的未尽之意有待后面续接。④ 对立关系。毕业论文论述的事理是对立统一体,其中包括正与反、表与里、前与后、质与量、胜与负、成绩与缺点,等等。它们既有联系又有区别,论述时首先要明确它们是辩证的统一,不能强调一面而忽略了另一面。

二、写作阶段

根据 2023 年 7 月 1 日实施的国家标准《学术论文编写规则》(GB/T 7713.2—2022)的规

定,学术论文应当包括前置部分(题名、作者信息、摘要、关键词和其他项目)、正文部分(引言、主体、结论、致谢、参考文献)和附录部分。

（一）题名

题名又称标题,是文章的一个重要组成部分,通常是对学术过程或成果的直接阐述,也是论文内容、主题的高度概括,语言要求贴切、准确、鲜明,避免歧义,也可以用副标题补充说明。为便于交流和利用,题名应简明,一般不宜超过25字。

一般情况下,毕业论文的标题由总标题、副标题和分标题构成。合理设计标题不仅有助于清晰呈现论文的核心内容和结构,还能增强论文的可读性。

1. 总标题

总标题是论文标题的第一层次,犹如论文的"眼睛",能够揭示论文的主旨、高度概括全文内容,或集中体现作者的写作意图。常见的总标题写法包括以下几种：

(1) 点睛式标题。这种标题高度概括全文内容,直接揭示文章的中心论点,便于读者快速把握论文的核心内容和主旨,明确作者的写作意图。如《人工智能在文化遗产保护中的应用研究》《机器学习辅助化学合成的智能化路径》。

(2) 问题式标题。问题式标题通常采用设问句的形式,揭示作者的观点或文章的主要内容,具有提请读者注意、启发读者思考的作用。如《"双碳"目标下,如何优化我国能源结构转型?》《量子密钥分发技术如何实现长距离通信?》。

(3) 提示式标题。当论文的主旨难以用一句话概括,或者内容较为复杂时,可采用提示式标题,对文章内容的范围进行提示。如《后疫情时代大学生心理健康问题研究》《拓扑材料在新型电子器件中的应用探索》。

(4) 判断式标题。判断式标题通过定义或判断句来揭示文章的主旨,能够直接凸显文章的核心观点。如《数字经济是推动区域协调发展的关键引擎》《量子纠缠是未来量子通信的核心技术》。

毕业论文标题的形式多样,以上列举的仅为常见类型。在实际写作中,可根据论文的具体内容和研究目的灵活选择。

2. 副标题和分标题

为了进一步点明论文的研究对象、研究内容或研究目的,对总标题进行补充和解释,可在总标题后添加副标题。副标题能够帮助读者更清晰地理解论文的细节和重点。

分标题则是论文结构安排的重要手段。合理设置分标题可以使文章层次清晰、条理分明、主旨突出。每一个分标题都应高度概括对应部分的内容,或体现分论点的核心内容。

此外,毕业论文标题的拟写需满足以下三个要求：

(1) 明确性。标题应清晰揭示论点或文章的主要内容,使读者通过标题即可了解论文的核心主题和作者的写作意图。

(2) 简练性。标题应简洁明了,避免过长。过长的标题容易显得繁琐和累赘,难以给读者留下清晰的印象。同时,标题应避免过于抽象或空洞,以免让读者感到费解。

(3) 新颖性。标题应具有独特性,避免陈词滥调。在不标新立异的前提下,力求新颖、引人入胜,给人以耳目一新的感觉,从而激发读者的阅读兴趣。

（二）作者信息

对论文有实际贡献的责任者应列为作者，包括参与选定研究课题和制订研究方案、直接参加全部或主要部分研究工作并作出相应贡献，以及参加论文撰写并能对内容负责的个人或单位。

（三）摘要

摘要是对论文的内容不加注释和评论的简短陈述，应具有独立性和自明性，即不阅读全文就可以获得必要的信息。毕业论文摘要的撰写需遵循以下几个要求：

（1）中文摘要的字数，应与论文中的成果多少相适应，在一般情况下，报道性摘要以400字左右、报道/指示性摘要以300字左右、指示性摘要以150字左右为宜。英文摘要一般不超过250个实词。中英文摘要内容应保持一致。

（2）摘要应是一篇完整的短文，能够独立使用。读者无须阅读全文即可通过摘要了解论文的主要内容、作者观点、研究目的、研究方法、研究结果与结论等关键信息。

（3）摘要的叙述应完整，逻辑清晰，结构安排合理，各部分内容衔接自然。

（4）文字表述应简明扼要，直接提取论文中的核心内容，避免使用评论性语言和注释。应删除不必要的修饰性词汇，确保摘要中不含与研究课题无关的内容，以最少的文字提供最大的信息量。

（5）摘要中应避免使用特殊字符、图表、公式以及由特殊字符组成的数学表达式，不列举例证。

一份完整的论文摘要应由目的、方法、结果和结论四个要素构成。

（1）目的。阐述课题研究的范围、目的、重要性、任务以及研究的前提条件。这部分需明确指出研究的背景和意义。

（2）方法。简述课题研究的过程，包括研究的主要内容、研究对象、原理、条件、程序、手段等。这部分应突出研究过程中的关键环节。

（3）结果。重点陈述研究的重要发现、最新成果及其价值，包括通过调研、实验、观察所获得的数据和结果。这部分需突出研究的创新点和贡献。

（4）结论。通过对研究结果的分析，得出重要结论，并预测其在实际应用中的意义以及理论与实际相结合的价值。这部分应体现研究的核心观点和应用前景。

摘要的撰写应以论文为基础，遵循以下步骤：

（1）提取关键信息。从论文全文中提取重要内容，尤其是各段主题句和结尾的总结部分，保留论文的梗概与精华。特别关注研究目的、方法、结果和结论等关键要素。

（2）检查信息完整性。核对提取的信息是否能够完全、准确地回答摘要四要素所涉及的问题。若信息不足，需重新阅读论文，补充相关内容。

（3）组织成文。将提取的信息整合为符合语法规则和逻辑规则的完整句子，进一步组成通畅的短文。通读短文，反复修改，确保摘要内容简洁、准确、完整，符合写作要求。

（四）关键词

关键词是为便于文献检索而从题名、摘要或正文部分选取出来用以表示论文主题内容的词或词组。关键词要有检索意义，不应使用太泛指的词，可从《汉语主题词表》或专业词表中选取。一篇论文应选取3～5个关键词，最低不少于3个，最多不超过8个。关键词的数量与反映论文主题的深度密切相关:选取的关键词越多,对论文主题的揭示就越充分,论文被检索和利用的概率也越高。因此,关键词的选取不仅影响论文的查检率和引用率,还直接关系到研究成果的传播和利用效率。

关键词的选取主要有两种方法:

(1) 直选法。直接从论文的题目、摘要和正文中选取与主题密切相关的词语作为关键词。这种方法适用于主题明确、关键词在文本中表现突出的情况。

(2) 提炼法。当论文的主题在题目、摘要和正文中表现不够突出,而是隐含在内容中时,需要通过对论文进行主题分析,提炼出能够准确反映论文核心内容的关键词。

关键词分为中文关键词和对应的英文关键词,分别置于中文摘要和英文摘要之下。为便于检索,关键词应避免使用过于宽泛的词语。选取关键词时,可以从论文的各级标题入手,也可以从论文内容中直接提取。最终选出的关键词应按照所涉及领域的范围,从大到小依次列出,以确保逻辑性和层次性。

(五) 其他项目

论文前置部分要求、建议或允许标注的其他项目。

(六) 引言

引言又叫绪论、导言、前言,内容通常包含研究的背景、目的、理由,预期结果及其意义和价值。引言的编写应做到切合主题,言简意赅,突出重点、创新点,客观评价前人的研究,如实介绍作者自己的成果。

毕业论文引言的内容,一般包括选题的背景、缘由、意义和目的,或研究的范围、方法及所取得的成果,也可以是对毕业论文的基本观点、主体部分的基本内容作一个扼要的介绍。引言的写法主要有以下几种形式:

(1) 交代式。开头交代毕业论文的写作背景、缘由、目的和意义。例如,《人工智能在教育领域的应用及其挑战》一文的绪论:

随着人工智能技术的飞速发展,其在教育领域的应用逐渐成为研究热点。从智能辅导系统到个性化学习路径设计,人工智能为教育带来了前所未有的机遇。然而,这一新兴技术在实际应用中也面临着诸多挑战,如数据隐私保护、算法偏见以及教师角色的转变等。这些问题不仅影响技术的有效推广,也对教育公平和质量提出了新的考验。本文旨在探讨人工智能在教育领域应用的现状、面临的挑战及其应对策略,以期为教育工作者和政策制定者提供参考。

(2) 提问式。一开头就提出问题,或在简要交代写作背景之后随即提出本文所要解决的问题。例如,《试谈加强大学生人文素质教育的几个问题》一文的引言:

高等学校要加强大学生的人文素质教育已成为人们的一种共识。怎样加强?切入点在哪里?这些都是我们首先必须解决的问题。

(3) 揭示观点式。引言部分开宗明义,将本文的基本观点或主要内容揭示出来。例如,《大学语文课程的定位与价值重塑》一文的绪论:

近年来,随着高等教育改革的推进以及 AI 技术对传统教育的冲击,大学语文课程的定位与价值引发了广泛讨论。一方面,大学语文作为提升学生人文素养、增强文化自信的重要课程,其在高校课程体系中的地位不应被忽视。然而,当前大学语文课程在高校中的边缘化

趋势明显,学分和课时设置不足,导致其教学效果受限。本文认为,大学语文不仅是人文教育的核心课程,更是培养学生阅读鉴赏、表达写作能力的重要途径。在 AI 时代,大学语文课程应通过优化教材内容、创新教学方法、强化师资培训等方式,重新定位其在高等教育中的价值,以更好地服务于学生全面发展。

(4)提示范围式。引言部分提示本文的论述范围。例如,《写作能力的构成要素》一文的绪论:

写作活动的核心在于思想表达,思想丰富的人自然有东西可写,而思想贫乏的人写起文章来难免会捉襟见肘。那么,是不是有了思想就一定能写出好文章呢?那也不尽然。除了有思想之外,还必须具备良好的语感和丰富的想象力。本文试从丰富思想、强化语感和增强想象力几个方面谈谈培养写作能力的问题。

(5)阐释概念式。引言先释题,阐释题目中和文中出现的基本概念。例如,《试论文学意境的审美特征》一文的引言:

关于"意境"一词,《现代汉语词典》(第 7 版)的解释是"文学艺术作品通过形象描写表现出来的境界和情调"。按照这一解释,"你是地上一枝梅,我是乌鸦漫天飞。乌鸦落在梅枝上,任你再打也不飞"这首打油诗当是有境界的,但从文学的审美特质来看,这首打油诗应视为无意境,这就使人不免对《现代汉语词典》关于"意境"一词的解释产生怀疑。

以上列举的是毕业论文中几种常见的引言写法,实际上远不止这些。引言的不同写法使毕业论文呈现出多姿多彩的情形。但无论引言采用哪种写法,都应当符合以下几点要求:

第一,引言要开门见山,迅速入题。议论性文章通常要求开门见山,一开头就能让读者接触到文章的中心,了解文章的基本内容是什么,而不能"下笔千言,离题万里",带着读者在文章中心以外绕圈子,使读者如堕入雾中。

第二,引言要引人入胜,能抓住读者。开头要让读者对文章产生良好的第一印象,发生阅读的兴趣。这就要求引言要有实质性的内容和易于吸引读者的词句。

第三,引言要简洁、有力。开头的文字不宜过长,以免显得头重脚轻,结构不匀称。一个繁杂冗长的开头,会使读者产生较差的印象而不忍卒读。古人说:"起句当如爆竹,骤响易彻。"开头要像放鞭炮,骤然而响,使人为之一震。毕业论文开头的文字尤其要简洁、有力。

毕业论文如何开头,是作者常常要煞费苦心的事情。写好引言对毕业论文的完成是关键性的一步,切不可草率从事。

(七)主体

主体是毕业论文中分析问题、论证观点的主要部分,也是最能显示作者的研究成果和学术水平的重要部分。一篇毕业论文质量的高低主要取决于主体部分写得怎样。主体部分的写作有以下几点要求:

1. 立论要科学

毕业论文的科学性是指文章的基本观点和内容能够反映事物发展的客观规律。毕业论文的基本观点必须是从对具体材料的分析研究中产生出来,而不是主观臆想出来的。首先,科学性来自对客观事物的周密而详尽的研究。其次,毕业论文的科学性通常取决于作者在观察、分析问题时能否坚持实事求是的科学态度。在科学研究中,既不容许夹杂个人的偏见,又不能人云亦云,更不能不着边际地凭空臆想,而必须从分析出发,力争做到如实反映事物的本来面目。最后,文章是否具有科学性,还取决于作者的理论基础和专业知识水平。

2. 观点要创新

毕业论文的创新是其价值所在。毕业论文的创新性,一般来说,就是要求不能简单地重复前人的观点,而必须有自己的独立见解。

(1) 在前人没有探索过的新领域、前人没有做过的新题目上作出了成果。

(2) 可以表现为在前人成果的基础上作进一步的研究,有新的发现或提出了新的看法,形成一家之言;也可以表现为从一个新的角度,把已有的材料或观点重新加以概括和表述。

(3) 毕业论文能对现实生活中的新问题作出科学的说明,提出解决的方案。

(4) 虽只提出某种新现象、新问题,却能引起人们的注意和思考,也不失为一种创造性。

3. 论据要翔实,论证要严密

毕业论文必须以大量可靠的论据材料作为观点形成的基础和支撑。引用的材料和数据必须准确无误,经得起推敲和验证,这是论据正确性的基本要求。具体而言,第一手材料需经过反复核实,确保其客观真实,避免受到个人主观偏好的影响。第二手材料则需追溯原始出处,准确理解其含义,避免断章取义。引用他人材料的目的是为论证服务,而非作为文章的点缀。因此,在引用时需仔细筛选和鉴别,确保其准确性和相关性。

论证是通过论据证明论点的过程,必须做到以下几点:① 概念和判断准确无误,这是逻辑推理的前提;② 论证需层次分明、条理清晰,有条不紊地展现对客观事物的认识过程;③ 以论点为纲,虚实结合,体现从感性认识到理性认识的升华过程,即从具体事实到抽象理论的逻辑飞跃。

4. 结论严谨,条理清楚

主体部分篇幅较长、容量较大、层次较多,内容复杂,若不按一定顺序安排文章内容,容易导致层次不清、结构混乱,从而降低表达效果。为了避免因内容繁多而条理不清,写作时可在各层次前添加外在标志,如小标题、序码或空行等,以增强文章的逻辑性和可读性。

5. 观点和材料相统一

主体部分由观点和材料构成,二者需有机结合,以观点统领材料,以材料支撑观点。总体上,材料应根据所证明的观点进行安排,即所有材料需归类到相应的小观点之下。随着观点间逻辑关系和排列顺序的明确,材料自然各得其所。在同一内容层次中,观点与材料的安排顺序需灵活处理,避免雷同。常见的安排方式包括:先提出观点再列举材料;先列出材料再提出观点;边提出观点边列举材料,夹叙夹议,由浅入深。总之,材料与观点需紧密结合,有机统一,共同服务于文章的中心思想。

(八) 结论

结论是一篇毕业论文的收束部分,是以研究成果为基础,经过严密的逻辑推理和论证所得出的最后结论。在结论中应明确指出毕业论文研究的成果或观点,对其应用前景和社会、经济价值等加以预测和评价,并对今后在本研究方向进行的进一步研究工作予以展望与设想。结论应写得简明扼要、精练完整、逻辑严谨、措词得当、表达准确、有条理性。

（九）致谢

致谢是作者为感谢对论文的生成作过贡献的组织或个人所写的文字，内容应客观、真实，语言宜诚恳、真挚、恰当。

（十）参考文献

一篇毕业论文的完成需要参考大量的文献资料，将那些被参考的文献资料的目录清晰、准确地列在毕业论文的末尾，让读者能够找到该资料的原始出处，对毕业论文价值的实现具有重要的作用。毕业论文的参考文献的格式应符合国家标准《信息与文献　参考文献著录规则》(GB/T 7714—2015)的规定。

参考文献按在正文中出现的先后次序列于文末，以"参考文献："（黑体字）作为标识。参考文献的序号一般用数字加方括号表示，如[1]、[2]……每一条参考文献条目的最后均以下脚点"."结束。主要责任者只列姓名，其后不加"著""编""主编"等责任说明文字。

各类参考文献的示例如下：

(1) 普通图书。

[1] 汪昂. 增订本草备要：四卷[M]. 刻本. 京都：老二酉堂,1881(清光绪七年).

[2] 库恩. 科学革命的结构：第4版[M]. 金吾伦,胡新和,译. 2版. 北京：北京大学出版社,2012.

(2) 论文集、会议录。

[1] 雷光春. 综合湿地管理：综合湿地管理国际研讨会论文集[C]. 北京：海洋出版社,2012.

[2] BABU B V,NAGAR A K,DEEP K,et al. Proceedings of the Second International Conference on Soft Computing for Problem Solving, December 28-30,2012[C]. New Delphi：Springer,2014.

(3) 报告。

[1] 汤万金,杨跃翔,刘文,等. 人体安全重要技术标准研制最终报告：7178999X-2006BAK04A10/10. 2013[R/OL]. (2013-09-30)[2014-06-24]. http：//nstrs. org. cn/xiangxiBG. aspx? id＝41707.

(4) 学位论文。

[1] 吴云芳. 面向中文信息处理的现代汉语并列结构研究[D/OL]. 北京：北京大学,2003[2013-10-14]. http：//thesis. lib. pku. edu. cn/dlib/List. asp? lang＝gb&type＝Reader&DocGroupID＝4&DocID＝6328.

(5) 专利文献。

[1] 张凯军. 轨道火车及高速轨道火车紧急安全制动辅助装置：201220158825. 2[P]. 2012-04-05.

(6) 标准文献。

[1] 全国信息与文献标准化技术委员会. 文献著录：第4部分非书资料：GB/T 3792.4—

2009[S].北京:中国标准出版社,2010:3.

(7) 专著中析出的文献。

[1] 白书农.植物开花研究[M]//李承森.植物科学进展.北京:高等教育出版社,1998:146—163.

(8) 期刊中析出的文献。

[1] 李炳穆.韩国图书馆法[J].图书情报工作,2008,52(6):6—21.

(9) 报纸中析出的文献。

[1] 丁文详.数字革命与竞争国际化[N].中国青年报,2000-11-20(15).

(10) 电子文献(不包括电子专著、电子连续出版物、电子学位论文、电子专利)。

[1] 萧钰.出版业信息化迈入快车道[EB/OL].(2001-12-19)[2002-04-15].http://www.creader.com/news/20011219/200112190019.html.

(十一)附录部分

毕业论文一般不设附录,但那些编入正文部分会影响编排的条理性和逻辑性、有碍论文结构的紧凑性、对突出主题有较大价值的材料,以及某些重要的原始数据、数学推导、计算程序、设备、技术等的详细描述,可作为附录编排于论文的末尾。

三、修改定稿

好文章都是改出来的,几乎没有哪一位作者可以写完文章就立即定稿,修改是写作必须经过的阶段。修改也是毕业论文写作的一个重要环节。写完毕业论文后应该仔细地阅读至少两遍,然后立足全篇,统观全局,进行必要的修改。毕业论文的修改一般从以下几个方面进行:

(一)论点的再推敲

主要看中心论点是否正确,是否突出,是否新颖;看各分论点有无片面性,有无不稳妥的地方;看分论点能否有力地说明中心论点;看各分论点之间有无矛盾;看整个论点体系是否完整、符合逻辑,等等。

(二)材料的再斟酌

论点是材料的统帅,材料是论点的基础。确定论点无疑后,要看材料是否准确、翔实,是否与论点统一;是否能有力地证明论点;详略安排是否得当,等等。

(三)结构的再调整

一要看结构是否严谨,思想上有无顾此失彼的情形,组织上有无颠三倒四的毛病;二要看结构是否自然,是否顺理成章,是否行于当行、止于该止;三要看结果是否首尾合一,整体感觉是否贯通,有无割裂之感,等等。

(四)语言的再加工

语言是思想的载体。在修改中,要注意那些烦琐、空话、长话和粗糙的地方,努力把它们修改得简洁、准确、清楚、正确,这样才能使一篇毕业论文更鲜明、悦目。

（五）文面检查

主要看有无错别字，看标点符号的使用是否准确，看行款格式是否正确等。

【实战训练】

毕业论文的选题直接影响着论文的价值，因此，很多同学在选择毕业论文的题目时常常绞尽脑汁，但还是选不出理想的题目来。其实，只要善于积累和留心，并善于思考，选题并不难。例如，当我们研读司马迁的《史记》时，会发现其明确记载了"焚诗书，坑术士"。然而，经过深入思考，我们会意识到"焚书坑儒"这一说法与历史记载并不完全吻合，从而引出一个值得深入研究的论题。进一步思考，如果未焚毁各国文字所书写的书籍，文字统一的进程又将受到怎样的影响？如果任由一些反动言论四处传播，大一统的事业又将面临怎样的威胁？通过对这些问题的思考，我们不仅能够明确论题的思路，论文写作的结构也会更加清晰。请以《试论"焚书坑儒"的功过》为题，撰写一篇小论文。

第四节 毕业设计报告

【话题与案例】

Y大学电子工程系的学生最近都在忙毕业设计的事情，其中很多同学为写设计报告废寝忘食、绞尽脑汁，有的人虽已经数易其稿，但拿出来的东西却不能令人满意。因此，同学们非常希望老师能讲讲怎样写好毕业设计报告的问题。

【基础知识】

毕业设计报告又叫毕业设计说明书，是指工、农、林科类学生综合运用所学知识对其毕业设计进行总结、解释和说明的科技文书，是毕业设计成果的书面反映。

一、毕业设计报告的特点

（一）应用性

毕业设计报告是学生融会所学知识，进行工程设计或解决工程难题过程的反映，具有明显的应用性的特点。毕业设计报告要求学生综合运用本专业的基础理论和专业技术知识，通过计算、绘图、实验等基本技能解决一般性的专业问题，以巩固、深化和熟练掌握所学内容、知识和技能。

（二）检测性

毕业设计报告是工科大学生毕业前的总结性教学作业，是一种综合运用已学理论表述其工程设计情况的应用文，主要考核学生是否具有工程设计的初步能力。同时，它也是对学生知识掌握情况及技能形成情况的一个全面考查。

工科毕业设计主要考查学生是否具备工程设计的初步能力，内容包括：运用原理（机械、电力、电子、计算机等）的能力，查阅资料、工程手册、材料手册的能力，绘制图纸的能力，分析模型数据的能力，以及实验工作的能力。

（三）实践性

毕业设计报告以实验或者设计为基础，设计者必须亲身经历全过程，详细记录实验结果，检验设计的可行性，而非主观虚拟数据或者想象性设计。

（四）说明性

毕业设计成果的原理、应用范围、技术参数、工作流程等，通常使用文字、图纸进行解释和说明，以便被理解和认同。对设计成果进行解释和说明是毕业设计报告的主要内容。

（五）综合性

工科毕业生对基本理论、专业知识和技能的掌握和运用情况，以及思维能力、创新能力和实践能力，在毕业设计报告中将得到综合体现。

二、毕业设计报告的种类

根据不同的分类标准，毕业设计报告可分为以下几种类型：

（1）根据研究方法的差异，毕业设计报告可分为理论型、实验型和描述型三种类型。理论型毕业设计报告以理论分析为主；实验型毕业设计报告以实验设计、过程研究和结果分析为主；描述型毕业设计报告以描述和说明为主，旨在介绍新发现的事物或现象及其科学价值。

（2）根据毕业设计报告的具体项目是否为首创，毕业设计报告可分为发明型和改良型两种。发明型毕业设计报告是指毕业设计的产品或成果是现实生活中的首创；改良型毕业设计报告是指毕业设计产品或成果在现实中已经存在，设计是在原有基础上的改进或优化。

（3）根据学科专业的不同，毕业设计报告可以分为工程（工艺）类和产品（设备）类两种。工程（工艺）类毕业设计报告包括土木工程设计报告、建筑工程设计报告等；产品（设备）类毕业设计报告包括机械设备设计报告、电子设备设计报告等。

三、毕业设计报告的选题和资料收集

（一）毕业设计报告的选题

毕业设计报告的选题是整个毕业设计工作的核心环节，其创新性和实际应用价值在很大程度上决定了毕业设计的质量。选题时需注意以下几个方面：

1. 结合专业知识与兴趣

选题应从自身专业知识的强项或兴趣出发。只有在自己熟悉且感兴趣的领域，才能更好地发挥专业优势，深入研究问题，并在撰写过程中保持较高的热情和创造力。

2. 聚焦实习与实践中发现的问题

选题可以从实习或实践中发现的问题入手。现实工作或生产实践中常常存在一些亟待解决的问题,这些选题不仅具有现实意义,还能提升毕业设计的实际应用价值。

3. 关注学术前沿与补充研究

选题可以聚焦于学术前沿问题,或是对已有研究进行补充和纠正。学术研究往往在不断修正和拓展应用中发展,因此,选择具有创新性和拓展性的课题能够推动学术研究的进一步发展。

4. 注重选题的理论与现实意义

选题的理论意义和现实意义是毕业设计的核心价值所在。在此基础上,可以研究生产或科研中的关键问题、中外学术观点的异同、国计民生相关问题以及学术前沿问题等。

(二)资料的收集与整理

丰富的资料积累是选题产生的基础,而确定了选题则明确了资料收集的方向。资料收集是研究问题的起点,在资料收集过程中也可能因资料的占有情况而对选题进行调整。

1. 资料收集的形式

资料收集主要有以下两种形式:

(1)实践与直接调查:通过实地调研、问卷调查、访谈等方式获取一手资料,这些资料能够为研究提供直接的实证支持。

(2)文献资源:通过图书馆、数据库、档案馆等渠道获取二手资料,这些资料能够为研究提供理论支持和背景信息。

2. 资料整理与分析

收集到资料后,需进行系统的整理与分析,具体步骤包括:

(1)分类整理。根据资料反映的主要思想内容进行分类,确保分类标准清晰、合理。

(2)分析总结。分析每类资料能够导出的结论,并将这些结论整理成自己的见解。

(3)拟定标题。为每类资料拟定标题,标题应准确概括资料的中心思想,并提示其结论。

(4)归纳与提炼观点。资料整理完成后,需进行归纳和提炼,具体要点包括:① 评估资料价值。根据拟定的论题和资料内容,评估资料的价值,并分析资料之间的逻辑关系。② 构建论点框架:根据资料的主次关系和逻辑联系,初步概括出总论点和分论点。③ 提炼核心观点。进一步提炼和确立观点,确保其具有创新性和说服力。

【写作指导】

一、毕业设计报告的结构

毕业设计报告是学生在毕业设计过程中所取得的研究成果的集中体现,其结构应完整、规范,逻辑清晰,层次分明。以下是毕业设计报告的标准结构:

(一)封面

封面是毕业设计报告的"门面",应包含以下信息:

(1)毕业设计题目:简洁明了,准确反映设计的核心内容,一般不超过25字。

(2)学生信息:姓名、学号、专业、班级等。

(3)指导教师信息:姓名、职称等。

(4) 提交日期：毕业设计完成的日期。

（二）摘要与关键词

摘要：简要概述毕业设计的主要内容、研究方法、核心成果及其应用价值。摘要应具有独立性和自明性，使读者不阅读全文即可了解设计的核心内容，字数一般不少于400字。

关键词：选取3~5个最能反映设计核心内容的通用技术词条，便于检索和分类。

（三）目录

目录是毕业设计报告的"导航"，应清晰列出各章节标题及其对应的页码，至少编到三级标题。目录应准确反映报告的结构，方便读者快速查找相关内容。

（四）正文

正文是毕业设计报告的核心部分，应围绕研究主题展开，内容完整、逻辑清晰。正文一般包括以下几部分：

1. 引言

引言部分主要介绍研究背景、研究意义、国内外研究现状、研究内容及方法等。引言应突出研究的必要性和创新性，为后续内容展开奠定基础。

2. 主体

(1) 理工科设计：详细说明设计思路、计算过程、实验方案、数据处理方法及结果分析等，确保设计合理、数据准确、结论可靠。

(2) 文科设计：围绕研究主题展开，结合实际案例或数据，进行深入分析和论证，体现研究的深度和广度。

主体部分应结构合理、层次分明，重点突出，避免冗长和重复。

3. 结论

结论部分应总结毕业设计的主要成果、创新点及其应用前景；还应指出研究的不足之处及未来的研究方向，为后续研究提供参考。

（五）致谢

致谢部分是对指导教师、协助完成设计的个人或组织的感谢。致谢应简洁明了，表达真诚的感谢之情。

（六）参考文献

参考文献是毕业设计报告的重要组成部分，其格式与毕业论文的参考文献一样，应符合《信息与文献 参考文献著录规则》(GB/T 7714—2015)的规定。参考文献应具有权威性、时效性和相关性，确保引用内容的准确性和可靠性。

（七）附录

附录是毕业设计报告的补充部分，包括设计图纸、程序代码、实验数据、调研问卷等。附录内容应与正文密切相关，便于读者进一步了解设计细节。

（八）原创性声明

原创性声明是毕业设计报告的重要组成部分，声明毕业设计为学生独立完成，无抄袭行为。原创性声明应具有法律效力,确保毕业设计的学术诚信。

二、毕业设计报告写作的注意事项及要求

(一)选题需兼顾主客观条件

毕业设计报告的选题应符合实际情况并充分考虑个人能力。与毕业论文类似,毕业设计报告的选题需结合自身专业背景和兴趣爱好,确保所选课题在个人努力下能够顺利完成。避免盲目追求课题的宏大与难度,超出自身主客观条件和能力范围,从而确保选题的可行性和可操作性。

(二)数据与参数的准确性

在毕业设计报告的撰写过程中,必须坚持严谨的科学态度,尤其是在引用数据和参数时,务必确保其准确无误。文字表述应严密准确,逻辑结构应清晰严谨,避免因数据错误或表述模糊导致报告的科学性和可信度受损。

(三)图表与文字的一致性

毕业设计报告作为一种技术性文件,通常需要借助图表、图示等辅助工具来增强表达效果。在制作图表和图示时,应严格遵循规范,确保其与文字说明保持一致,能够准确解释设计内容。图表应清晰、简洁,避免冗余信息,以增强报告的可读性和专业性。

(四)突出写作重点

毕业设计报告的写作重点应放在技术性强的部分或设计的关键环节。在撰写过程中,应注重解释和说明的技巧,充分利用图形说明和图文结合的形式,使技术内容更加直观易懂。应避免冗长的文字描述,突出关键点,以确保读者能够快速抓住设计的核心内容。

【实战训练】

许多同学在撰写毕业设计报告时会表现出畏难情绪,这种情绪往往会使原本简单的写作过程人为复杂化,导致部分同学无法正常发挥自身水平,进而影响毕业设计报告的质量。实际上,只要设计思路清晰,整体设计已经完成,报告的撰写过程就将变得相对容易。那么,如何确保写作过程顺利呢?

首先,应像日常交流一样自然地进行叙述和说明。在写作过程中,不必刻意追求语言的完美,语言的推敲与完善可在修改阶段进行。其次,可按照毕业设计报告的内容构成,将报告拆分为若干部分,集中精力逐一撰写,最后整合成篇并进行修改定稿。这种方法不仅能降低写作难度,还能提高写作效率,确保报告的质量。

请选取一个已确定的毕业设计课题,用不超过300字的篇幅撰写开篇段落,简要介绍课题背景、研究目的和意义。要求语言自然流畅,避免过度修饰。

参考文献

[1] 黄高才. 应用写作[M]. 2版. 北京：北京大学出版社，2017.
[2] 夏海波. 公文写作与处理[M]. 3版. 北京：北京大学出版社，2018.